ホロコーストから届く声

非常事態と人のこころ

猪股 剛
編著

植田 静
鹿野友章
小杉哲平
古川真由美
宮澤淳滋
清水めぐみ
西山葉子
山本民惠
W・ギーゲリッヒ

左右社

ホロコーストから届く声

はじめに

一九三六年と二〇二〇年

猪股　剛

ザクセンハウゼン強制収容所には、ベルリンの中心部から一時間ほどでアクセスできる。私たちがそこを訪問したのは、春が訪れる少し前、まだ肌寒い季節だった。空は厚い雲に覆われ、かすかに小雨の舞うあいにくの天気。だが、強制収容所を訪ねるには、こうした曇天が相応しいのかも知れない。

大都市から郊外へと走る都市近郊鉄道Ｓバーンの二階建て列車に乗って、三〇分ほど揺られるとオラーニエンブルク駅に到着する。そこから収容所までは徒歩で行くことになるが、雨の降る中を私たちはおのおの傘を差したり帽子をかぶったりしながら、とぼとぼと、そしてばらばらになって歩いて行った。道すがら、ドイツの都市郊外に典型的な集合住宅や重厚な作りの一軒家が立ち並ぶのを横目に見ていた。街の風景はいつもと何ら変わりはないと思う。そんなことは当たり前なのだが、強制収容所を訪ねる緊張感からか、その場所に近づけば、何かしら独特の雰囲気が漂っているような気がしていた。強制収容所のある町にはそれに相応しい相貌があると思い込んでいたのだろう。私の心にある畏れのようなものが、先入観を作り出していたのかもしれない。そこはたくさんの死が生み出された場所。人が人を人だと認識することを止めて、人の衣服を奪い、靴を奪い、尊厳を奪い、命を奪っていった場所。それがすぐ近くにある。人間を組織的に非人間化していった場所が目の前に近づいてきている。しかし、もちろんそれは過去のことで、しかも自分が歩いているのは、単にその歴史的トポスの近郊に過ぎないのだから、そこに特殊な雰囲気などあるはずはない。こんなことを妄想していること自体が、そもそも歴史的な事実に対して不敬な気がしてきて、しっかりと地に足を付けて歩いて行こうと思い直す。

　相変わらず何の変哲もない町の風景が続いていく。大きな幹線道路が走っているせいか、住宅街ではあっても雑然とした雰囲気が漂っている。都市の郊外では自然と人工が調和せずに、互いがぶつかりすり切れ合うように混じっていることが多いが、ザクセンハウゼンもそういった街の一つだと思う。しばらくすると、私たちは大通りから外れて、住宅街の中を走る小さな通りへ入り、三〇〇メートルほど真っ直ぐに歩いて行く。突き当たりを左に折れたところに、ザクセンハウゼン強制収容所の入口が現れた。

　収容所の入口には、途切れ途切れに立てられた壁のようなモニュメントがあり、そこに「想起の場 Gedenkstätte」の名称が、やはり途切れ途切れに記されている。

この表示壁の向こう側に、いま歩いてきた街にある一軒家と同じ小さな建物があり、その中に入ってみる。すると、それは案内所兼休憩所だということがわかる。私たちは、まだ収容所の中に入ったわけではないようだ。案内所には、ホロコーストの写真が数枚だけ展示され、壁には収容所の歴史が年代順に記されたボードがあった。それによると、ここは一九三六年に収容所となったようだ。それはちょうどベルリンでオリンピックが開催された年でもある。人種差別や軍事的な領土拡大を進めていたナチス政権下のドイツは、このオリンピックで国際的な評判を回復することになった。オリンピックという華やかな祭典の影で、国際的には知らされることのないまま、この場所は強制収容所化されていったわけだ。

さて私たちのいる案内所の建物は、収容所の入口のようにも見えるため、次々と訪れてくる観光客の中には入場料はいくらなのかと尋ねている人がいる。だが、ドイツの強制収容所は、そこに立ち入る人から入場料は取らない。強制収容所への立ち入りに、金銭を要求されることはない。ここは自由に立ち入ることのできる場所であり、戦時中に全てを奪われて人々が強制的に収容されたことへのアンチテーゼが示されている。つねに自由な通行が保証されている。もちろん、これだけの土地と施設を維持し、観光客を案内し、内部の清掃や展示の管理を行えば、相当の職員が雇われているだろうし、それには予算が必要だろう。それでも入場は無料であり、自由意志での寄付金だけが受け付けられている。実際に、募金箱にはユーロだけではなくさまざまな国の通貨が入れられているのが見える。五ユーロ紙幣をそこに入れて、私たち一行は、更に数百メートル先にある収容所の入口に向かっていった。

入口に向かう道の左には、まだ当時のままの高い壁と監視塔が残されている。壁には所々に写真がプリントされ、歴史的な解説が刻まれているため、ここが現在では歴史的な博物館となっていることがわかる。だが、それでも、この壁沿いの通りには近づきがたい異様さが漂っていた。さきほど、町を歩きながら一度遠ざけたはずの畏れのようなものが再び沸き起こってくる。

この畏れの感情は、死者への畏敬の念を含んでいる一方で、不安や恐怖のようなものも含んでいる。死者に手をあわせたいような気持ちにもなれば、人間の残虐行為に目をつぶりたい気持ちにもなり、心の内奥が微振動を始める。それが止まらない。どうやらこの畏れは遠ざけることのできないものらしいと、私にもわかってくる。それならば、自分の震えとして感じてみるしかない。そんな風に、自分の思いを少し翻してみる。

でも、この畏れはいったい何なのだろうか。同じ一九三六年にC・G・ユングという心理臨床家は、畏れについて、一つの物語を語っていた。それは、たしかあるフランス人の話だったと思う。その男性は、子どもの頃から戦記物を読むのを好み、特に物語が残酷な戦闘の場面にくると、恐ろしくなってぶるぶると体を震わせるのだが、それでもその書物を閉じることはできずに読みふけっていたという。この人は後年、自ら進んで兵士となって戦場に赴くことになる。兵士となった彼は、その後、行軍中に偶然にもトラピスト修道会に立ち寄る。そして、そこで修道士たちがどんな生活を送っているのかを目の当たりにするのだが、これが何とも恐ろしいものだと彼には感じられる。修道士たちは語ることを禁じられ、言葉を交わすことのないまま、いつも同じ人々と共に共同生活を送っている。なぜそんなことが成り立つのか、彼はいぶかしく思う。しかも彼らは生前にみずからの墓を掘らねばならず、その上、仲間の修道士たちが亡くなると、その遺灰の一部を土地に撒き、その畑を耕している。なんて恐ろしいことだ、と彼は思う。そして、すぐに兵士をやめて、この修道院に入ることにした。そうして数年の修道院生活を送ったあと、モロッコから数人の宣教師が修道院にやって来る。彼らは、未開民族に宣教してきた体験を話してくれるのだが、その中でも、食人の風習のある部族に仲間の宣教師が捕まって虐殺された話は特に恐ろしく、身の毛もよだつものだった。その話に再び彼の心が底から震えた。そうして彼は、今度は宣教使となってモロッコへと渡る。そして、この人はモロッコで殺害されたのだ、とユングは語っている。

　ユングによれば、これは畏れに魅了された人の話であり、同時に、畏れを身をもって知ろうとした人の話である。畏れとは、しばしばその人の課題を示す方位磁石の役割をするという。畏れに従うことはとても危ういものかもしれない。おそらく遠ざけておくに越したことはない。しかしどうしても、遠ざけておくことができず、畏れが繰り返し戻ってくるならば、それを知る他に道は残されていない。しかしその道を進むならば、畏れに魅了されすぎて盲目のままに飲み込まれるのではなく、畏れているものを身に感じながら、それを引き受け、それとの関わり方を見つけ出したいものだ。畏れが私たちを導く場所は、このフランス人の男性の結末と同じように、死という場所かもしれない。それは大きな危険を孕んだものかもしれないが、この道を進み、目を開いたまま感じ考えることができれば、畏れと共にありながら、その先にあるものが見つけ出せるのかもしれない。そんなことを思いながら、私はまた一歩、強制収容所への歩みを進めていた。

　収容所入口に到着すると、以前にアウシュヴィッツ＝ビルケナウ強制収容所でも、ダッハウ強制収容所でも目にした「労働は自由をもたらす Arbeit macht frei」の文字が掲げられている。

　初めてこの文字を見たのは、中学か高校の教科書だったろうか。授業では、働いても自由を得られることがない収容所の入口に、こんな虚偽の文字が掲げられ、人々に叶わぬ希望を煽っていることを教わり、酷く嫌な気持ちがしたのを覚えている。パンドラの神話では、その箱から多くの災いが解き放たれたが、この希望だけが箱の中に残されたという。災いの中で、唯一箱の中に残された希望は、人間に希望が届くことがないことを示しているように見えるが、むしろこの希望は箱の中という目に見えない形でしまわれて、そうして決して現実化できないことで、やはり災いとして作用しているように思える。この「労働は自由をもたらす」という言葉も、現実になることのない希望という名の災いを人間に与えている。

　また、十代の頃に比べると多少の知識を得た現在の私は、この文字を見て更に複雑な気持ちになる。この強制収容所での労働は、プリーモ・レーヴィが語ったように「人間破壊」の営みであった。その労働は単に過酷だったのではなく、その場に居て労働に勤しむことそのものが、結果として、人間を非人間化していった。もっと言えば、強制労働が人間を破壊したのではなく、強制収容所の中にいるだけで、労働者だけではなく、その管理者も、そこにいる誰もが人間というものを破壊せざるを得なくなったということである。そうすると、実はこの言葉通り、収容所で労働を強いられる者も、みずから働く者も、自分を人間性から解放して、ある意味では自由になったことにもなる。もちろんその自由の先に新たな人間の姿は見えないままである。この入口に掲げられた言葉は単なる虚偽ではなく、実は一つの真実を内包して、ナチスが人間や人間社会の新たな形を模索していたことを表わしているのかもしれない。それに気がつくと、この言葉は単なる虚偽であると否定していたときの方が、私という人間の居心地は良かったように感じられてくる。

　ナチス・ドイツとは歴史上まれに見る残虐行為を行った政

権だと突き放して考えられたときは、それを否定しておけば良かった。しかし、その同じナチス政権が、世界で初めて動物愛護法を制定し、世界に先駆けてエコロジー運動を始め、女性を家事労働から解放するためのシステムキッチンや洗濯機を世に広め、学生食堂や社内食堂を作り安価で栄養バランスの取れた食事を多くの人たちに提供したのだと知ったとき、ナチスという対象を単純には否定できなくなる。なぜなら私たちがいまでも受け継いでいる思想がそこにあるからである。それを知ったときと同じ思いが、いま再び蘇ってくる。一体これはどういうことなのだろうか。現代社会でも必要だとされているさまざまな思想が、あの強制収容所と同じ思想から生まれてきたのは、なぜなのか。そして、強制収容所での労働がもたらす自由とは一体何を指しているのだろうか。そもそも、労働とは、自由とは、一体どういったものなのか。めまいを感じ、混乱する。

　目の前にある残虐行為を単に否定すれば良いわけではないらしい。犯罪者たちは、その罪を背負い罰せられ、場合によっては処刑されれば良い、などとは考えられなくなる。犯罪者たちは私たちの心の中にも住んでいるのではないか。しかも、自分では犯罪者のつもりはないままに。実際、私たちの二十一世紀の社会でも、労働は自由をもたらすものだと教えられてはいないだろうか。しかし、その労働は、本当に自由をもたらしているのか、あるいは現代の労働がもたらす自由とは一体どのような自由なのだろうか。実はいまでも労働とは、人間を非人間化する役目を担うことがあるのではないか。そんなことを考えると、強制収容所にまつわる私たち人間の営みは、いまの私たちの営みにまでつながっているように感じられて、そこはかとない畏れが、再び感じられ、心が震える。
もちろん、現代の強制収容所は「想起の場」であり、「博物館」である。観光客である私が、この「労働は自由をもたらす」のモットーが記された扉を開けて、収容所の中に立ち入ったとしても、ここから出られなくなることはない。労働を強要されることはない。この収容所の中にZ施設と呼ばれるガス室と遺体焼却所があっても、観光客である私は選別されてガス室に送られ焼却されることはない。望めば、いつでも収容所の外に出られるし、いつでも解放されるはずだ。しかし、もしこの収容所の中で私が体験することが、私から人間性を奪い、私を非人間化してしまうのだとしたら、たとえこの敷地の外に出られたとしても、そのとき一体私は何ものとして解放されるのだろうか。もしこの収容所という施設から生まれた思想が、いまでも私たちに意識されないまま、私たちの生活の中に息づいているのだとしたら、たとえ収容所の外に出たとしても、実は収容所の中にいること何ら変わらないのではないだろうか。人間性から解放された人間とは、一体どのような生き物なのだろうか。そんなことを漠然と妄想しながら、私はザクセンハウゼン強制収容所に入っていった。

*

本書は、このザクセンハウゼン強制収容所の訪問から始まった一つの探求の書である。ドイツ連邦共和国ベルリン市とその周辺を、私たち分析心理学を専門とする臨床家たちが訪ね歩き、ホロコーストに関するさまざまな史跡や記念碑や美術や思想に触れ、そのことで臨床心理学からホロコーストへの何らかの返答を紡ぎ出す必要に駆られたのである。続く第一章から第六章まで、心理臨床家である一人一人の執筆者が、ホロコーストに関わった人々やホロコーストに関連する記録やホロコーストから生まれた芸術に寄り添い、そこから重層的に響いてくる人々の声に耳を傾けながら、それぞれの論を編んでいくことになる。

いま、そのはじまりに、私たち心理臨床家が、なぜこうしてホロコーストの声を聞き取らなくてはならないのかについて、私たちの時代意識を含めて、記しておきたい。

そもそもホロコーストについては、これまで史学・政治学・社会学・文学、そして哲学等からたくさんの分析が行われてきている。それは既に多くの成果を残し、さまざまな思想や視座を後世に残し、私たちに影響を与えている。私たちもそこから学び、それを受容してきている。その一端はレーヴィやフランクルの強制収容所の静謐な記録や、アガンベンの哲学的な考察など、本書の中でもさまざまに紹介されている。そうした先人たちの多くの研究があるにもかかわらず、なぜそれに加えて、心理学がホロコーストについて発言する必要があるのだろうか。それは単に屋上屋を重ねることにならないだろうか。いまあらためてホロコーストの声を聞き届ける意味がどこにあるのだろうか。きっかけは、先ほど書いたように、私たちが畏れに導かれたことにある。そして、心というものに関する私たちの現在の認識が愁いを含んでいることと関係している。畏れと憂いを感じると、心理臨床家は、その声を聞き取ろうとする習性があるのだろう。

現在の一般的な心理学は、実学として医療の治療、教育の育み、経営の効率化に使用され、総じて「生きている人」の役に立とうとする。しかし、魂の学としての心理学は、かつて生きていた人、つまり「死んでいった人」たちの声を聞く営みである。この心理学の未来のあり方が私たちをホロコーストへと導いたのである。はじまりはそこにある。それでは、本書の目的地はどこにあるのだろうか。

たとえば、二〇二〇年現在、おそらく世界は相当に混乱している。指針となるような思想はなく、安心して身を任せられるような基盤もない。未来は見えず、過去も信じられない。そうすると、自分の身の周りの生活を何とか維持することに専心するしかなくなっていく。自分の暮らす国・自分の属する地域・自分の仲間や家族を守りたい、その安全や幸せを守りたいという思いが、世界中の至る所から響いてきている。経済や貿易は自由に国境を越え、通信技術は日増しに精度と速度を高め、世界はオンライン上でつながっているかのように見える。しかし、その一方で、身近なつながりが失われているのを感じ、何とかその残りのものを守り、保持し続けたいと思う。遠くとつながり、近くと切れるという不思議な感覚が心の中に広がっているとも言える。人はいままでよりももっと、自分の足下にある現実とつながりたい、そして、そのつながりを守りたいと叫び声を上げながら、一方で足下とつながる方法がわからず、その代替を求めるように遠くとつながっていくことになる。そして、遠くとつながるための科学技術は日増しに発展し、それに比例するかのように足下の現実とのつながりは更に薄まっていく。つながりを欲しながら、つながりを失わないようにしながら、つながりを希薄にしていく。そんな矛盾した不可思議な行為が続けられていく。心理学的に言えば、おそらく人が何かを守りたいと感じているときには、それは既に失われている。これ以上は失いたくない、これ以上状況を悪くしたくない、もうこれ以上、何かが遠のいてしまわないようにしたい。そう思いながら、心は遠くへと羽ばたくのをやめて、自分たちの世界に引きこもっていく。私にはそのように思える。

　経済や物流や情報がグローバルに連結していくのとは逆に、いま心は世界中で「引きこもりたい」と訴えているのではないだろうか。この引きこもりは、内閉したさなぎが成虫になることに喩えられた昭和や平成の時代の引きこもりとは異なる。引きこもりながらもつながっていたいと欲していて、完全に閉じることがなく、成虫という自分作りにつながる内閉が生じない。もちろん身近なものをこれ以上失わないために内に閉じこもることは、身近なものをいたわる優しさになることはある。しかし、自分にとって近しくものを守るために、それ以外のものを暴力的に遠ざけてしまうことにもなる。知識として手に入る遠くのものは、半身で引きこもっている自分の好みに合わなければ、徹底して否定し排除しても構わないことになる。こうした現代の引きこもりは、いわゆる病気ではない。その心の動きは、とても素朴なものだとも言える。それは、人の存在の根源にあるようなものである。愛しいものとは合一したい、危険なものは排除したい。こうしたあり方は、あまりにも当然の愛着といった感情に回収されていく。引きこもった愛着の心性が動いているのが、現代という時代であり、この感覚は、現代の誰もが多かれ少なかれ自分の内に抱えている。それが心の現状である。しかしこれは治療されるべき病ではない。むしろこの引きこもりに内在している課題を、私たちはまず感じ取る必要がある。それは治療すべき病気ではないが、現代の私たちが取り組むべき一つの精神的な構造であり、つまり現代の病理である。病とは異なり、病理は治すべきものではなく、私たちが教えを乞うべき先達のようなものである。

しかも本書が刊行される二〇二〇年という時代には、コロナ・ウイルスという新種のウイルスが世界に蔓延している。このウイルスのもたらす社会変化は、この引きこもりながら、遠くとつながろうとする現代の心性に拍車をかけている。

いま、さまざまな情報が錯綜しながら、私たちは、このウイルスの対応に追われているが、対応策に確かなものが何もなく、混乱が生じるのは致し方のないことなのかもしれない。しかし、そう思う一方で、この混乱を招いているのはウイルスそのものではないようにも感じられる。つまり、本当の非常事態は、ウイルスそのものによって引き起こされているのではなく、ウイルスが蔓延している社会によって引き起こされているように見える。別の言い方をすれば、引きこもりながらもつながろうとする情報世界の現在のあり方と、コロナ・ウイルスとの相性が、あまりに悪いとも言える。決定的に新しく、未曾有の体験を私たちにもたらしているのは、ウイルスそのものではなく、ウイルス＋情報化社会と、それに対する私たちの引きこもり心性なのではないだろうか。

現代の私たちは日々世界中の感染者数をアップデートしながら知ることができる。身の周りの人々の体調はよくわからなくても、世界の感染者数や死者数は間違いのない事実として伝えられ、受け入れられていく。病院も企業も、感染者が発生すれば、何処で何人の感染者が出たのかをホームページ上に公表し、それがコンプライアンスであるかのように、個人の感染を公にしていく。それでいて、そうした社会集団がその身近にいる個人の体調を気遣いケアすることはほとんどない。このような情報公開がケアしているのは、遠くにいる大衆である。現代社会においては、経済が優先され、身近な一人の人よりも、遠くにいる人々が優先される。このように全世界に向けて公開され、私たちがアップデートしながら読み込んでいく情報は、最も信頼できるものであるかのように私たちの生活に欠かせないものとなり、他に代えることのできないリアリティを持って私たちに迫ってくる。しかし一方で、日々の生活でのコロナ・ウイルス対策では、引きこもり心性を助長するかのように、在宅勤務やテレワークが推奨され、ソーシャル・ディスタンスを保ちマスクをして、人と距離をとり続けることが要求される。リアリティがあるのは情報の方で、いまここでの直接体験は、危険なものとして遠ざけられていく。まさしく引きこもりながら情報でつながろうとする現代の心性に、あまりにもぴったりと当てはまってしまうのがコロナ・ウイルス下の情報社会なのである。

　少し話を戻そう。なぜ私たち心理臨床家がいまホロコーストについて語るのか、それは、このような現代の心性に備わった病理を理解し、その病理と関わる方法を見つけようとしているからである。望むらくはその病理の先の未来が見つかるように。

　コロナ禍で拍車がかかっている心性、つまり過去を信じられず身近なものを直接に体験できず、未来を思い描けず遠くとつながろうとする心の状態は、まさしく一九三〇年代の時代心性に近い。当時のドイツは、第一次世界大戦の敗戦国として大きな負債を抱えていた。その状態を改革するために、国の中心にあった国王を廃して共和制を敷き、当時世界で最も民主的とされたワイマール憲法を制定した。なんとか未来を生み出そうとして改革が行われていたわけだが、貧困は深刻で、制度としての憲法は人々の心に安寧をもたらすものではなかった。豊かさや安定を失い、これまでの精神的な拠り所であった王を失い、まさしく、未来を思い描けず、過去を頼りにすることもできなくなっていたのである。その状況下で、新しい未来を提示したのがナチス・ドイツ政権である。しかも、彼らは、当時最新の情報技術を駆使して、人々に新しい現実を提示して夢を見させた。美術、音楽、演劇、映画、ラジオ、新聞を通じて、大衆政治という思想を広めながら、それが信頼に足る新たなものであることを演出し、人々の感情と感覚に上手に訴えた。もちろんその先導者たち自身も、その新しい可能性を信じていたのだろう。かの有名な一九三六年のニュルンベルク党大会で、サーチライトにより百数十本もの光の列柱が天と地をつなぐように照射され、その広場に一瞬にして光の大聖堂が生み出されたのを見ると、人工的なつかの間のものとはいえ、身を捧げられる新たな精神的な支柱を探していたのがわかるように思う。ナチスの行為がはじめからすべてが欺瞞に満ちていたというよりも、それは貧困と精神的な闇の中で、希望を模索した末の愚行であるように感じられる。そして当時と同じような貧困と精神的な闇は、現代の私たちの周りにもはっきりと存在しているのである。

くしくも同じ一九三六年に、C・G・ユングは、「独裁者の台頭とは、人々が自分たちの存在の集合的なあり方を他者に預け、それを自分たちでやり繰りするという複雑な課題を他者に預けた一つの結果である。そうやって人々は、身勝手に自分個人の〈個性化〉に取り組もうとしたのかも知れない」とニューヨーク・タイムズのインタビューに答えている。これはおそらくいまの私たちが直面している課題と極めて近い。引きこもりたい私たちは、どうやってこの集合的なあり方と関わるべきなのか、私たち自身がそれを考察していく必要があるのだと思う。

心理学には、アクティビストのように人々を奮い立たせて運動を作り出す力はない。知識を広めて人々を啓蒙するような思想的な力もない。病巣を特定しそれを除去する医学的な技術もない。心理学にできることは、ただ耳を傾けることだけである。「どうしたら良いかわからない」、「なんでこんなことになっているのだ」という人々の声に耳を傾けて、その言葉を自分の心の声でリピートして、おうむ返しのように、繰り返し語り直すことができるだけである。社会の役に立つような取り組みではない。誤解の無いように付け加えると、もちろん現代の心理学の多くは、もっと社会の役に立つ営みを行っている。現代心理学の主流は、統計的な調査とデータ分析により、大衆の声を聞き届け、それを経済的な発展や社会の改善に活かすところにある。あるいは、社会標準的な認知と行動を把握し、その標準からこぼれ落ちそうになっている人々を社会の中に包摂して、社会の中で生きやすい認知と行動を身につけてもらう援助も行っている。そうした心理学の営為は社会の役に立つものであると思う。

しかし、本書で論じられていく心理学は、役に立つような心理学ではない。私たちは、いつも答えにたどり着くことがなく、問題の周りをぐるぐると巡りながら、繰り返し聞いて、繰り返し喃語のような言葉を発するだけである。本書を読み終えても、そこに明確な行動指針や現代精神を癒やす方法が見つかるわけではないと思う。だが、課題の周りを円環しながら、課題だったものが、次第に別のものに姿を変えていくことはあるかもしれない。その変容のプロセスに参加しながら見守り続けるのが、私たちの考える心理学の実践であり方法である。私たちが巡る円の中心にあるものは、言語的に明示できるものではない。複雑な形態のままで言葉にはならないものである。だが、その周りを巡り歩くことで、少しずつその中心を感じ取り、それについて考えてみることはできる。ここには一人一人の心理臨床家が、ホロコーストの周りを巡りながら聞き取った声があり、その声の反復がある。その中には、ホロコーストの声と共に私たちの時代の声が重層的に響いていると思う。ここで行われていることは、聞こえてきた声を増幅することだけであるが、心理学というステレオ・アンプを通した声の増幅は、現代に生きる私たちの心と相俟ってさらに増幅される。それを読者のみなさんに届けてみたいと思う。そして願わくば、増幅されたその声たちの中心に、新たな可能性が立ち上がってくるのを読者の皆さんと共に見つけ出したいと思う。

写真は2点ともザクセンハウゼン強制収容所、筆者撮影。

第一章　ホロコーストとかなしみ

小杉哲平

I　はじめに

子供の頃、学校の推薦図書で挙げられた『アンネの日記』[1]を何気なく読んだ。衝撃を受けた。人間が隠れん坊遊びではなくて、本当に命がけで隠れなければならない時代、人間が人間扱いされない状況があったことに。その体験が、心のどこかにずっと残り続けていて、今回、ホロコースト関連施設を訪問するプロジェクトに誘われ、参加してみることにした。その下調べをしているときに初めてプリーモ・レーヴィを知り、どちらかと言えば気軽な気持ちで彼の本を手に取った。

プリーモ・レーヴィはホロコーストを経験した作家だ。レーヴィはイタリア系ユダヤ人として経験した一年間の強制収容所での体験を『これが人間か』[2]というノンフィクション作品として出版している。実際の強制収容所の苛酷な状況を誇張せずに、事実が正確に伝わるように淡々と記載されており、それがむしろリアリティを持っていた。レーヴィは、残虐な事実を並べたいがために書いたわけではなく、「むしろ人間の魂がいかに変化するか、冷静に研究する際の基礎資料をなすのではないか」（五頁）という。自分自身がホロコーストという過酷な経験をしたにもかかわらず、ただ単にホロコーストの残虐性を示すというのではなく、人間の精神の深みを探求しようとした態度に、興味を持った。レーヴィはこの本を上梓することによって、結果的にはジェノサイドへの警鐘を鳴らすことになった。しかし、彼はこの本をそもそも、そのような目的で書いたわけではなかったという。彼がこの本を書いた本当の理由は、強制収容所から出る前、そして、家に帰ったその日から、その体験を「他人」にとにかく語りたいという激しい欲求に駆られ、心の中身を吐き出すように、ただただ書きたかったからだ（六頁）。レーヴィが心の奥底の何かに衝き動かされるように、内面を表出したものといえる。

　このようにレーヴィを衝き動かしたものが何だったのか。それは、本の中の「私達の夜」（六八－七八頁）という章でレーヴィが強制収容所にいるときに何度も見た夢の中で感じた「純粋状態のかなしみ」にヒントがあるように感じた。その夢の中で、家族や友人など親しい人から良く知らない人まで、多くの人が出てきて、彼らに対してレーヴィが熱心に強制収容所での体験を話すのだが、全く話を聞いておらず、無関心なのだ。誰も自分の言う事を聞いてくれず、自分の意志を無視される強制収容所の内での話を、外の人でさえも聞いてくれないという夢である。そのときにレーヴィが夢の中で感じたかなしみである。

私は精神科医をしており、普段、患者さんの話を聴くのが仕事である。しかし、人の語りを聞くのは簡単ではないと、常日頃痛感している。駆け出しの頃、私は患者さんの病気の症状を聴くことだけに囚われていた。幻聴があるか、妄想があるのか、抑うつ状態なのか、意欲低下があって、体重が減っているのか。そういった精神病理学的な所見を聴取し、精神医学の知識に結びつけて診断していくというのは、精神科医のトレーニングとして必要ではあるが、それだけに偏っていた。そして、違う側面からみると、患者さんの苦しみに心を開くのが怖く、自分の心を閉ざして、知識に逃げてしまっていたのだと思う。だからであろう、その頃、患者さんもただ私の質問に対して短く答え、あとは口を閉ざしてしまう。そしてまた質問し、短く答え、口を閉ざす。ある患者さんは、「まるで取り調べですね」と、言ってくれたが、そのときは、なぜ一生懸命聞いているのに、そんなことを言われなければならないんだろうと理不尽に思った。いま思えば、親切にも私の聞く姿勢の偏りを教えてくれたのだと思うが。これらは私の至らなさによるものだが、そのときの私の目の前の患者さんも、話しているのに、聴いてもらえていないというかなしみがあったのではないだろうか。そして、その頃、自分自身も精神病理学的所見や知識だけでは、精神科診療は不十分であることに、心のどこかで気づき、それが胸のつかえのような違和感として、感じていた。以降、少しずつ、その人がどのようなことに苦しみ、どんな人で、どのような価値観を持ち、どのような家族に囲まれ、どういう気持ちで生きているか、ということに、徐々に心を開けるようになっていくと、その胸のつかえのような違和感は溶けていき、患者さんを前にして、さまざまな感情を感じるようになった。

いまでも本当に話をしっかり聞くというのは難しく、反省することばかりなのだが、こんな自分に対しても、話してくださる方々もいらっしゃる。耳を傾けると多くの心の声が届いてくる。ある方は、ご家族との関係の中で、深い傷つきや苦しみを語ったが、普段はそれを心に秘めながら、日々何事もないかのように仕事を続けておられる。ある方は、人とのつながりを心の底では求めながらも、それがうまくいかずに何度も傷つき、人と接することができないでいる。ある人は長く精神の病を患い、少しずつ家族や友人と疎遠になっていった。それでもその方はいつか家族や友人と一緒に過ごせることを信じて、迎えに来るのを待ち続けているとおっしゃる。また、別のある方は、長い入院生活の後に近しい家族は亡くなり、知人との交流も途絶え、歳を重ねて体の病を患い、臨終の場で「家に帰りたい」とつぶやいた後、亡くなられた。

　そのような人々に耳を傾け、目の当たりにしたとき、私の心の底にもかなしみの感情が静かに湧いてくる。レーヴィが苛酷な強制収容所の体験の中で感じたかなしみは何だったのだろうか。その時点では何なのかはわからなかったが、臨床の場面で感じるかなしみに繋がっている印象を持った。

　そして、レーヴィの本を読んだ上で、ベルリンを訪問し、ザクセンハウゼン強制収容所、ユダヤ博物館、ホロコースト記念碑、と順々に訪問していった。すると衝撃とともに、どんどん消化できないものが心に溜まっていくのを感じた。そして、「テロのトポグラフィー」博物館を訪問すると、どれほどの人がどのように殺されたかといった事実と共に、実際のユダヤ人への迫害、虐殺の様子が数多くの写真で展示されていた。これらをどう受け止めればよいのか突きつけられたような気持ちとなったが、受け止めきれずに吐き気さえ覚えた。それは帰国した後も続いた。ホロコーストの声を聴きに行ったにもかかわらず、知識としては理解したものの、感覚としては全く聞くことができなかったのである。まるで駆け出しの精神科医の頃、患者さんの心の声を全く聴けなかったときのように。

ホロコーストをどのように受け止めればいいのか。それを消化するためには、もう一度、レーヴィが語ろうとしたことに耳を傾け、そのかなしみが何だったのかを感じる必要性があると思い、私は改めてレーヴィやその他のホロコーストに関連する作品を読み返し始めた。

2　強制収容所の収容者の夢

レーヴィの夢の中に現れた純粋状態のかなしみはどのようなものなのだろうか。レーヴィの夢を取り上げる前に、同じく強制収容所での体験を語った『夜と霧』で知られる精神科医のフランクルが記した強制収容所収容者の夢について見てみたい。

> 被収容者はパンの、ケーキの、煙草の、気持ちのいい風呂の夢をみた。もっとも素朴な欲求がみたされないので、素朴な願望夢がそれをみたしてくれたのだ。そうした夢をみた者にとって、収容所生活という現実に目覚め、夢の幻影と収容所の現実のおぞましいばかりの

> ギャップを感じたとき、夢がどのような意味をもつかはまた別の話だ[3]。（四六―四七頁）

このような夢が収容者の人々の典型的な夢であった。同じような夢を多くの人が見るという事と、願望を充足させるような夢であるというのが特徴だ。

そして、レーヴィの夢は以下のようなものである。彼が一日の苦役でくたくたになった身体を寝台に横たえ、一つの寝台を二人で使うので身体が半分はみ出しながらも、くたくたなのですぐに眠りに落ち、夢を見る。

> そこには妹と、だれだか分からないが、私の友人と、ほかに人がたくさんいる。みな私の話を聞いている。〔中略〕硬い寝床、押しのけたいのだが、私よりも強いから、怖くて起こせない隣人のこと、また激しい飢え、シラミの検査、私の鼻をなぐって、鼻血を洗いに行かせたカポーのことなどを、あますことなく語る。自分の家にいて、親しい人々に囲まれ、話す事があるのは何とも形容しがたい、強烈で、肉体的な喜びだ。だが、誰も話を聞いていないのに気付かないわけにはいかない。それどころか、まったく無関心なのだ。私など存在しないかのように、自分たちだけで、ほかのことをがやがやしゃべっている。妹を見て、立ち上がり、何も言わずに出てゆく。
>
> すると心の中にひどく心細い悲しみが湧いてくる。それは幼いときに味わった、ほとんど記憶に残らないような悲しみに似ている。それは外部の事情や現実を意識する以前の、純粋状

態での悲しみだ。子供が訳もなく泣き出してしまう時の悲しみだ。[2]（七二–七四頁）

フランクルの夢においても、願望を充足させる夢が多いということであったが、レーヴィの夢の前半部分も、人に話すという事が強烈な肉体的な喜びとして表現されている。しかし、夢の後半は収容所にいるという現実と同様に、誰にも話を聞いてもらえないということに気づく。このような夢は何度も見たという。そして彼の友人や周りの人も、同じような、夢を見ていたという。やはり、レーヴィだけでなく、周りの人も同じような夢を見るというのが印象的だ。いくら語っても家族も友人も他人も、だれも彼も無関心であるというところが、やるせないような、読んでいるこちらもエネルギーを失ってしまうような夢だ。

私が学ぶユング心理学においては、夢を単なる生理現象とは捉えず、その人の無意識や心の深いところから浮かび上がったものとして捉える。通常はそのような心の深い部分の事柄は意識では捉えられないが、夢を通して、人は自分自身の心の深層を垣間見ることができるのである。そのため、夢見手である人の個性が多様であるのと同様に、個人の夢も多様なものであり、その人ごとに独自性があるものなのだ。

では、強制収容所において皆同じような夢を見ていたというのは何を意味するのか。それは、本来は個性を持った多種多様な人々が、強制収容所という環境により、皆一様に労働や苦痛を強制され、個性が破壊され、均一化されたということである。そうすると、心の深いところから浮かび上がってくる夢も均一化してしまい、多くの者が同じ夢を見たのではないか。しかし、その一方で、皆が同じような夢を見ていたからこそ、この夢の内容は強制収容所を体験した人々の心の深層の核心に迫る大事な内容が含まれているとも考えられる。

　レーヴィの夢の前半部分は、一見、フランクルが提示した夢のように、話したいことを話し、肉体的な喜びを得られるという願望充足の夢のように見える。しかし、実はだれもその話を聞いていないのだ。強制収容所の体験を一生懸命話しているレーヴィがまるでいないかのように、立ち去って行ってしまう。これは、強制収容所において、現実で誰も自分の話を語ることができないという事だけでなく、強制収容所から出て家に戻った後も、その体験を聞いてもらえないということを暗示しているのではないか。強制収容所という過酷な体験をしたにもかかわらず、それを話しても聞いてもらえないというのは、想像しきれないような孤独感があるのではないかと感じる。そのような孤独感が、夢を通して、多くの強制収容所にいた人たちの心の深層から浮かび上がってきていたのである。

　そのような孤独感に繋がるかなしみは、純粋状態のかなしみであるとレーヴィは表現している。ここで、レーヴィはこのかなしみが外部の事情や現実を意識する以前のものであると言っている。ということは、実はこのかなしみは「話を聞いてもらえないから、孤独を感じ、悲しい」とか、「強制収容所が辛いから悲しい」といった現実の単純な因果関係で説明できるようなかなしみではないようだ。もっと人の心の深いところにある、人にもともと備わっているかなしみそのものとしか言いようのないようなものなのであろう。つまり、強制収容所にいた人たちだけのかなしみではないのかもしれない。人間の中にある根源的なかなしみをここでは表しているのではないか。それは、個人的なかなしみではなく、非個人的な水準のかなしみということになる。非個人的な水準のかなしみについて、ユング派心理療法の分析家であった河合隼雄が論じている。純粋状態のかなしみを理解するために河合の論述について次章で触れていく。

3　河合隼雄が論じ、宮沢賢治が表現したかなしみ

非個人的な水準のかなしみ　——死に近いという特徴

河合隼雄は心理療法のプロセスの中で、「人間関係を個人的な水準のみでなく、非個人的な水準にまでひろげて持つようになると、その底に流れている感情は、感情とさえ呼べないものではありますが、「かなしみ」というのが適切と感じられます」[4]（一九八－一九九頁）と非個人的な水準のかなしみを述べたうえで、そこに治療者が身を置くことの重要性を指摘している。「クライアントと分離しがたいほどの深いレベルにおける、苦しみとかなしみの中に身を置いていると、自然に日常の世界がひらけて」（二〇一頁）くると述べている。レーヴィの収容所体験と河合の心理療法での経験とは全く違うもののように思えるが、いずれも個人的な水準を超えた深い水準においては、かなしみがあるという点に類似点がある。

しかし、非個人的な水準のかなしみに達するということは容易なものではないと考えられる。レーヴィについては強制収容所という死と隣り合わせで、ときによっては死よりも辛い虐待の中でもなお、生きる中で捉えられたかなしみである。河合も、困難な問題を抱えたクライアントとの心理療法のプロセスで、「一個の協同者として、個性発展の過程の中に、患者と共に深く関与してゆくことによって、クライアントのなかに生じてくる個性化の過程に従うはずのところ、それはあまりにも破壊的であったり、耐え難い重圧として感じられたり、と言ってそれを回避するときはクライアントの自殺が容易に推察される、という状況になりました。このまま続けていると、私が疲労のために死ぬのではないか、と本気で思ったことがあります」[4]（一七一頁）と述べており、死と隣り合わせの心理療法のプロセスの中で、次第にクライアントが求めている関係の水準が、非個人的なレベルであるということに気づいていったのである。そして、その非個人的な水準の人間関係の底流には、かなしみが流れていると体験したのである。

このように、非個人的な水準のかなしみは、死に近いかなしみなのである。そして、河合の言う非個人的な水準のかなしみは、個人的なレベルでの「悲しさ」とは感触の違うものであろう。そこには、身動きがとれなくなるような苦しみや悲しさ、死だけでなく、そのかなしみに身を置くことで、心理療法のプロセスが展開していくような、心に自由度が生まれて、日常が開かれ、生をも豊かにしていくような、ポジティブなものも含まれている。つまり、生と死という相対するものがそこに同時に内包されているような「かなしみ」なのである。

これは私の臨床現場での体験にも通じるように感じる。ある方が、外傷的な体験を受け、何度も苦しみながらにもその事を語って下さっているのを聴いているときに、私の中に流れている感情は、まずは同じような苦しさであり、聴いている私も、言葉を発することができずにただその苦しみの中にいることしかできない。そのうちに、苦しみの内側にかなしみに近い感覚を感じる。そのかなしみは、悲しいながらも優しさや、穏やかさを含んだ感触がある。すると、そのうちに、その方は、「やはり苦しさは変わらないが、それだけに囚われていては、自分が大事にしているものを守れないから、大事なもののために、生きていく」という道を歩き始めた。とはいっても、苦しみは簡単に過ぎ去るものではなく、何度も何度も落ち込み、そしてまた前を向き、また落ち込み、といったプロセスを繰り返す。私は、その方が、傷口を抱え、何度もつまずきながらも、それでもその外傷的な体験に取り組んでいく姿勢に、何とも言えないようなかなしみとともに、尊敬の念を覚えた。このように感じられたかなしみは、私という人間が感じる個人的水準のかなしみではあり、非個人的水準のものとまでは言えないかもしれないが、個人的水準のかなしみを入り口として、それを深めていくことで非個人的水準のかなしみにまで繋がっていき、心理療法のプロセスが展開していくものになるのではないかと思う。

　レーヴィが語った「純粋状態のかなしみ」も非個人的水準のかなしみであり、それは「子供が訳もなく泣き出してしまう」ようなかなしみだという。非個人的水準のかなしみは、子供の頃にそのルーツがありそうだ。実際、このような非個人的水準のかなしみの特性については、優れた童話作品の中に表現されている。特に河合隼雄がその解説を担った日本を代表する童話作家である宮沢賢治の物語でも、象徴的に表現されている。

宮沢賢治が表現した非情のかなしみ

ここでは、宮沢賢治の二つの物語、少年が夢の中で親友とともに死の世界を旅する物語である『銀河鉄道の夜』と、少年が臨死体験の中で弟と共に地獄と天国を見る物語である『ひかりの素足』を取り上げ、その中で表現されているかなしみについて考える。有名な話ではあるが、まず、簡単に二つの物語の粗筋にふれる[5]。

『銀河鉄道の夜』は、二人の少年ジョバンニとカンパネルラが出てくる。二人は親友だが、あるとき片方の少年ジョバンニが夢を見る。その夢の中で二人は天の川を鉄道に乗って旅をする。その鉄道から見える景色は幻想的で美しいが、現実離れしていて、乗ってくる乗客はタイタニック号で死んでしまった人などで、死の世界を旅しているとも言える。そして、旅の最後に前の席に座っていたジョバンニが後ろの席に座っていたはずのカンパネルラを振り返ってみると、もうそこには彼はいないのだ。ジョバンニが目を覚ますと、カンパネルラは川に落ちていなくなってしまっていた。

『ひかりの素足』では雪深い地域で暮らす兄弟、兄一郎と弟楢夫が主人公である。休日に父がいる山小屋に滞在し、峠を越えて母の待つ家に帰る道で、随伴していた大人とはぐれてしまう。次第に雪が激しくなり、一郎は楢夫をしっかりと抱いて、とうとう雪山の中で身動きが取れなくなる。気づくと、いつの間にか二人は歩くと血が出るような剣でできた地面の上にいて、何ともいえない、いたましい身なりをした子供たちが、太い鞭をもった鬼に追い立てられながら、ぞろぞろと歩く地獄の世界にいたのであった。楢夫が泣き出して鬼の鞭に打たれそうになるのを、一郎が必死でかばって代わりに鞭で打たれていると、一郎はかすかに読経の音を感じる。すると、釈迦如来と思われる立派な大きな光り輝く人がやってきて、子供たちの傷を癒す。そして、その人が、「みなが剣の地面と思っている地面は実はまるっきり平らなのだ」と言うと、地面は真っ青な宝石でできた一面平らな地面になった。そして、その人に楢夫はその世界に残るように言われ、一郎は剣でできた地面の世界でも弟を見捨てなかったことを褒められ、その足で剣の林も行くことができると勇気づけられて、もとの世界にかえることになる。現実に戻ると、一郎は息を吹き返すが、楢夫は息を絶えてしまっていた。

　これらの物語の解説を、河合隼雄が「過透明なかなしみ」という題名で書いている。河合によると、宮沢賢治は人の心の深層意識に属する領域を物語にしているという[5]（二四三―二四四頁）。深層意識とは、表面的な意識の奥深くにある心の領域であり、そこは非個人的な水準ともいえる。そして、「賢治の作品に、両立しがたいものや、普通では捉えようのないことなどが、見事に描かれている」と言い、「賢治がその深層意識によって捉えた世界では、光と闇、生と死、善と悪などが、通常の判断を超えて提示され、われわれをあっと驚かせてくれる」と解説する。確かに、銀河鉄道の夜には、死の世界を銀河鉄道に乗って旅をするが、その世界は地獄ではなく、むしろ美しく、読み手の心を打つ。また、『ひかりの素足』においても、剣の山でできた地獄が、実は真っ青な宝石でできた平らな地面であることが明らかになっている。つまり、特に宮沢賢治が表現する非個人的水準の心の領域においては、対立するものがぶつかり合ったり、葛藤したりするのではなく、それら両方が同時に存在し、荘厳な美しさを持つものとして描かれているのだ。

そして、深層意識は死に近いという特性について、河合は「深層意識に到達して、こちらに帰ってくるのは、よほどの人間――宮沢賢治のような人――でないと極めて難しい。深層意識は死に非常に近いようだ。従って普通の人でも、死に近接した時は、その体験をするのではないかと思われる。ただ多くの人はそのまま死んでしまって、後で報告するという事がない。時に死の淵まで行って引き返した人は、それなりにその体験を語ることができる」と述べている。まさにレーヴィは実際に死の淵まで行って引き返して、純粋状態のかなしみという深層意識の体験を語ったのだろう。また、宮沢賢治自身も若くして結核を患い、死の淵を行ったり来たりする人生を送っている。深層意識を表現するのは簡単な事ではないのだ。これは前章の非個人的水準のかなしみの死に近いという特性とも同様で、宮沢賢治の描く物語にもそれが象徴的に現れている。

このように、深層意識は死に近い領域であり、さらに、河合は宮沢賢治がその深層意識の中でも、個人的なレベルの悲しみを超えたかなしみについて物語にしていると言う。深層意識という非個人的な水準においては、対立する物も同時に存在するような領域である。そのレベルにおけるかなしみとはどのようなものか。河合は、まず、表層的になりがちな現代の人の心のバランスと対比させながら、以下のように、ただ単にセンチメンタルに溺れるような悲しみではないという。「人間の心は「知・情・意」と言われるように、知能、感情、意志などを大切な要素としているし、それらの適切なバランスが望ましい。現代はどうしても知の方に比重がかかるので、情の方は無視されがちとなり、それは心の底に沈殿しやすい。先に「深層意識」と述べたことは、そのような情の沈殿層を突き破って、もうひとつ質の異なる層に至ることを意味している。そこにあるのはセンチメンタルに溺れさせる情の蓄積ではなく、質を異にする、極めて言語化の難しい内容である[5]」。

ただ単にセンチメンタルなものではないとすると、どのようなかなしみなのだろうか。それを宮沢賢治は上手く表現していると河合は言う。

そのあたりのことを作品にしているから賢治は天才と言っていいのだろうが、何しろそれについて語るには、読み手にわかる言葉を使わねばならない。そこで、たとえば、「銀河鉄道の夜」のなかにも、「かなしい」とか「さみしい」とか、日本の演歌にもしばしば登場する形容詞が、割に用いられることになる。「涙」が出てきたり、「胸がいっぱい」になったり。それに、ジョバンニと母親との関係は、この話のなかで重要な役割を占めている。「銀河鉄道の夜」もうっかりすると、日本映画の「母もの」に近い感じで読まれる危険性がある。

しかし、作品を読めば、そんなことは起こらない。ジョバンニは「母と共に」あるいは「母を訪ねて」旅をしたのではない。ジョバンニはカンパネルラという友人と汽車の旅をしている。その間に実に不思議な人たちに会う。その人達は、ジョバンニとその母との関係に何もかかわることのない人たちだ。たとえば、「がさがさした、けれども親切そうな、大人」がやってきて、「ひげの中でかすかに微笑いながら、荷物をゆっくり網棚にのせました。ジョ

> バンニは、なにかたいへんさびしいようなかなしいような気がして、だまって正面の時計をみていました……」というところがある。ここでジョバンニはなぜ「たいへんさびしいようなかなしいような気」になったのだろう。ここには一般的な意味で「かなしい」感情が関係するようなことは何も語られていない[5]。
> （二四八―二四九頁）

このように宮沢賢治は単純なセンチメンタルな「母もの」ではなく、もっと根源的なかなしみを描いているのである。この物語の底流に流れているのは「かなしみ」であり、母親が病気だったり、友人がいなくなってしまったりと、誰かを失うという直接的な悲しみも含まれているが、河合が言うように直接的な、個人的水準の悲しみ以上の「かなしみ」としか表現できない非個人的な水準のかなしみも描いている。それを河合は以下のように「非情のかなしみ」と表現した。

> 「銀河鉄道の夜」は「過透明」な世界を描いており、それは生半可な「人情」や「感情」などは、入り込むことができない。そのなかで語られる「かなしい」、「さびしい」という言葉を、われわれはどう受けとめたらいいのか。いろいろと苦労したあげく、私は「非情のかなしみ」という表現を思いついた。それは誰に対してとか、何に対してとか直接に関係する感情ではない。そんな点でそれは非情とさえ言える。しかし、人間が生きていること、それ自体によって生じる感情としての「かなしさ」がある。それは感情として知や意と切り離されてあるのではなく、知とも意とも深いところでつながっている。言うなれば、その情は生の

みでなく死も知っている「知」や、死を知った上で生きていこうとする「意」ともかかわっている[5]。（二四九頁）

宮沢賢治が描く物語には、誰に対してとも言えないような、人間が生きている事それ自体によって生じる「かなしみ」が描かれており、それは死と生、かなしみが知や意とも繋がっているのだ。かなしみを描くことで、死に裏打ちされた生をも表現している。それは、『ひかりの素足』で一郎が死の世界である地獄での体験において、弟を見捨てずに必死に庇うことで、実は剣の地面をも歩くことができることに気づかされて、現実に戻ることにも象徴的にあらわれている。死の世界を通る事で、死の世界に裏打ちされた強さを持って、現実に戻るという事である。しかし、そこでは弟の死も同時に起こっている。単なる地獄を超えた強さだけでなく、同時にかなしみもそこには存在しているような強さである。

そして、死の世界からいかにして戻ってくるか、という点も重要であり、それがそれぞれの人や物語の個性に関わっているものと考えられる。『ひかりの素足』では一郎は雪山での遭難により死の淵までいき、臨死体験の中で地獄を見たが、そこに一郎の弟を見捨てないという強い意志が現れた後、仏が現れ、この世に戻ってくることができた。一方、『銀河鉄道の夜』のジョバンニが夢の中で一緒に死の世界を旅したカンパネルラは死んでしまい、ジョバンニはこの世には戻ってきたものの、「もういろいろなことで胸がいっぱいでなんにも云えずに」一目散に家へと走り出す、という場面で物語が終わってしまう。

一郎は、おそらく、この後の人生を弟の命が天にあることを知りながら、弟を感じながら、強く生きていくのではないか。仏教者でもあった賢治が描いた、死の世界を知りながら生きていく物語の一つの形であったと考えられる。一方、カンパネルラは、ジョバンニが銀河鉄道の中でふと振り向くと、もうそこにはいない、という形で描かれている。死の世界を旅しているという中で別れが無意識の中では予期されるものではあるが、それでも、突然の別れである。その後、ジョバンニが深層意識の世界を旅した魂の友人ともいえるカンパネルラを失い、どのようにして、一人で生きていくのかということについては、何も書かれていない。また、『銀河鉄道の夜』には仏教的な素材は描かれていない。つまりは、『ひかりの素足』のような宗教的素材がないなかで、『銀河鉄道の夜』によって、私たちは「死の世界から戻って、その後、どのように生きていくか」ということを、そのまま空白の形で、投げかけられているとも言える。

ここに未完成の物語と言われている『銀河鉄道の夜』の特徴があると考えられる。宮沢賢治は三十七歳という若さで、肺結核によりこの世を去るが、その病床の枕元には未完成の『銀河鉄道の夜』の原稿があったという[6]。宮沢賢治は『銀河鉄道の夜』を完成させることができずに、つまり、深層意識から戻ってきて、そしてどう生きるか、ということを描く途上のままに、死の世界に行ってしまった。宮沢賢治はカンパネルラの側に行ってしまったのだ。この作品は宮沢賢治がこの世に残した、書きかけの遺言ともいえる。しかし、この物語の中には、「生きる」ということのかなしさが描かれているからこそ、この物語の空白の部分である、「死を知り、そして、どのように生きていくか」というテーマを、読者が無意識に感じ取り、自分自身の物語を考えていく起点になることで、多くの人々の共感を得ているのではないかと考えられる。もしかしたら、宮沢賢治は、敢えて空白の部分を残して、筆を擱いたのかもしれないとも思えてくる。

　このように宮沢賢治が表現したように、非個人的水準のかなしみは、親友の死や弟の死に対する個人的な悲しみを入り口にしながらも、個人的水準を超えて、人間が生きている事それ自体から生じるような、非個人的水準のかなしみを表現しており、それは死と生を同時に内包し、美しさや荘厳さをも感じさせるものなのだ。

4　ホロコーストのかなしみ

純粋状態のかなしみ

　もう一度、純粋状態のかなしみについて考えてみたい。レーヴィの夢の中に現れた純粋状態のかなしみは、多くの収容者が同様の夢を見ていたことから、レーヴィの個人的なかなしみというよりは、レーヴィを含むホロコーストを体験した者たちの、非個人的な水準のかなしみといえる。『ひかりの素足』の地獄の描写は強制収容所における収容者たちの体験と類似しているのが悲しい。物語で描かれるような地獄が、現実にも存在していたという事実が悲しい。強制収容所では、革靴が支給されずに、サイズの合わない堅い木靴を履いて、剣の地面を歩くかのように、足を痛めながら労働し、鬼のように無慈悲な監視者によって虐待を受けていたという。ジョバンニや一郎のように、レーヴィは一度死の世界に近づき、深層意識の層まで到達し、夢の中で非個人的な水準といえるような、純粋状態のかなしみを見たのだ。そしてそのかなしみを通り抜け、生の世界へ帰ってきて、「どのように生きていくか」、ということを強制収容所から解放された直後から行動していったのだ。それは、登場人物や状況は全く違うが、未完である『銀河鉄道の夜』のその先の物語ともいえる。彼がジョバンニや一郎として死の世界から戻ってきた後の物語である。レーヴィにとっては、「ホロコーストの体験を誰かに伝える」というテーマから彼の物語は始まった。事実、もともとは化学者であったレーヴィは、強制収容所出所後に、文学的才能を開花させ、彼の収容所での体験を元として、それを作家として伝え始めた。その点について下記のように語っている。

> もし私がアウシュヴィッツのラーゲル〔強制収容所〕に入らなかったなら、おそらく何も書かなかっただろう。書くべき動機も、刺激もなかっただろう。〔中略〕それに、後には、書き言葉の世界とまったく関係のない、化学者の職業を選んだ。私に物を書くように強いたのはラーゲルでの体験だった。〔中略〕この本はもう頭の中に準備万端に整っていて、ただ外に引き出して、紙に書くだけでいいのだ、と思えていたからだ。[2]（二五七頁）

彼の強制収容所を出てからの物語はどのようなものであったのだろうか。それを見ていくためには、彼にとっての強制収容所、そしてホロコーストはどのようなものであったか知る必要がある。

ホロコーストという「物語」

強制収容所に入れられると多くの人々はどうなるか、レーヴィは以下のように語っている。

> 打ち負かされるのは一番簡単なことだ。与えられる命令をすべて実行し、配給だけ食べ、収容所の規則、労働規律を守るだけでいい。経験の示すところでは、こうすると、良い場合でも三か月以上はもたない。ガス室行きの回教徒（収容所の古参収容者は、衰弱し、力の失った、選別の候補者のことを、その理由は定かではないが、「回教徒」といっていた）はみな同じ歴史を持っている。いや、もっと正確に言えば、歴史がないのだ。川が海に注ぐように、彼らは坂を下まで自然に転げ落ちる。収容所に入ってくると、生まれつき無能なためか、運が悪かったか、あるいは何かつまらない事故のためか、彼らは適応できる前に打ち負かされてしまう。彼らは即座に叩きのめされてしまうので、ドイツ語を学んだり、規則や禁制の地獄のようなもつれあいに糸口を見つけたりすることもできないうちに、すでに身体はだめになり、何をもってしても選別や衰弱死から救い出せなくなっている。彼らの生は短いが、その数は限りない。彼らこそが溺れるもの、回教徒であり、収容所の中核だ。名もない、非人間のかたまりで、次々更新されるが、中身はいつも同じで、ただ黙々と行進し、働く。心の聖なる閃きは

もう消えていて、本当に苦しむには心がからっぽすぎる。彼らを生者と呼ぶのはためらわれる。彼らの死を死と呼ぶのもためらわれる。死を理解するにはあまりにも疲れきっていて、死を目の前にしても怖れることがないからだ。

顔のない彼らが私の記憶に満ちあふれている。もし現代の悪をすべて一つのイメージに押しこめるとしたら、私はなじみ深いこの姿を選ぶだろう。頭を垂れ、肩をすぼめ、顔つきにも目にも思考の影さえ読み取れない、やせこけた男[2]。　（一一三頁）

多くの人々が三カ月以内に、俗に「回教徒」といわれる全く同じようなこのような状態となり、その結果、不要な者として殺されたり、衰弱死したりしていたというのである。まさにレーヴィはこのような人たちをみて「これが人間か」と言ったのである。ナチスの行ったユダヤ人差別という単一の物語により、多様なユダヤ人たちが、虐待の果てに、個性や人間性が剝奪され、無名のまま、似たような状態となって、死んでいく。そこには、個々人の物語性が剝奪されている。ホロコーストは人間から物語を奪う、「物語」なのである。河合が言う非情のかなしみは、「知」や「意」を伴うものであるが、この回教徒は「知」も「意」も奪われてしまっている。レーヴィの夢の中の場面のように、語ってもだれも聞いてくれないどころか、語ろうとする意志さえも、喪失してしまっている。

レーヴィはこのように、人から知性や意志さえも奪い、人としての物語性を奪うホロコーストを体験した中で、夢の中で語ってもだれも聞いてくれないという状況において、純粋状態のかなしみを感じたのだ。これは回教徒が生まれてしまった事に対するレーヴィの個人的なかなしみでもあり、それと同時に、レーヴィがいうように現代の悪をすべて一つのイメージに押しこめた者が回教徒だとすると、それは個人的水準を超えて、ホロコーストが起こった事に対する現代の人類全体の非個人的な水準のかなしみともいえる。敢えてイメージすると、地獄のような世界、回教徒たちの屍が累々と積み重なった死の世界を深く深く下って行った底にあるような、かなしみである。

　レーヴィは、そのようなかなしみの底に達し、知、意、そして物語を取り戻すために、その地点から、語っても誰も聞いてくれないとしても、語り続けざるを得なかったのではないか。聞いてくれないからこそ、子供のように訳もなく泣き出しそうになろうとも、語り続けざるを得ないのである。それは、自分のためだけでなく、このような名もなき多くの語ることができず、語ろうとする意志さえも喪失してしまった仲間たちのためにも語るということも意味している。レーヴィにとっては、回教徒となり、亡き者となってしまった同胞たちが、言わば、死の世界に行ってしまった片割れであるカンパネルラであり、楢夫だったのではないか。

　しかし、レーヴィのその後の物語は、ホロコーストを外のものとして否定し、ただ単に亡くなった回教徒たちに同情し、それを悔やむというものではなかった。回教徒たちやホロコーストと深く繋がりながらも、だからこそ常に葛藤していくものとなった。身体は強制収容所から解放されたとしても、レーヴィの精神の片側は強制収容所の死の世界の底にある純粋状態のかなしみに留まっていたのではないか。

　回教徒を自身の片割れとし、「ホロコーストの体験を誰かに伝える」というテーマから始まった彼のその後の人生をみていきたい。

ケンタウロスの物語

レーヴィの生涯について、『プリーモ・レーヴィ』という伝記が出版されている。[7]それによるとレーヴィは一九四五年一月に強制収容所から解放された後、十カ月間に及ぶ長い放浪を余儀なくされた。そして、ようやく母国イタリアに戻り、化学者として働きながら、一九四七年には『これが人間か』を発表した。「ホロコーストの体験を誰かに伝える」ということをすぐに始めたのである。化学者としても塗料会社で製品開発に従事し、成功を収めつつ、作家としても活躍し、一九六三年には解放後に母国に戻るまでの体験を基にした小説『休戦』を書いた。ここまでで、彼の強制収容所を直接的に題材とした著作は一旦、途絶え、その後は主に短編小説やサイエンスフィクション作品を書いていった。

その内容は、ホロコーストの体験に影響を受けたものである。なぜなら、それは人間の心の闇の部分を描いたものであり、レーヴィ自身も「我々が生きている世界にはあるほころび、ある裂け目、ある『形の欠陥』があり、それが我々の文明を、道徳をだめにしている」[7]（一四四頁）と話し、そして、「ラーゲルは最も大きな「欠陥」、歪曲」（一四四頁）であると言う。例えば、『神殿の野獣』という作品では、とある地方で、かつて現地人を虐殺した騎士団の墓が出てくる（一四六頁）。騎士団は長い戦いの末、殲滅され、騎士団の墓がつくられた。そこは神殿となっており、奥には闘技場があり、その中には水牛に似ているがそれよりもはるかに大きく、そして荒々しい野獣がうなり声をあげていた。レーヴィは、この物語においてもホロコーストを過去の出来事として捉えているわけではなく、ホロコーストで表出されたような凶暴性や野獣性が人の精神の内にあるものということを表現したのだ。そして、それは自分のなかにもあるものとして考えていたようである。

この動物性は凶暴性だけを示すものではなかった。レーヴィは「自分たちが強制収容所における飢えと労苦と寒さと恐怖によって、妨げられていて、反省し、論理的に考え、愛情を感じる余地はまったくなかった」「何年も、動物的なレベルで生きていくこととなった」[8]（七七頁）と言うように、苛酷な環境による人間性の喪失という意味もあった。

レーヴィは、あるインタビューで自身をケンタウロスになぞらえた[7]（一四八―一四九頁）。ケンタウロスは上半身が人間の身体で、下半身が馬の身体である伝説上の生き物である。彼は自分自身が分割されていると言っている。半分は化学者として働いている自分と、もう半分は作家として働いている自分であると。しかし、その分割はインタビューで述べられた職業的分割だけを示すものではないと考える。より深く精神の内における分割を示している。レーヴィは「ケンタウロス論」という作品も書いている[9]（二四五―二六八頁）。ケンタウロスはある女性に恋心を寄せるが、他の人間の男性と結ばれてしまう。それに絶望したケンタウロスは家を飛び出して、各地で雌馬を孕ませながら、生まれ故郷のギリシアへ向かっていくという話だ。それは自分自身のことを物語の中で象徴的に描いているともいえる。このケンタウロスが生まれたのは、あらゆる種が異種混交で子をもたらすことができる原初の地球で生まれたと描かれている。このような環境は「異種混交」という作品にもある[7]、（一五〇－一五一頁）。その世界では、人間と動物、さらには植物まで自由に交わり、子がもたらされる。つまり、レーヴィは繰り返し、あるものとその異種の合いの子という存在を描いているのである。ホロコーストという強烈な体験を経て、これまでの自分とは別種のものが混交されたということを彼の作った物語の中で象徴的に表現されている。

一度死に近い体験を経たものは、生きて帰ってきたとしても従来の自分を取り戻せるわけではないのである。レーヴィにとっては、ホロコーストという死の世界に沈み込み、そこで異種のものが混交され、下半身が馬や水牛に象徴されるような動物的で凶暴なものと、上半身の化学者として明晰な観察力を持つ人の部分を併せ持ったケンタウロスのイメージで自身をとらえたのである。確かにレーヴィの文章は、先の回教徒の記述を見ても、ホロコーストの暴力性によってうみ出された回教徒を、決して情に流されるようなセンチメンタルなものとして書かれたものではなく、化学者のような、感情的にならず冷静で、それでいて妥協せずに、事実や言うべきことを、丁寧に言葉を選びながら紡ぎ出されたもののように感じる。だからこそ、このような失われた回教徒たちの存在が事実としてははっきりと、世に明るみになり、私たちに訴えかけてくる迫力をもつのだ。レーヴィの作品はその他のフィクション作品においても人の闇の部分をテーマとしながら、ケンタウロスや他の異形の存在を、化学者のような冷静な文体で描いていくという作風であり、レーヴィの作家としての活躍は彼がケンタウロスとして、ホロコーストの体験を自身の半身としてつながりを持ち続けたからこそ生まれたものと言える。

このように分割された異形としての自分を受け入れつつも、その分割は統合されるものでなく、その間に起こる葛藤を感じ続け、そのことをもレーヴィは言葉にし続けた。自分とホロコーストとの間の分割の中で対話を続けたのである。それは、ホロコーストで死んでいった者たちに対する思いに表れている。レーヴィはホロコーストで死んでいった者たちに対して罪の意識を抱いていたというのだ。それを、晩年、一九八六年にホロコーストについての評論集である『溺れるものと救われるもの』で語っている[8]（七一―九二頁）。自分より弱いものたちを、自分自身が追い詰められた窮乏状態であったが故に助けることができず、罪の意識を感じていると。それに加えて、レーヴィは世界に対する恥辱感も感じていたという（九〇頁）。ホロコーストという他人が犯した罪であっても、それを目の前で見聞きして、それが絶対に洗い流す事のできない取り返しのつかないものであったがため、自分自身の良心の呵責として感じていたという。人類が、つまりレーヴィを含めた自分たち全体がこのような計り知れない苦痛を与えるシステムを作り上げることができることが示され、それに対してレーヴィは恥辱感を抱いたというのだ。このように、レーヴィはホロコーストの体験を深く心に刻み、ただその被害者という立場ではなく、それ自体の責任も感じるまでに、自分の半身としてホロコーストを捉え、人類全体の恥辱感を抱くまでに、深く考えていたと言える。レーヴィは非個人的な水準の人間存在としての恥辱感まで感じていたのだ。

　その後、レーヴィは一九八七年に自宅の階段から飛び降り、亡くなった。その事実は世間に衝撃を与え、レーヴィをより有名にするものになってしまった。親の介護がかなり大変でうつ病が悪化したためともいわれている。真実はわからないが、この事は私たちにとってどのような意味があるのだろうか。

ケンタウロスと片子のかなしみ

ホロコーストを半身として、徹底的に引き受けたレーヴィは、ついには、ホロコーストに対して、人類全体の、つまり、非個人的水準の責任まで感じることとなった。このような非個人的水準の人間の精神性やイメージは、昔話や神話の中に象徴的にみられる。そして、レーヴィが感じていたケンタウロスのような、半分が人間で半分が異類のものという「片側人間」のイメージは世界中の昔話の中に見られ、日本においても「片子」という昔話がある。[10]

「片子」は半分人間、半分鬼の子である。河合隼雄は、エラノス会議という人間の精神性を中心のテーマとして、東西諸国の宗教学、神話学、深層心理学などの領域の学者たちが参集する国際的な学術会議において日本神話の神々について発表した際に、この「片子」の話を紹介した。[11]ある男がおにぎりの代わりに妻を交換してもよいくらいだ、と冗談で鬼に言ったところ、本当に鬼が妻を連れてってしまう。夫が長年の捜索の末、ついに鬼ヶ島に行く。そこで片子に出迎えられる。片子は鬼とその妻との合いの子で、半分人間で、半分鬼なので、片子なのだ。夫は妻を連れて帰るために鬼と競争をすることになる。片子は夫をたびたび助け、夫が鬼に勝ち、妻とともに日本に帰れることとなる。それで夫は妻と片子を連れて帰った。片子は日本で暮らしたが、皆が

「鬼子」と呼び、全く相手にされない。片子は居づらくなって、母に自分が死んだら自分の鬼の方の身体を細かく切って、串刺しにして刺しておくように頼む。そうすると鬼が家に入れないからと。そして、片子は高い木によじ登って投身自殺してしまう。母が言われたとおりにしておくと、鬼は家に入れなかった。

河合隼雄はこの話があまりに悲劇的だし、片子を死なせたくないと思い、日本神話の中で類話を探したが、片子が救われるような話はなかったという。統合することができない、二つの分割を同時に持つ異形の者の、苦しみ、かなしみを表現した昔話である。

レーヴィもある意味、片子である。ホロコースト、そして回教徒たちを半身としてもそれを見続け、考え続けた。しかし、レーヴィの取り組みは、片子と同じように常にホロコーストでの体験と人の世界での体験の中で葛藤し続けるものであり、両者が上手く統合されるというものではない。両者の間には語り尽くすことができない空白があるのである。しかし、その空白があるからこそ、レーヴィは、地獄のような世界、回教徒たちの屍が積み重なった死の世界の底にある純粋状態のかなしみから、語っても誰も聞いてくれないとしても、語り続けた。聞いてくれないからこそ、子供のように訳もなく泣き出しそうになりながらも、語り続けた。葛藤を抱え続けることによって、自身が恥辱感を感じ、苦しもうとも。その結果、回教徒という知性や意志も剥奪された者たちを描き、ホロコーストがどのようなものであったか人々に示し、刻み込むことで、人類にとっての財産になるような、知性や意志に資する著作を残した。それは、片子が鬼を来ないようにしたのと同様に、それらによって、ホロコーストを来ないようにするのに役立っているといえる。河合隼雄が非情のかなしみで伝えたように、レーヴィが純粋状態のかなしみから語り続けたことも、「知」や「意」と繋がるものだったのだ。

レーヴィが片子のような思いで死んでしまったのかはわからない。しかし、その死によって、生涯をかけて語ろうとしても、語り尽くせなかった空白を、私たちは強烈に意識せざるを得ない。レーヴィの死によって、私たちはレーヴィの立場に立たされる。私たちが片子になるのである。つまり、レーヴィが、ホロコーストを語り尽くすことができなくても、ホロコーストの体験と人の世界での体験を統合することができないとしても、語り続けたように、私たちは死の世界から発せられたレーヴィの言葉を聴き尽くすことができず、それを自分の内に統合することができないとしても、ただ、かなしみをかなしみとして、苦しみを苦しみとして、わからないものはわからないものとして、ありのままに聴いていくしかないのである。レーヴィが取り組んだ、死の世界と生の世界の間の空白を埋めようとせずに、私たちもまた片子であることを受け入れ、死の世界の底にあるようなかなしみや、片子としてのかなしみを引き継いでいくことが私たちのできることなのではないだろうか。

5　おわりに

私がホロコースト関連施設の訪問で感じた吐き気は、当然のものだったのだ。いくらその声を聞こうとしても聞き尽くせないものとして、ホロコーストはあるということがわかった。消化しきれるものではないのだ。わからないものは、わからないものとして認識しなければならない。

しかし、だからと言って、聴くことをやめてはいけない。レーヴィが回教徒たちやホロコーストに対してとった態度を忘れてはならない。死の世界の底にある、訳もなく泣いてしまうような、かなしみとしかいえないような地点におりて、生の世界との間に埋められない空白があるとしても、語り尽くせない、語り得ないものを前にしても、語り続けた態度を。宮沢賢治が物語の中で表現した非情のかなしみも、言葉ではっきりとは表現できないような何とも言えないようなかなしみであった。それは一度死の世界を経験して生の世界に戻ってきたジョバンニと、ジョバンニの片割れといえる死の世界に行ってしまったカンパネルラとの間の空白からにじみ出てきたかなしみと言えるのではないだろうか。

このような、色々な形で死に裏打ちされた、語り得ないようなかなしみ、苦しみを、おそらく、私が普段お会いしている患者さんたちも発しているのだろう。死にたいほどつらい経験をして、死と生の世界との狭間から発せられている声を、どれ程聴けているのだろうか。それはレーヴィのように語り尽くせないものだとすると、ここまで聴ければよいというものではない。そして、その声も、苦しみの背後にあるかなしみの声、片子のように二つのものが分裂していることによる重層的なかなしみや苦しみから発せられた声、回教徒のような声にならない声、夢の中から発せられる声など、色々な声があるだろう。今回の取り組みを経て、これまで聴けていなかった声にも耳を傾けていきたいと強く思う。

参考文献

1 アンネ・フランク（深町眞理子訳）『アンネの日記　増補新訂版』文藝春秋、二〇〇三年

2 プリーモ・レーヴィ（竹山博英訳）『これが人間か　改訂完全版アウシュヴィッツは終わらない』朝日新聞出版、二〇一七年

3 ヴィクトール・E・フランクル（池田香代子訳）『夜と霧　新版』みすず書房、二〇〇二年

4 河合隼雄著、河合俊雄編『ユング心理学と仏教』岩波書店、二〇一〇年

5 宮沢賢治『銀河鉄道の夜　改訂新版』角川書店、一九九六年

6 堀尾青史『年譜宮澤賢治伝』中央公論社、一九九一年

7 竹山博英『プリーモ・レーヴィ　アウシュヴィッツを考えぬいた作家』言叢社、二〇一一年

8 プリーモ・レーヴィ（竹山博英訳）『溺れるものと救われるもの』朝日新聞出版、二〇一四年

9 プリーモ・レーヴィ（関口英子訳）『天使の蝶』光文社、二〇〇八年

10 河合隼雄『日本人の心　河合隼雄著作集8』岩波書店、一九九四年

11 河合隼雄・河合俊雄・田中康裕・高月玲子『日本神話と心の構造』河合隼雄ユング派分析家資格審査論文、岩波書店、二〇〇九年

コラム　ホロコースト読書案内

鹿野友章

本書に度々登場する『アンネの日記』は、十三歳の少女がおよそ二年間にわたって書き連ねた日記の記録です。ＳＮＳ上では、新型コロナウイルス流行による自粛生活と結びつけられ、インターネットも動画配信サービスもない中、よくあそこまで引きこもれたものだと一時話題になった本です。聡明なアンネの軽快な語り口に思わずクスっとさせられる一方で、その日記が記されている隠れ家の外では砲台の音が鳴り響いていたのであり、健康な一人の少女の思春期が、常に破壊と死の脅威にさらされていたことが伝わってくる記録です。アンネは「わたしの望みは、死んでからもなお生きつづけること！」と記していますが、いまもなお広くこの日記が読まれ、その体験が伝え続けられることによって、アンネは願いを叶えたと言えるかもしれません。

『夜と霧』も体験記ですが、こちらは一人の心理学者によって執筆されたものです。強制収容所に収容されたフランクルは、この本を通して、その生活の悲惨さを伝えるだけでなく、そのような環境においてもなお、人が尊厳を失わなかったことを報告しており、読む者を感動させます。旧版の『夜と霧——ドイツ強制収容所の体験記録』の冒頭に載っていたホロコーストについての「解説」が『夜と霧　新版』では削除され、よりドイツ語原著に近い形に生まれ変わっています。

体験記以外にも、さまざまなジャンルの文献があります。ホロコーストの歴史的な全体像を知りたい方は、『ホロコースト』を読まれるとよいでしょう。哲学者アガンベンによる『アウシュヴィッツの残りのもの』は、人間の極限状態について考察しているだけでなく、そもそも人間とは何者なのかといったところにまで議論が及ぶ思想書です。ドーアの『すべての見えない光』は、戦時下における二人の少年少女を描いた美しい小説です。ユングの『現在と未来』は、現代の闇を神話「ヴォータン」の観点から考察しています。

本書もまた、多くの方に手に取ってもらえるような文献になることを願ってやみません。

『アンネの日記　増補新訂版』アンネ・フランク著、深町眞理子訳、文藝春秋、二〇〇三年
　聡明な少女アンネによる日記。潜伏生活の様子がありありと伝わってくる。

『夜と霧――ドイツ強制収容所の体験記録』ヴィクトール・E・フランクル著、霜山徳爾訳、みすず書房、一九五六年
　心理学者フランクルによる強制収容所体験記。日本で長く読み継がれてきた旧版。

『夜と霧　新版』ヴィクトール・E・フランクル著、池田香代子訳、みすず書房、二〇〇二年
　原著が改変されたことを踏まえて、新しく翻訳し直され、読みやすくなった新版。

『ホロコースト――ナチスによるユダヤ人大量殺戮の全貌』芝健介著、中央公論新社、二〇〇八年
　ホロコーストの全体像がわかりやすく描かれている。

『ヒトラーとナチ・ドイツ』石田勇治著、講談社、二〇一五年

ヒトラーとナチスがなぜあんなにも人気を得、そして国民がそれに追従したのかを描く。

『忘却に抵抗するドイツ――歴史教育から「記憶の文化」へ』岡裕人著、大月書店、二〇一二年

戦後ドイツが自身の歴史と向き合い、新しい国のあり方を模索してきたプロセス。

『六千人の命のビザ　新版』杉原幸子著、大正出版、一九九四年

日本人の杉原千畝がその命を賭してユダヤ人を助け、ホロコーストに主体的にかかわった様子とその背景が描かれている。

『アウシュヴィッツの残りのもの――アルシーヴと証人』ジョルジョ・アガンベン著、上村忠男・廣石正和訳、月曜社、二〇〇一年

極限状態における人間だけでなく、人間とは何かという問いにまで踏み込んだ思想書。

『エルサレムのアイヒマン――悪の陳腐さについての報告　新版』ハンナ・アーレント著、大久保和郎訳、みすず書房、二〇一七年

元ナチス親衛隊のアイヒマンの裁判記録をもとに、悪とは何かを論じる。

『普通の人びと――ホロコーストと第１０１警察予備大隊　増補版』クリストファー・Ｒ・ブラウニング著、谷喬夫訳、筑摩書房、二〇一九年

平凡な普通の人びとが、なぜ大量虐殺者になったかの考察がなされている。

『すべての見えない光』アンソニー・ドーア著、藤井光訳、新潮社、二〇一六年

二人の少年少女の運命を描いた小説。ピューリッツァー賞受賞作品。

『現在と未来――ユングの文明論』カール・Ｇ・ユング著、松代洋一訳、平凡社、一九九六年

心理学者ユングが、ナチスを含む現代の闇について考察した一冊。

コラム　プリーモ・レーヴィ

宮澤淳滋

プリーモ・レーヴィはトリノのユダヤ家系出身の化学者であり、作家です。ドイツ占領下のイタリアで、パルチザンとして活動していた彼は、一九四三年に拘束され、アウシュヴィッツに収容されました。ドイツの敗戦によって強制収容所から生還した彼は、化学者として働きながら、当時の体験を一冊の本にまとめ、出版したのです。それが彼の処女作となる『アウシュヴィッツは終わらない』です。一九四七年にデ・シルヴァ社から出版されたこの本はほとんど売れなかったのですが、一九五八年にエイナウディ社から新版が出されると、広範な読者から受け入れられることになります。そして、収容所生活を描いたこの本の続編が、一九六三年出版の『休戦』です。こちらは収容所から解放されたのち、約一年かけてイタリアへ帰国するまでのレーヴィの体験が描かれています。

レーヴィは短編小説も多く著しています。アウシュヴィッツを直接取り扱ったものは多くなく、むしろ化学者としての知識を活かしたサイエンス・フィクションが多くなっています。その中でも一九七八年出版の短編集『星形スパナ』はイタリアで最高の文学賞であるストレーガ賞に輝いています。また一九八二年出版の唯一の長編小説『今でなければいつ』は、ヴィアレッジョ賞とカンピエッロ賞を同時に受賞しています。

　レーヴィが一九八六年に出版したのが、『溺れるものと救われるもの』です。これは六十歳を過ぎたレーヴィが改めて収容所とは何だったのかを振り返った論考です。その翌年、突然彼は自殺します。同じく収容所からの生還者であり、レーヴィとは互いを尊敬し合いつつも論敵であった、哲学者ジャン・アメリーの自殺をレーヴィは批判していました。しかし、レーヴィもまた同じ道をたどったのです。パウル・ツェラン、ブルーノ・ベッテルハイムなど、みずから死を選んだ生還者は多くいます。収容所を体験していない私には、彼らが何を思って命を絶ったのかはわかりません。しかし、レーヴィの死に接するとき、生きることだけが本当に最上の価値と言えるのか、もう一度考えてみる必要があるのではないか、と私は思うのです。

第二章　ホロコーストの語られ方

強制収容所・記念碑・体験記というアート

猪股　剛

I　はじまり

私の書棚には、前世代から受け継いだ書籍がいくつか並んでいる。何度も繰り返し読んだためだろうか、そのうちの何冊かは、手垢のようなもので微かに黄味を帯びていて、ときおり角が折られていたりもする。そうした書籍の一冊に『きけわだつみのこえ』がある[1]。それは戦没学生の手記といわれるもので、第二次世界大戦で夭折した若者たちが死を前にして記した手紙や日記の記録である。私も、ときおり本棚の前に座り込んで、その黄味がかった本を手に取り読むことがある。

「軍隊、それは想像していた何層倍もトレブルなところです。一ヶ年の軍隊生活は、遂にすべての人から人間性を奪ってしまっています。……兵営内には一人として人間らしい者はいません。自分も人間から遠ざかったような気がします」。昭和二十年二月ブーゲンビルにて戦死した早稲田大学の学生、福中五郎さんの日記にはこう記されている。いったい人間性が、一年間の軍隊生活で失われてしまうとは、どういうことなのだろうか。

「いよいよ非常時を思う。一刻一刻が奈落への顚落の刹那にある。何時か、今がその瞬間かもしれない。大きな目には見えぬあらしがかける。わけのわからないものが渦巻きのごとく身をとりまく。それが私を未知の世界に吹き上げる。何ていう時だ。人間とは、歴史とは、世界とは、一体何なのだ。誰が歴史を動かすのだ。はげしい怒濤にもまれているような。幻の馬車のわだちがきこえる。目に見えぬわだちの音が聞こえる。歴史とは何だ。人間とは何だ」。これは京都大学文学部学生で、昭和十七年に千葉木更津で二十三歳で殉職した柳田陽一さんの言葉である。いったん歴史の大きな馬車が走り始めれば、私たちはそれに引きずられていくしかないのか。そんなときに人間は、その流れに棹さすために、何の術も持たないのだろうか。

もちろん、痛みを感じることはある。「中澤隊の一兵が一支那人を岩石で殴打し、頭蓋骨が割れて鮮血にまみれ地上に倒れた。それを足蹴にし、また石を投げつける。見るに忍びない。それを中澤隊の将校も冷然と見ている。高木少尉の指図らしい。冷血漢。罪なき民の身の上を思い、あのとき何故遅ればせでも良い、俺はあの農夫を助けなかったか。自責の念が起こる。女房であろう、血にまみれた男にとりついて泣いていた。しかし死ななかった。軍隊が去ると立ち上がって女房に支えられながらトボトボ歩き去った」。この手記を記した川島正さんは昭和二十年二月に華南で戦死している。

わだつみの声は、どの手記もひどく心を揺さぶるものばかりだが、その中でも、私の脳裏から離れることのない中国人の少女の姿がある。昭和十九年に洛陽攻略の際、二十二歳で亡くなった福島武彦さんの手記に姿を表す少女である。彼女は十一歳で何故か日本人将校から「一郎」という名前をもらって、日本軍と共に行軍している。実母は亡くなり、実父は遠く漢口にいるらしく、行き場のないままに、日本の軍隊に連れられて、行く当てもないまま、「異国人の荒くれ共に引っ張り回されて、日一日と故郷を遠のいて全く知らないところへと旅していく」。彼女は、行軍中に「いつも一緒だから大丈夫だ」と言われて福島さんの養子になり、片言の日本語で「それじゃあ」と言って付いてくる。「こうなった以上はどこまでも俺たちと一緒に歩くんだ、戦争が終わって戦いに勝てたら……何時の日になるか分からないが……先生たちと一緒に東京へ行こうなあ、誰か救ってくれるさ、大学へ行くんだっけな、けん坊はそうだ、その中にいい靴を徴発（無理矢理とりたて）してもらって来てやるからなあ」。しかし、こう言ってくれている福島さんは洛陽で亡くなってしまう。彼女はその後どうなったのだろうか。また別の誰かの養子になり日本に連れてこられたのだろうか、日本の敗色が濃厚になる中で軍から放り出されてしまったのだろうか、一時期でも日本軍と行動を共にした少女は中国に迎え入れてもらえたのだろうか、なんとか漢口の実父のところにたどり着けたのだろうか、どんなあり方でも、生きて幸せだと思える日常にたどり着くことができたのだろうか。日本軍の将校の養子となったこの中国の少女の未来を私はどうやって想い描いたら良いのかわからず、いつも繰り返しただ途方に暮れている。

2　現実感の差異、あるいは解離

戦時中の非人間化は、現代の私たちにとっても遠い出来事ではない、という思いを抱きながら、私はホロコースト関連施設を巡り、思索を始めている。「きけわだつみのこえ」を聞きながら思い浮かべている風景がドイツの風景と混じり合いながら、何が正確な事実なのかわからなくなりながらも、そもそもホロコーストという事件は私たちにとって、どのような現実性を持ったものなのか、と考えを巡らせていく。

この人間による人間の大量虐殺であるホロコーストは、ナチス・ドイツによる第二次世界大戦中の虐殺行為が典型的な例として知られており、私たちはホロコーストという言葉と共に、何よりもまず、ユダヤ人に対する虐殺や強制収容所や絶滅収容所の歴史を思い出すことになる。

今回、本書のもとになる研究会を開催し、ホロコーストについて考えはじめるまで、私もホロコーストが第二次世界大戦中のナチス・ドイツによるユダヤ人大量虐殺だけを示すものであるかのように誤解していた。しかし、ホロコーストという言葉の語源をたどってみると、それはユダヤ教の犠牲の儀式を指す言葉であり、そもそもは犠牲獣を焼いて神前に供える儀式を表すものだったという。むしろ、それは神聖な儀式に使われていた言葉であり、しかも殺害されたユダヤの人々の信仰に使用されていた言葉であり、それが転用されることになったのだという。

そのため、この言葉の使用は、ナチスによる大量虐殺を儀式的なものに変えてしまう危うさを含んでいる。こうした批判を受けて、代わりに、国家的な集団殺戮を指すジェノサイドや、惨事を指すショアという言葉も使用されるようになっていく。しかし、国家的な殺戮行為や惨事というだけでは理解しきれないものが残り続けるため、いまでもホロコーストという言葉が通用している。つまり人間の持つ本質的な殺戮行為と、そこに潜む人間存在の問題がこの言葉の影には隠れている。

　人間による人間の虐殺は、ナチス・ドイツに固有の残虐行為ではない。人間が人間自身を、まるで自分と同じ人間ではないかのように感じ、無感覚のままに次々と殺害していく行為は、ナチスの専売特許ではなく、第二次世界大戦中には、他のいくつもの戦場や街中で行われていたものであり、それ以降も歴史のさまざまな局面において繰り返されてきた行為である。また、もし、ここから量的な部分を差し引いて、人間が人間を同じ人間だと認識することができずに無闇に殺害にいたるという部分に注目をするならば、そうした行為はおそらく私たちの身近にも散見される。そうであるにもかかわらず、私たちはホロコーストをまるで自分と関わりのない事柄のように考え、時代も国も違うドイツという遠い国で、ヒトラーという特殊な指導者の下で行われた奇怪な事件であるかのように感じている。もしかすると、この歴史的事実は、まるで夢や映像作品のように、私たちの現実とは異なるものであるとさえ感じているかもしれない。しかし、そうだとするとなぜこの事実を、私たちは異質な現実であると感じることになるのだろうか。

『夜と霧』の著者であるヴィクトール・フランクルに関わった人々を取材し、フランクルの思想が後世へどのように伝達されていったかを跡づけ、それによって彼の思想の根幹を甦らせようとした『フランクル『夜と霧』への旅』という書物があるのをご存じだろうか[2]。その作者である河原理子は、「「誰か」であったはずの者を「何ものでもない」ただの労働力として扱い、有用な労働ができなければ生きている価値がない」とするナチス・ドイツの思考から連想して、二〇〇八年に日本で起きた秋葉原事件を思い起こしている。それは、六月初めの日曜日に楽しげに集う人々の目の前で起きた悲惨な事件である。当時二十七才の男性が、トラックで秋葉原の歩行者天国を歩いていた人々に突っ込んだあと、みずから車を降りてダガーナイフを手にして人々を切りつけ、十七人を死傷させた。この事件の直後、その背景には日本の不景気と劣悪な労働制度があるといわれ、この男性は勤めていた自動車工場の生産抑制のために、その派遣の仕事を取り上げられそうになり、社会的に追いつめられていたことが取りざたされた。そもそも彼は、家庭では厳しくしつけられ、高校までは成績優秀で、「良い子を演じ」、友人からも「明るくて気さくな人」と見られていたようである。一方でいつも「漠然とした孤独感が強かった」ともいう。そして、法廷の証言では、事件のきっかけは、実は、派遣切りに合いそうになったからではないと応え、一般に考えられていた動機を否定した。むしろ、彼にとっては、職場よりもインターネットの掲示板が「帰る場所」となっており、彼の名を騙って掲示板を荒らす偽者に対して、そのような嫌がらせを止めてもらいたかったことが動機だと語る。大きな事件を起こせば、自分が本気だと伝わって、騙りをやめてくれると思ったというのだ。彼は誠実に語っていた。それでも、このような動機をいくら誠実に語っても、法廷でそれを聞く者たちに共感してはもらえず、ましてや「生身の被害者遺族の痛みからはかけ離れていった」と河原は記している。まだ、「派遣切り」が動機であった方が世の中は納得してくれたのだろう。特に彼よりも年長の世代は同情してくれたかも知れない。しかし、web上の掲示板での嫌がらせ被害を共感的に聞いてくれる人は少なかった。web上の現実と秋葉原の路上の現実を同列に理解する人は少なかった。確かにインターネット掲示板で知り合い、彼と親しくなり、その孤独に共鳴してくれた人々は何人もいたらしい。しかし一方で、河原はこの男性の姿に「うすあかるい、いつまでも夜が来ないヤミ」を感じ、「生きている実感の乏しい」「うすあかるい孤独」を感じたと記している。

　インターネットやＳＮＳでつながっていく連帯が偽物なわけではない。それが偽物だから、彼の孤独が癒されなかったわけではない。真偽が問題なのではない。しかし、時間と空間を共有することで作られていく連帯と、情報を共有することで作られていく連帯との間に、現実の強度に差異があるのも確かだろう。真偽ではなく、ここでは現実の質的な差異が問題となっているのではないだろうか。この「うすあかるい」という形容詞が示唆している状態は、一考に値する。ＳＮＳでつながった世界は、暗闇ではない。そこには、確かに明るさが生まれている。しかし、この明るさは人を照らし出して、進む道を指し示してくれるほどの明るさではない。またそこには、強い孤独を生む闇があるわけでもない。光と闇の間の「うすあかるい」状態が、現実の強度を薄めているように感じられる。

「アンネの日記」の現実性

ホロコーストを伝える記録として『夜と霧』と並んで世界中で読み継がれているものに『アンネの日記』がある[3]。『アンネの日記』の大きな特徴は、アンネという十三歳の少女が日記を友人に見立てて、自分の日常を他者に語りかけるように記録していった点にある。他にもおそらくたくさんの特徴が上げられるが、いま注目したいのは自分の日常を目の前にいない他者に語りかけるという形式である。それは、現代のＳＮＳの在り方と似ていないわけではない。アンネは、アムステルダムの隠れ家の中で、いつゲシュタポに連行されるとも知れない現実の中で、日々の生活をたゆまず送りながら、その現実を言葉で記すことに誠心誠意力を注いでいた。アンネの描いた日常は、ホロコーストそのものではなく、むしろホロコーストを壁一枚隔てた外側に見据えた日々の現実である。大人との確執や、姉と自分の違い、性への関心や恋、食事のことや服や髪のことなどが語られている。だが、壁を一枚挟んでいるにしても、外の社会の現実が遠くに感じられているわけではなく、いつ訪れるとも限らない悲惨な現実が遠ざかっていくこともない。アンネは、隠れ家の中で家族に守られて過ごしたのではない。その日記を読めばわかるように、彼女は決して外の現実に目を瞑ることなく、それを無視することなく、むしろ時代の闇を強く感じ取り、日常の現実を描くことを通して、それと必死に対決していた。

日記の冒頭には「私は書きたいんです。いいえ、それだけじゃなく、心の底に埋もれているものを、洗いざらいさらけ出したいんです」と宣言している。そして同時に、「でも、これからは自分一人の心情に溺れるのはやめて、あるいはもう少しそれを控えて、なるべく現実から離れないように心がけようと思います」と補足している。書くことと、現実から離れないことの両立は、簡単なことではない。しかしアンネはそれが難しいことに気がついた上で、書き記すという作業に臨んでいたように思われる。そうすると、それはやはり、現代のＳＮＳの中の言葉とは、現実に対する関わり方に大きな差異があるように感じられる。

『アンネの日記』を解説する作家の小川洋子は、その解説書の最後に「他者とつながる方向ばかりではなく、孤独を恐れず、自己の内面へ深く下りてゆく方向への旅が、人にはどうしても必要です」と記している。[4] そして、「ノートに文字を書きつけるという行為は、本当に孤独なものです」とアンネの行為を振り返っている。さらに、「インターネットに接続しない言葉に、現代の人々はどれくらい向き合っているのでしょうか」と問い掛ける。私はこの言葉を聞いて、日々の心理臨床の面接で患者さんたちから聞くインターネットとの関わり方を思い出す。インターネットに接続する言葉を頼りにして、それに身を任せて生きている人々に、私はたくさんお会いする。その中には、アンネのように日記を記している人もいる。しかし、その日記の付け方の一つとして特徴的なのは、twitter などのＳＮＳの中に、誰にも公開しないアカウントを敢えて作り、そこに自分の言葉を記すことである。そのアカウントは決して公開しない自分だけが見るものなのだが、なぜか彼らは自分の言葉を、日記帳やノートに記すのではなく、スマートフォンのメモ帳やワープロソフトの中に記すのでもなく、公開することのないＳＮＳの中に記していく。なぜそんなことをしなくてはならないのか、なぜ公開しないと決めているにもかかわらずＳＮＳという媒体の中に日記を記さなくてはならないのか、そのことが私にはながらく疑問であった。しかし、ここに挙げた小川の『アンネの日記』の解説に触れて、ようやく、こうした若者たちの思いの一端が感じられたような気がしている。つまり彼らは、ノートやワープロソフトに文字を書きつけるという孤独には陥りたくないのだ。彼らは日記を付けるときでも「本当に孤独」にはなりたくなくて、孤独のほんの少し手前、「うすあかるい孤独」の中にいたいと思い、公開されないＳＮＳのアカウントを日記として利用しているのではないだろうか。それはもちろん決して公開されることはないのだが、同時にそれがＳＮＳのアカウントである限り、いつも必ず他者とつながる可能性が身近に保存されていることになる。酷い孤独を感じたくはない。しかし、強くつながることで、人に傷つけられる危険も冒したくはない。一人でいることと、人々といることの、ちょうど中間に「うすあかるい安住の地」を見つけようとしている。それが現代の私たちの日記の付け方であり、孤独との向き合い方なのである。

　だが、『アンネの日記』の中の孤独には、この「うすあかるさ」はない。そこには、現実のひりひりとした孤独がある。『アンネの日記』にはこうも記されている。「こういう時代のむずかしいところはそこです。わたしたちのなかに芽生えた理想も、夢も、だいじにはぐくんできた希望も、おそるべき現実に直面すると、あえなく打ち砕かれてしまうのです。じっさい自分でも不思議なのは、わたしがいまだに理想のすべてを捨て去ってはいないという事実です」。さらに、ゲシュタポに連行される三日前、一九四四年八月一日の最後の日記に書かれた「二人のアンネ」という言葉で、アンネは外側に出てくる「強情っぱり、知ったかぶり、でしゃばり」の軽薄な道化のアンネと、自分の内面に住んでいて人前には出てこない深みのあるアンネという二人のアンネがいることを告白している。人と共に居ようとするがうまく行かない自分と、自分自身と向き合い、孤独に直面する自分とがいる。この二人のアンネの間で揺れ動きながら、日記の最後にアンネが語るのは、「そしてなおも模索しつづけるのです。わたしがこれほどまでにかくありたいと願っている、そういう人間にはどうしたらなれるのかを」という未来へと向かう思いである。

アンネは、おそるべき社会の現実に直面し、同時に、自分の内側の現実にも直面する。それでもアンネという少女は、単に人々に迎合するのではなく、一人で構わないとあきらめて内面にひきこもるのでもなく、自分の孤独と向き合いながらも、外側でも内側でも現実と対峙する。そして、それを自分の言葉として書き記しつづけたのである。

解離

やはり、「うすあかるい孤独」と、アンネの現実が持つ孤独との間には大きな差がある。うすあかるい孤独や生きている実感の乏しさが秋葉原事件の根幹にあるとするならば、そして、現実を明確な強度で感じられなくなることが殺人事件の根幹にあるならば、実は、そんなうすあかるい孤独を知る現代の私たちから、ホロコーストまでの心の距離はそう遠くない。もちろん、「うすあかるい」孤独感は現代的な感覚として身近に感じられても、ホロコーストはそれほど身近には感じられないという人も多いだろう。つまり、一般的には、このうすあかるい孤独感と、歴史的な虐殺とは、全く別の事態だと感じられているだろう。しかし心理学的に見れば、現実を強く感じられないという点で、この二つに大きな差異はないように思う。孤独を薄明るくしか感じられず、歴史的な事件も遠くにしか感じられない。どちらも現実感が淡くはかないものとなり、どちらにも「解離」と呼ばれる現実の遠さが感じられる。そのような状態では、どんなものも私たちの存在の基盤にまで共振してくることはなく、ただいつも少し遠くに感じられてしまう。それが人の命を奪うような現実だったとしても、である。

　この解離する現実性は、心理学的に重要なテーマである。ホロコーストという行為にいたる条件がどのようなものであるのかが、本書における一つの中心的な問いであるが、それに対する回答の一つが、「出来事を自分にとって身近な現実であると認識できなくなること」と定義できるのではないだろうか。どんなに悲惨な出来事でも、どんなに残虐な行為でも、それが現実性を伴わない虚構であるならば、まるで映像作品を見るように遠くに置いて眺めることができる。それが現実感を伴わないものである限り、残虐な出来事を目にしたとしても、あるいは更に進んで、残虐な行為に手を染めたとしても、人の心は痛まない。なにしろそれは現実ではない仮象の世界なのだから。もし幾ばくかの心の痛みを感じたとしても、それはどこか遠くで起きた悲惨な出来事であって、自分自身が生きている現実とは別のもので、その出来事との間に一線を引くことができる。それが現実感の薄い虚構である限り、目を逸らしてしまえば良い。それが虚構であるならば、知識としても情報としても学ぶ必要などなく、忍耐強く痛みを感じながら見つめる必要もない。グロテスクな現実を見ても、ホラー映画のような動悸を感じる程度で済む。その現実を知っても何かの役に立つわけではないと、高をくくることができる。そうして、日々の現実の生活で忙しいのだと言い訳して、出来事から目を逸らし続けたとしても、何の不思議もない。

このように、出来事を身近な現実だと感じられなくなるところから、ホロコーストという行為に及ぶところまで、実はそれほど大きな距離はない。現実感の遠さと残虐行為との間には、行為を起こす能動性の部分に差異があるように思われるが、想像を絶するような事件を起こした当事者たちは、多くの場合、自分がそのような行為に及んだ決定的な動機を思い起こすことができない。つまりそこに行為に及ぶ決断などはない。唯一の実感は、秋葉原事件のような現実感のうすあかるさなのである。

先ほども記したが、このように現実との距離が開き、現実が分裂してしまうことを心理学では「解離」と呼ぶ。解離とは何かと言えば、その分裂が深刻な場合には一つの病になるものだが、それが日常生活の破綻しない範囲に留まっているかぎり、病ではない。そもそも、日々の生活はたくさんの解離で溢れている。たとえば、深酒をした夜に居酒屋から自宅までの帰路を覚えていないことがあるだろうし、夜ベッドに入ってメールを見ながら眠った次の日の朝に、書いた覚えのないメールを送ってしまったことに気がつくこともあるだろう。こうした行為の最中、私たちの意識は行為の主体の位置から滑り落ちている。それでも、私たちの日常には、こうした現象が溢れているし、それは決して病ではない。たとえば、解離を研究したアメリカの精神科医パトナムは、正常な人格に対して「離散的行動状態モデル」を仮定し、そもそも人間の行動は離散的な状態が連鎖したものであり、この離散的な行動状態を統合するものとして自己感覚や同一性の感覚があるとしている。[5]つまり、私たちは日常的に正常な解離状態にあり、そこに私らしさを導入することで、私という緩いまとまりを作っているのである。

また、現実が遠くに感じられ、その強度が薄められていく現象は、「離人症」とも呼ばれ、日本に特徴的な病理だとも言われている。それは解離の一種であり、特に現実が直接に感じられなくなり、自分の触れている現実が常に皮膜の向こうにあるように感じられる現象である。しかし、これも日常生活を疎外するところまで深刻化することは少なく、離人症という現象は存在するものの、病として治療すべき対象になることは少ない。つまり、解離も離人症も、臨床心理学や精神医学において日々観察され訴えられる現象ではあるが、それそのものが治療の対象となることは多くはないのである。もちろん、『ジキル博士とハイド氏』のように人格が分裂する解離や、器質的には異常がないにもかかわらず身体の一部が動かせなくなる身体的解離や、現実が全く感じられず活動ができなくなる深刻な離人症も存在するが、それはここで論じる対象ではない。いま問題になっているのは、現実が現実の強度を失い遠ざかってしまう私たちの日常の範囲にある解離の方である。

ホロコーストという現実に出会おうとする私たちが、同時にこの現実から遠ざかって解離していこうとしている。ホロコーストとは何かということを知る以前に、すでに私たちが解離する現実の中にいるのならば、虐殺行為に及ぶ一歩手前まで来ている可能性がある。そんな私たちがどうやってホロコーストをその現実の強度のままに知ることができるのだろうか。現実の解離に直面しているからこそ、これは切実な課題である。このような歴史的事件をそのままに追体験できるわけではないとしても、少なくとも目の前に提示されている歴史的な事実だけでも、現実の強度を保って体験するには、どのような工夫が必要になるのだろうか。うすあかるい現実感がホロコーストの入口にあるとするならば、そこを抜け出て、ひりひりと肌で感じられる現実に到達するにはどうしたらよいのだろうか。この問いに対して、ホロコーストを後世に伝えようとするホロコースト関連施設はさまざまな工夫をこらし、従来型のモニュメントや記念碑や慰霊碑とは異なる展示を行おうとしている。ホロコーストを想起する私たちが、解離や離人症を越えて内的にも外的にも現実に触れるためのヒントがそこには隠されているように思われる。次にその代表的な施設として、ベルリンにある「虐殺されたヨーロッパ・ユダヤ人のための記念碑」を見ていきたい。

3　記念碑・警告碑の持つ礼拝的価値、展示的価値

目の前には大小たくさんの長方形の石が並んでいる。一つ一つの長方形の石の高さは異な

る。地面から高くそびえ立つものもあれば、控えめに顔をのぞかせたものもある。そうして、数千もの石が整然と並べられ、広い空間を埋め尽くしている。その全体を見渡すと、それは墓地に見える。四角形の石が並べられていることが、私の知る日本の墓地との類似性を暗示する。だが、石が並ぶのを見ると墓地だと感じるのは、自分が日本人で、日本の典型的な墓地の様子とこの石たちを重ね合わせてしまうからだろうか。それともこの感覚は、多くの文化圏で共有されるものなのだろうか。そんなことを考えながら石の間をゆっくりと歩いてみる。

　私の膝ぐらいの高さの石が並んでいると、一つ一つがまるで棺のようにも感じられる。その高さからすると、ちょっと腰を下ろして一休みすることもできるのだが、一度棺に見えてしまうと、なかなかそこに腰掛ける気にはなれない。「死者への冒瀆」という言葉が頭に浮かぶ。一方で、C・G・ユングは子どもの頃に石の上に座って、石と対話していたなあと『ユング自伝』の一節を思い起こしたりもする。ユングは「私が石の上に座っている」とも思うが、石も「私」と発言することができると思い至り、そうすると石が「私がここに横たわっていて、彼が私の上に座っている」と言っているように思えてくる、という。まだ小学生にもならないユングの石との戯れを思い起こすと、棺のような石に座ってみても良い気がしてくる。ここに座ると石の声が聞こえてくるかも知れない。

　そんなことを夢想しながら、そのまま石の間を縫って奥に進んでいくと、石がどんどんと高くそびえたっていく。どうやら石が高くなっていくだけでなく、地面も平坦ではなく、坂道になって降って行っているようだ。しばらく歩くと、また上り坂が現れたりもする。記念碑のあるこの

場所と土地は本来、平坦であったのだろうが、人工的に丘陵地が作られている。そのためか、自分としてはほんの少し坂を下っただけのつもりなのだが、気がついてみると背の高い石に囲まれていたりする。私が坂を降るのに合わせて、まるで石も背丈が伸びていったかのようである。自分の何倍もの高さの石に囲まれて、急に日が射しこむことのない石の森の中に迷い込んだような気持ちになる。

　こんなところにいると、自然と空を見上げて眺めてしまう。この石の森を越えた空という空間に飛び上がって見たくなる。いや、そうでもしないと、石に囲まれて深く沈んだ空間から抜けられないのではないかという妙な感覚が呼び覚まされる。実際にはそんなことがあるわけはなく、そもそも石は整然と格子状に並べられているのだから、ここは迷路ではなく、ただ真っ直ぐ進んで行きさえすれば、この空間から抜け出せるはずなのだ。そうであるにもかかわらず、急に石たちに囲まれて、まるで迷路に迷い込んでしまったかのような感覚になった自分がいる。そう言えば、カール・ケレニィの迷宮の研究に、そもそも迷路などというものは存在せず、自分が出口を探し始めたところから、道が迷路に変形するのだと書かれていたのを思い起こす。道に迷った感覚になったとき、私たちはなぜか一つの正しい出口を求めてしまう。本当は、たくさんの通路があちらにも、こちらにも続いているというのに。

出口を探すから迷路が生まれるのだとすると、もっと自由に歩き続ければいいのだけれど、一度出口を求めてしまうと、なかなかその感覚から離れられなくなる。もしかすると、そうして迷い込んだ感覚のなかにあるとき、人は自由な空間を求めて、この空を見上げるものなのかもしれない。フランクルの『夜と霧』の中にも、空を見上げる場面があったように思う。アウシュヴィッツへの護送列車の中だったろうか、オーストリアの山と夕日に輝く空を見て、それでも空が美しいとフランクルは感じていたように思う。そんなことを石の直方体が並んだ人口丘陵地を歩きながら考えていた。私はこの「虐殺されたヨーロッパ・ユダヤ人のための記念碑」からの出口を探すべきなのか、この中を遊歩し続ければよいのか、そもそもこの記念碑を通じて何をどのように受容したらよいのか、何もわからないまま、夢想的な移動を続けていた。

記念碑、警告碑

この記念碑は、建築家ピーター・アイゼンマンと彫刻家リチャード・セラの共同設計による作品で、二〇〇五年にベルリンの中心部に完成した。それは、東西ドイツの統合の象徴とも言えるポツダム広場とブランデンブルグ門の間にあり、隣にはアメリカ大使館があり、国会議事堂からも目と鼻の先に位置する。将にベルリンの一等地にある。日本で言えば、皇居と国会議事堂近くの内閣総理大臣官邸に記念碑が建てられたようなものだろうか。しかも、その広さはサッカーコート四つ分と広大である。ドイツ政府から見れば負の遺産であるホロコーストを明示する施設が、都市の中心部にこれほどの大きさで設置され、東西統一ドイツの再開発で賑わい、統合後のドイツの新しい出発点となる地域に、まるで楔のように打ち込まれている。そのことだけでも、この記念碑が持つ意味の大きさが明示されているとも言えるだろう。

しかも、多くの記念碑が何らかの事件の現場に置かれているのに対して、この記念碑はそのようなサイト・スペシフィックなものではない。ここからそう遠くない「テロのトポグラフィ」というやはり記念碑的な施設は、これとはちょうど反対に、当時のナチス・ドイツのゲシュタポ（秘密国家警察）・ＳＳ（ナチス親衛隊）・ＳＤ（親衛隊情報部）の本部が置かれていた場所を敢えて選び、その同じ場所に施設が作られ、そこにベルリンの壁の一部と共に、ゲシュタポ本部の地下牢の一部が屋外展示されている。その施設のコンセプトは「開かれた傷口」であり、事件現場を一つの傷口と考えて、その傷が消えてしまわないように繰り返し傷口を曝し続けることに主眼が置かれている。そうすることで、二度と同じことを繰り返さないように警告する施設であるという。つまり、記念碑ではなく、「警告碑」なのである。従来の記念碑とは、戦没者や犠牲者の死を悼み、その霊を慰霊するために築かれる慰霊碑であることが多い。あるいは、戦闘の勝利や何らかの英雄的な行為を顕彰すると共に、その魂を慰霊しようとする戦勝記念碑である場合もある。それに対して、慰霊や顕彰のためではなく、警告のために置かれたのが、この「テロのトポグラフィ」である。

だが、「虐殺されたヨーロッパ・ユダヤ人のための記念碑」は、サイト・スペシフィックな作品ではなく、傷口を開いたままにしようとする作品でもない。この記念碑が置かれた場所は、分断されていた時代の東西ベルリンの緩衝地帯ではあるが、ホロコーストそのものに関わる傷口ではない。しかし、それでいて、ここを歩いていると、そこには墓地が感じられ、牢獄が感じられ、道に迷いながら空を見上げてしまう。ここには、現在の迷いと未来に向かう意志のようなものが感じられる。傷口を曝すという展示方法は、心理学を営む者からすると、トラウマの心理的構造が思い起こされてしまい、その展示様式では、むしろ鑑賞者はトラウマから遠ざかろうとするように思う。そして、そのトラウマの傷口からだけではなく、そもそも現実から遠ざかる解離へと惹きつけられて行ってしまう。だが、この記念碑の方には「傷口を曝す」ような露骨さがない。

墓の中、冥界下り

さて実は、この施設には、墓地のような地上施設だけではなく、地下に設けられた展示室がある。そこに立ち入るためには、記念碑の東端にある階段を下りていくことになるのだが、その入口ではまるで空港のセキュリティ・チェックのような手荷物や所持品の検査が実施される。

テロ対策セキュリティがとても厳重であるわけだが、一鑑賞者としてこのセキュリティを通過すると、まるで空港の中に入ったときのような不思議な感覚に襲われる。たとえば、国際線に乗る際に空港のセキュリティ・チェックを通過して、免税店などが並ぶ通路に出たときの感覚である。そこはすでに日本の国外であり、それでいて、まだ目的の国の中に入ったわけではなく、自分は何処にも帰属することのない緩衝地帯にいるように感じられる。そこは、何処であると定義することのできない場所であり、いつもの社会の現実とは別種の空間に立ち入ったような感覚になる。国と国の間、場所と場所の間、二つの場所の間にありながらも何処にも存在しないねじれた空間、そういう不思議なワンダーランドに入り込んだような気持ちになる。この記念碑の地下施設に入るセキュリティ・チェックは、その実際的な機能とは別に、このような心理的な機能を果たして、鑑賞者をねじれた空間へと導き入れてくれるのだ。

　しかも、このねじれたワンダーランドに展示されているものは、通常のホロコーストの解説や資料だけではない。歴史的な資料が展示されている入口近くの通路を抜けると、私たちは薄暗い部屋にたどり着く。その展示室には、天井からいくつもの直方体が下に向かって突きだして来ている。先ほど外で見ていた墓石のような直方体は、どうやら地上に置かれていただけではなく、この地下に続いているのがわかる。あの直方体の石の一部は地上に突き出していたが、それはこの地下に向かっても突きだし、いま私のいる地下室に向かって下りてきているのだと思う。そうか、私は今、墓の中に入り込んだのか、と自分のいる場所の意味が自覚されてくる。そう言えば、西谷修が『不死のワンダーランド』[6]の中で、ワンダーランドとは、アリスのワンダーランド／不思議の国だけではなく、フロイトの不気味なものが生起する場所であり、存在が根本的な驚きに曝される場所であると言っていたことを思い出す。忘れられていた親しいものがうまく思い出せないまま、その片鱗を見せるとき、それが不気味なものと感じられる。それが、フロイトの定義だったと考えながら、天井から下りてきている石に近づいてみると、一つ一つ石に写真や手紙や映像資料などが埋め込まれているのがわかる。どうやら各々の石に各々の家族の歴史が刻まれているらしい。もちろんそれは、一つ一つがヨーロッパにおいて虐殺されたユダヤ人の家族史である。石に近づき、言葉を読み、写真を見る。そこには虐殺された本人や家族だけでなく、その家族の家系や今までの営みまで、とても丁寧に記されている。もちろんホロコーストという虐殺史の前後の事実も記されているのだが、そのような最期の姿とは関わりのないもの、その家族の生きてきた長い物語が記録され展示されている。しかも、そこにはインタビューや朗読などの声の記録も重なってくるので、現実味のある家族史が目の前に浮かび上がってくる。

　この地下の展示がこれほどリアルに迫ってくるのは、地上であの長方形の石たちの間を歩きまわり、墓場のような所で道に迷う感覚になった事前の体験があったからなのだろう。その後に、まるで墓を曝くかのように、一つ一つの石に刻まれた家族の物語に触れていると、その家族がホロコーストという悲惨な歴史的犯罪によって虐殺された人々と定義されるべきものではなく、私や私たちと何処かでつながりがある存在であるように感じられ、その家族の物語と私の物語が、この世界の何処かで交わっているのではないかと思えてくる。ああ、この感覚は、自分が心理療法の面接で人と会い、その人が今まで生きてきた人生を語ってくれたときの感覚に近いと気づかされる。その人の人生を聞かせてもらい、更には、その人と関連のあるさまざまな人々の人生やその人の心に残っている物語を聞かせてもらっているとき、私は同じ感覚の中に居る。ここにはリアルな物語がある。そして、リアルな人間の物語は、一つ一つがばらばらに存在しているのではなく、一つ一つ独立しながらも、何処かで交わっているものだと感じられてくる。

死者と共に

ユングが導入した元型という概念は、深層心理学を混乱させ、ユングを神秘家と断定させることになったという定評があるが、元型とは、卑近な言い方をすれば、死者の霊のことである。そして、心の深層にある元型イメージとは、死者たち一人一人の物語のことである。人が心の作業に取り組めば、必然的に自分史や家族史を振り返っていくことになる。しかし、自分とは自分が意識している自分の身近な物語だけで作り出されたものではない。自分の意識の届く範囲の向こう側にも、自分と関わりのある物語は存在している。そこには自分が意識したことのない亡くなった人の物語がある。そこには祖父や祖母だけではなく、会ったことのない曾祖父や曾祖母の物語がある。あるいは、直接の親族だけではなく、彼らの友人や知人の物語も関係してくるかもしれない。総体で見てしまうと、家系の歴史や民族の歴史という集団の歴史が現れて来るのだが、死者の物語は実はそんな風に集団化せず、一つ一つの物語として立ち現れてくる。集団化するのは、私たちのものの見方の方である。森に迷い込んだときにその森を俯瞰して見ようとすれば森全体が見えるのかもしれないが、森の中で一つの木を良く見ると、そこにはその一本の木の姿が克明に詳細に現れてくるものだ。そして一本の木をその深層まで探求していけば、その森の現実もわかってくる。たとえば村上春樹は、その父親の人生を振り返ったエッセイの中で次のように記している。[7]

> 言い換えれば我々は、広大な大地に向けて降る膨大な数の雨粒の、名もなき一滴に過ぎない。固有ではあるけれど、交換可能な一滴だ。しかしその一滴の雨水には、一滴の雨水なりの思いがある。一滴の雨水の歴史があり、それを受け継いでいくという一滴の雨水の責務がある。我々はそれを忘れてはならないだろう。たとえそれがどこかにあっさりと吸い込まれ、個体としての輪郭を失い、集合的な何かに置き換えられて消えていくのだとしても。いや、むしろこう言うべきなのだろう。それが集合的な何かに置き換えられていくからこそ、と。

心理学的な作業は、この一滴の雨水を召還する。それは、死者の霊を召還するような行いであり、霊媒的な営みになることも多い。霊や霊媒という言葉を使うと、それは私たちの日常から遠いもので、一部の人たちだけが関わる民間信仰のように思われるかも知れない。しかし、誰かの物語を聞けば、当然のように、その人の中に埋もれていて、その人と関わりのあるたくさんの人々の物語を聞くことになり、その中にはもちろん死者たちの姿もある。「虐殺されたヨーロッパ・ユダヤ人のための記念碑」の地下に潜り、私は意図しないままに墓曝きに参加したわけだが、そこに現れた死者の姿は、慰霊や鎮魂を求めているのではなく、どうやら話をすることを求めているらしい。そして、私にはその物語を聞くことが求められているらしい。そうして、人生の話や昔の話を聴くことが、死者の話に耳を傾けることと自ずとつながっていくのであるから、それはごく自然な霊媒的な体験になる。身近な人が亡くなれば、誰もがその人のことを語り思い起こすものだが、そんな風に死者について物語ることが、死者の霊を召還して死者の声を聞く作業であるといえるだろう。それを元型と呼ぶにしても、霊と呼ぶにしても、死者と呼ぶにしても、私たちが耳にする一つ一つの声の主は、それほどその呼び名の差を気に留めないのではないだろうか。

私たちの関わり方、展示的関わり

ヴァルター・ベンヤミンは、『複製技術時代の芸術作品』[8]の中で、過去の芸術作品は、オーラを身に纏い礼拝される価値を持っていたと言うが、作品が複製可能になり、オーラを纏っていなくとも作品が鑑賞者の身近に訪れてくるようになると、そこには礼拝的価値に代わって、展示される価値が生まれると説いている。もともと礼拝対象となるものは、それが光を放つものであろうと闇を放つものであろうと、いずれにしてもオーラを纏っていたわけだが、そのようなオーラは作品の制作者と鑑賞者とに共通した信仰がある場合にはじめて、その作品に現れ、その作品から感じ取られるものになる。だが複製技術時代になるとそのような共有された信仰はもはや残されておらず、作品には主として展示的価値だけが見いだされることになる。しかし、まさしくこの展示される価値を持った作品を目の前にしたとき、私たちの作品に対する関わり方が問われることになる。つまり、私たちが、信仰とは別に、作品に対して関わる手がかりや作品に対する共感的態度を見いだせるかどうかが大事になる。作品が持つ現実に対して解離的でないかどうかが問われることになる。もし、現実感を感じられない距離で作品に関われば、その作品の持つ真の意義が、私たちに届くことはない。

　では、作品に対して無理矢理に礼拝的な価値を呼び戻そうとすれば良いかというと、そういうわけでもない。たとえばベンヤミンは、人は礼拝的な価値を持つ作品を生み出す際に、そこに人間を投入し人間を犠牲に処してきたという。それが自然を制御する方法であると考えられ、人間を捧げることによって自然との一回性の交流を作り出し、それによって一回性のオーラを輝かせていたのである。そのようなやり方は、むしろナチス・ドイツが行った方法であるように思われる。もし記念碑が礼拝的な価値を生み出すことで、過去の出来事の現実性を甦らせようとするならば、それは逆に過去の出来事の持つオーラや一回性を讃えることになってしまう危険さえある。

　たとえば、ユング派の分析家であるヴォルフガング・ギーゲリッヒは次のようにいう。「工場で生産されたようなこの回想という思考が、ホロコーストに関する記憶の〝文化〟を演出している。それは忘却を許さない。忘却すれば、事件を繰り返すことになるかも知れないと強迫的な考えになり、忘却とは抑圧と等価に違いないと考えてしまう。こうして、ナチス時代の恐怖を思い出すことは、儀式的に讃えられなければならなくなる。記念碑、式典、記念館が必要とされる。犠牲者に捧げられた記念館である。強制収容所と絶滅収容所という犯罪の館を繰り返し新たに訪れ、非人間的な映像に直面しなくてはならない。そうして見ると、この回想において大切なことは、どうやら否定や抑圧を防ぐことではなく、真実や知を得ることでもないようだ。（中略）この回想の主題は全く別のものである。それは、讃えること、祝うこと、〝耽溺すること〟である。人間性に対する犯罪が、新たな金の仔牛なのである。（中略）この〝記憶の文化〟は、歴史科学が生み出した成果ではなく、金の仔牛を取り囲む踊りであり、その礼拝の形式である[9]」。礼拝的価値にかえろうとすれば、記念碑は強度を増すが、同時にすぐにこうした集団性の中に人をのみ込んでいく。

本書の冒頭に、ベルリン郊外にあるザクセンハウゼンを訪れたときの様子をお伝えしたが、ホロコーストにおいて最も中心的なサイト・スペシフィックな記憶すべき場所と言えば、アウシュヴィッツ゠ビルケナウ強制収容所であろう。著者もご多分にもれず彼の地を訪問している。しかし、あえてザクセンハウゼンへの訪問から本論を始めたのは、アウシュヴィッツ゠ビルケナウには礼拝的な価値を呼び戻そうとする心の動きが見え隠れしていると感じたからである。一般に強制収容所の入場は無料であるのだが、世界中からあまりにも多くの観光客が訪れるため、アウシュヴィッツは午後五時以前の入場者からは入場料をとるようになり、その代わりに全ての入場者を約二十人ごとの組に分けて、ツアーガイドによる解説を行うようになっている（二〇一九年現在)。それは一見すると、ガイドによる口頭の解説がついたわかりやすいツアーなのだが、アウシュヴィッツの展示との距離は、あらかじめツアーによって定められており、「工場で生産されたような回想」が呼び覚まされるだけである。そこには、自分たち一人一人が模索しながら見つけていくべき展示との個人的な距離が失われていた。全体主義に対する警告の地が、団体ツアーと定型の解説によって、むしろ訪問者たちをそこに投入し、訪問者たちに礼拝的な価値を教え諭し、自らも気がつかないままに全体主義の温床を準備しているように感じられてしまった。

これに対して、展示的な価値を持つ作品を生み出す場合に、人間が機械的に投入されることはない。人は作品と距離を取ってそれに関わる。そして、その始まりの形式は「遊戯」であるとベンヤミンはいう。それは自然を制御することを目指してはおらず、「自然と人間の共同の遊戯」を目指しているという。要点は距離を取ることだけではなく、距離を取りながらも共に遊ぶことを目指していることにある。「仮象が衰微し、アウラが凋落することにともなって、巨大な遊戯空間が獲得される」とベンヤミンは言いながら、イメージに頼ることなく、信仰に頼ることなく、目の前にあるものを制御することも目指さず、目の前にあるものと遊戯的に関わればよい、というのだ。そうすれば、ホロコーストという現実は、礼拝的価値に零落することはなく、うすあかるい現実になることもなく、私たち一人一人が関わることができるものになる。

4　遊戯的な関わり

「虐殺されたヨーロッパ・ユダヤ人のための記念碑」のコンペに際して、ベルリン美術団体「造形芸術のための新協会」は、どのような記念碑であるべきかという議論を公開し、『論難書』を出版している。そこには、「芸術上の構想は、それが、歴史は類似的に美的手段によって可視化できるとする思い込みに逆らうからこそ説得力を持つ」と記され、「記念碑によって〈墓に蓋をする〉のではなく、むしろ〈アクチュアルな問題への感受性〉を促すような施設にするべきだ」と記されていた[10]。将にこのようなアクチュアリティへの感受性が、礼拝から離れ、眺めるだけの展示から離れ、遊びを含んだ展示との関わり方によって生まれるのではないだろうか。直方体の石の森を歩きまわり、その地下の墓の中に入って墓を曝き、死者の声に耳を傾けることで、少なくとも私ははじめてホロコーストの現実と自分なりの距離を見つけはじめ、現実を薄めることなく交わる作業を始めることができた。そこに必要なのは、礼拝に立ち返るような真剣さや拘束性ではなく、解離的な恐れやおののきではなく、遊びであり、物事に遊戯的に関わることであり、遊戯的な関わりによって今ここでアクチュアルな関係を生み出していくことである。

　遊戯に関して、臨床心理学には、遊戯療法／プレイセラピーと呼ばれる営みがある。ここにそれを紹介することで、遊戯的な関わりの意義をより明確にできるかもしれない。遊戯療法とは、通常、心理的な困難に直面した子どもと心理士が、さまざまな玩具の用意されたプレイ・ルームに入って行う心理療法のことである。そこにはボードゲームのような玩具もあれば、野球のボールやバットもあり、砂場や滑り台があることさえある。さらには部屋の中が区切られて、家の中に見立てることのできるルーム・イン・ルームがあることも多い。つまり、そこは子どもと心理士が共に過ごすことのできる遊戯的な世界に見立てられるのである。だが、遊戯療法は、「遊んでストレスを発散して、子どもの心理的なストレスを軽減することが目的である」と誤解されることが多い。しかし、遊戯療法の本質はストレスの解消ではない。たとえば、大人の心理療法が、退勤後にジムに通ったり、カルチャー・スクールに通ったり、居酒屋に飲みに行ったりすることと同列に理解されることがないのと同じように、遊戯療法もストレス解消のツールではない。それがどのようなものかを思い浮かべるには、私たちが本当に遊び心を動かされ、遊びに興じているのが、どのようなときであったか、幼少期をふり返って思い出してみるとわかりやすいだろう。私たちは、遊んでいるときに、さまざまなあたらしい玩具を試したり、あたらしい遊び方を考案したりして、遊びを自ら試しながら、そうして世界との新しい関わり方を試している。特に子どもは世界との定型の関わり方を身につけているわけではないので、遊びながら世界との関わり方をその都度みずから試し、自分なりの世界との関わり方を発見している。フランスの哲学者・社会学者であるロジェ・カイヨワは遊戯を定義して[11]、「自由であること」「日常から分離していること」「結果が不確定であること」「生産性を求められないこと」「ルール発見的であること」「虚構的に現実を多層化すること」という六つの定義を挙げているが、まさしく遊びは、現実を多層化しながら、大人の定型の発想とは別のルールを発見する営みなのである。遊戯療法に臨む子どもたちは、多くの場合、何らかの定型の社会性を求められ、そのルールに適応できず、自分なりの世界との関わり方を発見できずにいる。そんな彼らが、遊戯療法を通じて、もう一度自由に自分の現実を再発見し、自分独自の世界との関わり方を見いだしていくのである。

　これは、遊戯療法に臨む子どもたちにだけ当てはまることではない。臨床心理の専門家になろうとするものは、まずは子どもとの遊戯療法からトレーニングを始めると良いと言われている。対人援助職である心理職を目指す者は、多くの場合、人を手助けしたいという定型の関係性に囚われている。しかし、援助する・されるという関係性では、実は心理療法は成立しない。そのような関係性は、援助者と被援助者の立場を明確化して、わかりやすい人間関係を作り出していくことには役立つが、そもそも心理療法を求めて来談する者は、固定してしまっている自分の在り方や対人関係に困っていることが多い。つまり、その固定したものが動き出すことが、心理療法の一つの目的であり、心理療法過程の特徴なのである。その者自身の現在の心のあり方や対人関係のあり方、更に言えば、世界との関係のあり方を知り、心理療法を通じて、そのあり方がおのずから展開し変転していくことが、その営みなのである。そうすると、多くの心理療法の初学者は、まずはみずから自分の世界との関わり方を解体し、それを再構築するプロセスに臨まなくてはならない。そうでなければ、援助者や観察者の立場からは抜け出られない。あるいは、共に苦しむ共感者の立場から抜け出られない。そのような固定しがちな関係性を揺り動かしていくために、遊戯療法が相当に有効なのである。なぜなら、子どもと遊ぶためには、まずは援助者であることを忘れ、遊びに没頭する必要があるからである。そうしなければ、遊びにはならない。遊びを通じて、子どもと共に、子どもが体験している世界を巡り、その世界に共に生きる者として、その世界との関わり方を再構築していく必要がある。そしてもちろん、遊びに留まるだけでは楽しい遊び仲間という関係性に入り込み、また世界が定型に固定してしまうことになる。心理療法家は、遊戯療法のセッションからひとたび現実に立ち返ったときには、その遊びをふり返り、その遊びの中で起きていた心理的なテーマを理解し分析し、そこから新たな世界との関係性がどのように展開していこうとしているのかを洞察して行かなくてはならない。心理療法は、出来事をふり返り、それを理解し、その動きをもう一度自分の中に反芻させていくことを通じて、世界との関係性を破壊しながら構築しているのである。

変化する関係

ところで遊戯においては、遊ばれている者と遊んであげている者という関係性が成り立たず、遊びの主体が常に入れ替わり、子どもも心理士も遊びの主導者になることがない。この主体の入れ替わりに関して、ホロコーストにまつわる人間の体験を繰り返し作品にしているアーティスト、クリスチャン・ボルタンスキーの「発言する」という作品を見てみると、その意味がより明確になると思われる。二〇一九年に東京の国立新美術館で大回顧展が開かれたときに、「ぼた山」と呼ばれるたくさんの黒い衣服が積み上げられた作品があった。そして、その山の周りに、ハンガーに掛けられた黒いコートが七、八体置かれていた。それは、人間の影のように見えるコートであり、私がそこに近づいていくと、近づいたことを感知して音声が流れ始める。その影は、“Tell me ～”と、鑑賞者である私に向けて語りかけてくる。「話しておくれ、お母さんを置いて行かなくてはならなかったときのことを」。「話しておくれ、あなたが癒されたかどうかを」。一つ一つの影のコートの前に立つと、一つ一つ別の語りかけがある。「話しておくれ、死がどんなものかを」、「話しておくれ、それはあっという間だったかどうかを」、「話しておくれ、それは苦痛だったのかい」と、繰り返し語りかけられる。この声はホロコーストを体験した人々に向けて発せられた問いなのである。こうして語りかけられていると、鑑賞者としてホロコーストにまつわる作品を見ていた自分が、まるで、ホロコーストを体験した者であるかのように感じられてくる。そして、自分がすでに死んだ人間であるかのような気がしてくる。私自身がホロコーストで死んだのであり、死の前後の体験を話すように誰かから求められているのであり、影たちが私の返答に耳を傾けているように感じられてしまう。私が影を鑑賞しに来たのではなく、影が私に語りかけてくるのである。作品と鑑賞者という立場や、見る人と見られる人という立場や、ホロコーストを体験した人とホロコーストを学ぶ人という立場は、もはや固定したものではなくなっていく。

　しかも、私がこのボルタンスキーの回顧展を訪れ、「発言する」という作品に触れて心を動かされながら、最後の黒いコートの前に立ち止まったとき、いままで繰り返し「話しておくれ」と語りかけられていたにもかかわらず、最後の一体の黒いコートは、何故か何も語らなかった。

私は、不思議に思って、何度も試してみる。一度コートの影から離れ、また戻ってその影の前に立つ。しかし、何度やっても、それは語りはじめてくれない。「話しておくれ」の言葉が、現れてこない。なぜか私は焦り、苦しくなってしまう。何も語らない影の前で、愕然と立ち止まってしまった。しばらくして、気を取り直して、美術館の係員を探して尋ねてみようと思う。辺りを見回しても係員が見当たらなかったのだが、ぼた山の反対側に一人の男性の係員がいるのをようやく見つけて、話しかける。「一番向こうの、最後のコートだけ、何も話さないのですが、あれはそういう作品の作りなのですか？」「ああ、実はいまちょっとシステムの調子が悪くて、あれだけ音声が

流れないんです」。そうか、少なくともアーティストによる仕掛けではなかったのか。それを聞いて安心したような、システム障害によって偶然に語りかけられなかったことに、余計に心を乱されるような、不思議な気持ちになりながら、私はその作品の前にたたずんでいた。私は、語りや体験を聴く側なのか話す側なのか、最後の無言のコートによってそれが全く定まらなくなった。このアート作品という遊戯に深く心を動かされていた。何も訊かれないとき、無言の問いが私に向けられ、更に真剣に私の回答を待っているように感じられたのだ。遊戯空間に立ち現れる現実性は、私たち一人一人が関わり見つけだしていくものだということを、こんな偶然の出来事が知らしめてくれている気がしてならなかった。

5　心理学的価値

最後に、こうしたホロコースト施設とそれに関わることの心理学的な価値について触れておきたい。

ユング派の分析家であるジェームス・ヒルマンは、その主著である『魂のコード[12]』の中で、ヒトラーについて考察を重ね、人間の中にある「悪の種子」について述べている。「デモーニッシュなもの／悪魔的なものが、いつも私たちの中にあるという確信がなければ――それは極端な犯罪的な形を取るだけではない――私たちはそれを否認し、それをつぶらな無垢の瞳の中に隠してしまう」。私たちの中にデモーニッシュなものを認めることが必要とされている。それは欠かすことができないものだとヒルマンは明言している。だが、それは簡単なことではない。ホロコーストへの一つの返答としてユング自身が著した書物は、『ヨブへの答え』であるが、その中でユングも神の持つ善と悪の二重性を考察し、『ヨハネの手紙』に現れる善なるものと『ヨハネ黙示録』に現れるに悪なるものの根が一つであることを論じている。その上で、「隠され秘められたものの意識化によって、われわれは解きがたい葛藤に直面する」と言って、悪を意識化すれば、問題が解決するというわけではなく、むしろそこから葛藤が深まると明言している。またユングは、現代史をふり返って、「人間の戦争好きの本能は根扱ぎされるものではない。完全な平和は想定不可能だ。しかも、平和とは不気味なもので、それが戦争を育てる養分ともなる。真の民主主義とは、こうした人間の本質を承知した心理学的な制度であり、自分の内側に分裂葛藤を認めるものである」と言い、「たとえ自分とは何の関わりがないと思えたとしても、私たち一人一人が、文化の価値の作り手なのだ。もしこの世界が狂っているとしたら、それは私たち一人一人のどこかが、そして私の自身のどこかが狂っているのだ」とも言う。秘められたものを認識したときの葛藤を感じざるを得ない。

　人は、この葛藤を解決するために、よく愛という言葉に頼ろうとする。愛を携えて邪悪なものと関われば、悪に飲み込まれることはなく、愛が悪を啓蒙するかのように考えている。しかし、ヒルマンはそれをも否定する。「〈愛〉は、現代用語法において、確かに最も万能な言葉である。しかし、（中略）それさえも、まず邪悪な種子の内側にも、魂の召命があることを認めなければ、「悪」に対してほとんど無力である、と私は言いたい。〔中略〕この世を越えた彼方から呼びかけてくるダイモーンは、聖者だけでなく罪人にもあるという必然を、知性で理解できるように実践訓練を積み重ねていくことが、愛なのである」という。つまり、愛とは、悪を回収し改心させるようなものではなく、悪も召命されたダイモーンであることを理解する作業なのである。悪が根絶やしにされるようなことはない。悪も人間に訪れてくる召命の一つであることを一人の人間として理解していくことが求められている。

　理解することが簡単でないならば、むしろまず、「社会は、デーモン的なものに居場所――牢獄以外の居場所――を与える承認の儀式を備えていなくてはならない。アテナは、文明化されたアテナイという都市の内部に、破壊的で血に飢えた復習の女神エリニュエスたちの名誉ある場を与えている」とヒルマンは言う。これは、アイスキュロスの悲劇『オレステイア』において語られたものであり、とりわけその「エウメニデス（慈しみの女神たち）」のことを指している。この物語の中で、血縁という時代遅れの法の体現者であるエリニュエス（復讐の女神たち）に追われた母殺しの罪を負うオレステスは、アポロンという新しい法の下で、その訴訟において無罪となる。だが、そのことで復讐のデーモンであるエリニュエスたちは、自分たちの本質である復讐を果たせなくなる。しかしその復讐心は単に何処かに追い払われるのではない。最終審で判決を下す女神アテナによって、「エウメニデス」という新たな名前をもらい、都市アテネに居所を与えられることになる。つまり、復讐の心、デモーニッシュなものたちに、日常的な居場所が与えられるのである。悪には居場所が必要である。『オレステイア』の中で、復讐の女神という邪悪なものは、アテナの計らいにより、慈しみの女神と名を変えることにはなる。だが、それは悪が善に変えられたということではなく、新たな法の下で名称が変更されたに過ぎない。重要なのは場所が与えられていることであり、私たちが関わることのできる身近なところに悪が露出する場があることである。ホロコースト記念碑で言えば、ベルリンのように都市の中心部に、私たちがアクセスできる悪の場が設けられることであり、心理療法の中に無法の遊びが展開することが認められることであり、表現の自己展開が保証されていくことである。場を与えることが、そのまま私たちの心の中に、展開の場を与えることと同義となっていくのである。

ヒルマンは更に言う。「一触即発の危険状態になるのは、ヒトラーの猛《たけ》る頑固さのように、その種子の中に、強迫的で強制的な力を爆発的に注いでしまうためである。この種子の爆弾を分解したり、誰もいないところに隔離したりする前に、私たちはその導火線を長く伸ばした方がよいのではないだろうか。勇気を持って、ゆっくりと時間をかけること／slowness に取り組もう。それが、おそらく「刑に服すこと」や「落ち着いて時を送ること」が意図しているものである。〔中略〕つまるところ、デーモン的なものの予防は、予防という発想自体を超越して「この世のかなた」にある目には見えない大地に基礎づけられなくてはならない。〔中略〕種子をデーモン的にしているのは、単線化した強迫性であり、一つの見方に固執する一神教的な直解主義である。それが、種子に備わっている大きなイマジネーションを狭め、同じ行為の反復繰り返しに陥らせるのである」。

刑に服することは、一般的な意味で罰を与えられることではなく、長い時間の流れに身を置くことらしい。火を消すのではなく、導火線を長くするという発想が面白い。つまり、場所を与えゆっくりと時間をかけて、落ちついて関わることが必要なのである。ホロコースト施設のコンセプトを生み出している現代美術は、鑑賞者を受動的な観察者の立場においたままにせず、鑑賞者が作品に近づき関わるように促している。その関わらせ方が性急であると、それは暴力的な巻き込みでしかなく、鑑賞者は一見すると関わっているように見えても、内的には心の距離を空けて解離に向かっていってしまう。私たちは、ゆっくりと時間をかけなくてはならない。時間を長くする工夫が大切である。時間を長くする場所が必要である。その時間の流れは、日常的な時計の流れと比べるとあまりにも緩慢かも知れない。しかし、魂の悪と関わるためには、悪の居場所を作り出し、長くゆっくりと流れる時間を知ることが必要なのである。

　イタリアの哲学者ジョルジョ・アガンベンは『アウシュヴィッツの残りのもの』の中で、ホロコーストについて証言する者について記している。さまざまなホロコーストの語りの中で聞き取られた多くの人々の証言する声は、実は、それが語ることができない出来事であることが認められて、その承認によってはじめて、語ることができたものだという。「証言が保証するのは、自分の保管不可能性、自分がアーカイヴの外にいること、……自分が記憶からも忘却からも不可避的に逃れでる存在であること」だという。それは記憶することも忘却することもできないものであり、つまりはいまでも、いつも心の中では現実の作業の経過の途中にあり、いまでも繰り返し語られ続け、いまでも繰り返し忘れられ続け、その繰り返しによって初めて、現実として立ち現れてくるのである。それはいつも生成の途上にある。その生成過程に対して私たちができることは、場所と時間を空けて、その作業に関わっていくことだけなのかも知れない。それがうすあかるい現実を、強度のある現実に変えていく唯一の方法なのかも知れない。そして、その作業がベンヤミンが言うように遊戯的であるならば、心理学的なホロコーストとの関わり方は、この継続中の遊戯に時間と場所を与えて、私たちの潜勢的な現実が現れて来るまで、いまの現実に対して繰り返し遊びをしかけていくことなのかも知れない。

参考文献

1 『きけわだつみのこえ――日本戦歿学生の手記』東京大学出版会、一九五二年
2 河原理子『フランクル『夜と霧』への旅』平凡社、二〇一二年、二一八―二二二頁
3 フランク、アンネ（深町眞理子訳）『アンネの日記　増補新訂版』文春文庫、二〇〇三年、二二、六〇、五八一―五八二頁
4 小川洋子『100分de名著　アンネの日記』NHK出版、二〇一四年、一〇三―一〇四頁
5 パトナム、フランク・W（中井久夫訳）『解離――若年期における病理と治療』みすず書房、二〇〇一年
6 西谷修『節のワンダーランド』青土社、二〇〇二年
7 村上春樹『猫を棄てる――父親について語るときに僕の語ること』「文藝春秋」二〇一九年六月号、文藝春秋
8 ベンヤミン、ヴァルター（野村修編訳）『ボードレール　ベンヤミンの仕事2』岩波文庫、一九九四年、七三―七六頁

9　ギーゲリッヒ、ヴォルフガング『抑圧された忘却――アウシュビッツといわゆる〈記憶の文化〉』本書所収。

10　香川檀『想起のかたち――記憶アートの歴史意識』水声社、二〇一二年

11　カイヨワ、ロジェ（多田道太郎・塚崎幹夫訳）『遊びと人間』講談社、一九九〇年

12　ヒルマン、ジェームス（鏡リュウジ訳）『魂のコード――心のとびらをひらく』河出書房新社、一九九八年

写真

七五頁「虐殺されたヨーロッパ・ユダヤ人のための記念碑」筆者撮影

九二頁　クリスチャン・ボルタンスキー「発言する」筆者撮影

コラム　ユングとは？

鹿野友章

アンネ・フランクは日記を記すことで世界の歴史を変えたと言われていますが、本書にたびたび登場するカール・グスタフ・ユングもまた、ある意味では個人的な作業を通して、心理学という広大な領域の歴史を変えた人物です。

一八七五年にスイスで生まれたユングは、幼い頃からすでに、自らの影と共に生きていました。その影とは、この世のあらゆる事柄を知っている「老賢者」と呼ばれる、もう一人の人格のことです。現代の私たちはそのような現象を「二重人格」と呼び、病的で治療すべきものであると考えるでしょう。しかしユングはそのようには見ず、むしろその影もまた自分の一部であると捉え、そうして影や闇、二重性を含み込む新しい心理学が誕生する礎が築かれました。

ユングはその後精神科医になり、言語連想検査などの科学的な研究によって初期の名声を得ますが、ほどなくして深刻な精神的危機に陥ります。その中でさまざまな夢やヴィジョン（白昼夢）を見ましたが、やはりそれらを単なる空想ではなく、もう一つの現実であると見なし、『赤の書』という一冊の本の中にその体験を克明に記しました。その中には、神話の登場人物たちを彷彿とさせるさまざまな人物像との対話プロセスが、非常に丁寧に描かれた挿絵とともに記されており、読む者を圧倒します。ユングは個人的な体験を通して、論理や科学的な観点からだけでは説明のつかない、人類の闇の側面、そしてその中にある無限の可能性に拓かれ、そうして心の深層を扱うユング心理学がその産声をあげたのです。

ユングが二つの大戦が生じた時代を生きたことも、ユング心理学に影響を与えています。ユングはその最中に国際学会の会長を務め、ナチスが台頭する中でユダヤ人に門戸を開き続け、また人間の影と闇について発言することをやめず、ときに政治的な誤解を受けることもありました。そのように、常に時代的危機を見据え、現実と関わり、その影響を受けてユング心理学もまた姿を変え、より洗練されていったのです。

略年譜

一八七五年	スイスのトゥールガウ州ケスヴィルに生まれる。幼少期から多感である一方、神童と呼ばれるほど知性も高かったという。
一八八七年	十二歳となり、一時的に神経症に陥り、不登校となる。もう一人の人格を体験する。
一八九五年〜一九〇〇年	バーゼル大学で医学を学び、医師免許を取得する。
一九〇〇年	チューリッヒ大学のブルクヘルツリ精神科病院にて、オイゲン・ブロイラーの助手を務める。
一九〇二年	降霊術に現れる心を考察した論文「いわゆるオカルト現象についての心理と病理」によってチューリッヒ大学にて医学博士号を取得する。
一九〇三年	エンマ・ラウシェンバッハと結婚する。その後、息子一人、娘四人をもうける。
一九〇五年	『診断学的言語連想研究』により教授資格を得て、チューリッヒ大学医学部にて教員および指導医として教育・研究・臨床に携わり始める。
一九〇九年	チューリッヒ大学を去り、近郊のキュスナハトで個人開業をする。
一九一三年	第一次世界大戦を予知するような真っ赤な洪水のヴィジョンを見る。精神的危機に陥り、自身の無意識と直面し、『赤の書』の原型となる『黒の書』を記し始める。
一九一四年	第一次世界大戦が開戦。
一九一八年	第一次世界大戦が終結。
一九一九年	「元型」という用語を用いるようになる。
一九二一年	『タイプ論』を出版し、世界的に著名な研究者となる。「内向」と「外向」の概念を提出する。
一九二三年	チューリッヒ湖畔のボーリンゲンに自らの手で塔の建築を始める。
一九二四年	北アメリカを旅し、プエブロ・インディアンを訪ねて交流する。
一九二五年〜一九二六年	北アフリカおよび東アフリカを旅し、各地の先住民と交流する。
一九二八年	錬金術と出会い、それを心理学の原型と考えて、研究を始める。
一九三〇年	十六年間にわたって続けてきた『赤の書』の執筆と改訂を終える。

一九三三年	ドイツではナチスが第一党になる。ユングは国際一般医学心理療法学会の会長となる。同学会内にドイツ支部が設立され、その支部がヒトラーへの忠誠を宣言したことで、ユングは会長職からの辞職を表明するが、最終的にはその職に留まり、変革を試みる。チューリッヒのスイス連邦工科大学で講義を始める。
一九三四年	さまざまな論者から、ナチス信奉者であると非難される。一方で国際学会に、ドイツ支部から締め出されているユダヤ人が参加できる案を提出し、可決される。
一九三六年	ベルリン・オリンピックが開催されると同時に、ドイツ各地に強制収容所が建設される。ユングは論文「ヴォータン」を発表し、「集合的無意識の概念について」をニューヨークで講義し、「独裁政権の心理学」に関するインタビューが雑誌に掲載される。
一九三七年～一九三八年	イェール大学に招聘され『心理学と宗教』について講義を行う。イギリス政府の招聘で、カルカッタ大学、オスマニア大学、ヴァーラーナシー・ヒンドゥー大学などで講義を行うと共に、インド各地を旅する。
一九三九年	第二次世界大戦が開戦。ユングの「独裁者を診断する」というインタビューが雑誌に掲載される。国際一般医学心理療法学会の会長辞職を再度願い出る。
一九四〇年	学会に最後通告を送り、会長職を辞職。『イグナティウス・ロヨラの霊操』講義、『子どもの夢』セミナーが開催される。ナチス・ドイツがヨーロッパ各国に侵攻し、パリを占領し、ロンドンに空爆を行う。
一九四四年	バーゼル大学の教授職を重病のために辞退する。『心理学と錬金術』を出版する。
一九四五年	第二次世界大戦が終結。
一九五二年	物理学者ヴォルフガング・パウリとの共著『自然現象と心の構造』を出版する。
一九五五年	錬金術研究の集大成である大著『結合の神秘』を出版する。
一九五七年	弟子のアニエラ・ヤッフェと共に『思い出、夢、思想』（通称「ユング自伝」）の仕事に取りかかる。ＢＢＣのテレビ・インタビューを受ける。
一九六一年	キュスナハトの自宅で逝去する。

一九三三年から一九四一年までのユングと世界史上の出来事については、『近代心理学の歴史』（Ｃ・Ｇ・ユング著、河合俊雄監修、猪股剛ほか訳、創元社、二〇二〇年）に詳しい。

第三章　語りに耳を傾けること

スティーヴ・ライヒ、〈ディファレント・トレインズ〉に聴く

植田　静

I　はじめに

心理臨床という仕事を私は気に入っている。おそらく、それが「聴くこと」の仕事だからだと思う。「音を聴く」「話を聴く」と一口に言っても色々ある。音程を聴く、音色を聴く、音の大きさを聴く、全身でリズム、テンポに乗る。皮膚で音のシャワーを浴びる、バイブレーションに内臓を賦活される。意味を探る。残響を聴き、背景の音を聴く。沈黙を聴くなど。耳をすますということは、これらすべてをキャッチしたり、いくつかに集中したり、そんなことの連続であろうか。五感を開いて、クライエントとその周囲の発するものに集中していくプロセスは充実した時間である。なかでも沈黙に耳を傾けることは、空間全体の音を聴くようで、厚みがあり、最も好

きなことかもしれない。憶測せず期待せず、ただ場を信じ、その音に集中しながらじっとしていると、じわりとクライアントから主体的な言葉が響きだすことがある。耳を深く傾けるという作業は、リスナーでいながら一緒に演奏をしているスタンスに限りなく近い気がする。控えめな伴奏者のように。音楽会における聴衆の存在は、自ずと演奏行為へ加担しているものであると聞いたこともある。よりライブ空間に依存するものや即興的要素が強いジャンルのものほど、そうであると聞く[1]。

勿論プライベートで私は音楽鑑賞が趣味である。ただ、私の中での「音楽」とは幅が広く、窓を開け放ったときに部屋に流れ込んでくる音、コピー機から紙が一定の拍で吐き出され続ける音なども含まれる。私は、これらノイズと呼ばれるものを愛す。十数年前に神奈川から栃木に引っ越してきた私は、近所の女性たちの立ち話に聞く、なまりや独特のリズムに表されるものにも、この地の音楽を聴くような楽しさを覚える。風や車の音の伴ったその歌が、私だけの一度きりの音楽になる。

沈黙を聴くといえば、ジョン・ケージの〈四分三十三秒〉を思い出す人もいるであろう。全三楽章がタシェット（休止）で成り立つ無演奏のピアノ作品である。開始すると、奏者がピアノの前に棒立ちになるだけの「演奏」である。ところが、それまで無音と思っていたところに、微細な空調の音や風の音、鳥の囀《さえず》りや別室の人の声などがじわじわと私たちの耳に入ってきて、その場を徐々に奥深い渦が満たすような体験となる。ケージはこの作品について、いつでもどこでも演奏できる、しかし、演奏され始めたときにしか生き始めない作品であると言っている。この言葉は五十分なら五十分という時間枠の中で、毎回違う一度きりのセッションという「本番」に耳を傾けて参加する、心理療法の心持ちに近い。リスナーがいるからこそ、音楽になる。クライアントが心の歌を歌う、そんな場が作られることが、心理療法家の一番の喜びである。

もっというと私自身も家では作曲や演奏をする自称ミュージシャンでもある。頭の中は常に音楽と心理学の間をいったりきたりする生活である。これら二つの分野に重なりはあると感じながらも、これまでは敢えて言葉にしないようにしてきていた。そもそも音楽を心理学的に論じるなど、結果やぶ蛇になることは目に見えていたからである。それは確実にそこに在るにも拘らず、下手に言葉にしてしまうことで、台無しになるようなものであると思っている。

しかし、このたびベルリンにおけるユング心理学臨床研究の会でホロコーストを扱うことになったときに、うっかり「スティーブ・ライヒの〈ディファレント・トレインズ〉はホロコーストを扱っている」などと言ってしまった。おかげで、私も発表することを勧められてしまう。いよいよ音楽について何か言葉にしていくチャンスが来てしまったかと観念して今回は引き受けてしまった。いつだって音楽における心理学的目的など論じ出した途端に、音楽は音楽ではいられなくなるような気がしていたのにも拘らず。音は語るものではなく、聴くものなのにと思っているにも拘らず。

2　〈ディファレント・トレインズ〉

〈ディファレント・トレインズ〉[2]（以下ＤＴ）とは、アメリカの現代音楽家スティーヴ・ライヒ（一九三六－）が一九八八年に弦楽四重奏団クロノス・カルテットのための曲を委嘱され、ホロコースト・サバイバーらのスピーチを素材に作った楽曲である。ライヒの耳を一旦通して、当事者の声を聴く作品である。

発表時間は三十分間。ＤＴは全体で二十六分五十一秒ある。もちろん単に全部流せばいいという話ではない。ある程度作品を流しつつ語ることにはするが、「完全な」作品を部分的に聴かせるなど何の意味があるのか。冒瀆でしかない。ならいっそ、「分解」してしまおう、と思った。幸いライヒは厳格な論理、構造を重視して音楽表現を行う人である。

ＤＴでは、スピーチのリズムや抑揚など、パラ言語的条件を分析して旋律を抽出する「スピーチ・メロディ」という手法が使われている。この作品の時間軸は人のインタビュー音源から抜粋されたスピーチのみで構成されている。基本構造はスピーチ素材の一列に並ぶコラージュである。二語から十語ほどが連結したスピーチがＤＴ各パートの一単位となり、元の音源に忠実な拍で反復される。単一スピーチの反復後に次のスピーチの反復に移る。よって移行のたびにムードもテンポも変わる、独特の音楽である。

繰り返されるスピーチを聴きながら、私はこんなことを思い出す。子供の頃親や先生に叱られた後に、怒りのメロディや残響がわんわん自分の中でリフレインしていることなどなかったか。形や言葉が消えても、音は影のように自分の中にこびりついたまましばらく離れなかったりする。朝日にさらされても消えない幽霊のように、他の誰にも聞こえていない音が自分の中で鳴り続ける。音の記憶は普通に次元を超えてくる。そういう音とは、何らかの記憶が作用して自分が頭の中で歌っているものであると言ってもいい。それにしても、なぜいまこのメロディが出てくるのか、なぜ消えてくれないのかと思うことはないか。無意識に浮かび上がってくる記憶は、「自分」によるものであると言ってしまっていいのだろうか。無意識とは私たちがいつも思う「自分」なのか。頭で鳴る音は主体なのか、客体なのか。そもそも音は私たちの意思を無視して鳴り続けている。または、私たちは音に出会っているにも関わらず、そのほとんどが意識をどんどん過ぎ去っている。はたまた音に対して私たちは時に無防備で、訳もなく拾ってしまったりもする。私たちは私たちの知らない「何か」の選択で音と関わっているようだ。

　最初のうち私はＤＴを分解したり、このようにバラバラな音の体験を振り返ったりすることから始めるしかなかった。言ってみれば、心理臨床でクライアントが語る言葉や音も、多くの場合分解されたものたちである。上手に語られることも稀にあるが、それには芸術作品が出来上がるのと同じように、時間や情報や偶然、つまり多くの布置――ユング心理学用語でいうところの、バラバラな場面で発生する共時的な物事の配置――を要する。バラバラな言葉たちの行間に響く幽かなバイブレーションに耳を傾け続けるリスナーがいなければ、質の良いナラティブというものは通常は成立しにくい。そこにリスナーがいれば、それは音楽になるように、それを聴く者がいれば心理臨床は成立するという信念で私たちは聴き続ける。心理療法においても音楽においても自分がこの態度と共にあるという確信が、発表する決心へと私を導いた。

ジョン・ケージの「沈黙」と音の「存在」

先に触れたケージは自分の体の内側の音の気づきから、客観的には音の遮断が不可能であることを言及した。ここで一旦、ＤＴの背景を知ってもらうためにもケージとライヒの音概念、実験音楽について簡単に触れておく。

二十世紀の現代音楽を代表するアメリカの作曲家ジョン・ケージ（一九一二―一九九二）は、無音室に入ったときに、自分の外側の音がなくなっても神経系の作動音と血液の循環する音が聞こえ続けたことから、沈黙というものが客観的には存在しないことを正式に言葉にした。私たちのいう「沈黙」とは、その時間が「音楽的な意図の一部を担っていないというだけの理由」で「沈黙」と呼ばれるのである。そうなると、私たちが置かれている状況とは、「音」と「沈黙」により構成される世界なのではなく、「音のみの世界」ということになる。前者の「音と沈黙に構成される世界」とは、あたかも「客観性」があるという前提であるが、後者の世界においては私たちが音に気づかない時間を「沈黙」と命名していただけであり、「私たちはそもそも主観的な世界に生きている」前提となる。ケージに言わせれば世界とは意識された音とその他の意識されなかった音で成立している。世界は「環境音を発する主体」であり、自律的に活動し「音響を発し続ける過程」である。音は私たちが死んでも鳴り続ける。音には私たちとの関係性には回収しきれない連続的な側面がある。音というものは人からは独立している存在である。

スピーチにしても音楽にしても、私たちが音を発する主体のようになることはあるが、他者に聞こえる音というのは、その発信源とは別の存在としてその耳に届く。録音された自分の声と、普段聞こえる自分の声との違いに戸惑いを感じたことのある人も多いであろう。そもそも意図した音とは違う音が鳴り響いているかもしれないのだ。また、録音という過程でも、その再生という過程でも音は変質している。また、ノイズは私たちの内側にもある。音はそれぞれの一回性を生きているのみである。

人は音を通して伝えようとするが、音は人が自分の意図を聴き手に伝えるためにそこにあるのではない。特定のものを伝えようとする私たちの意図は、脆くもさまざまなノイズを避けることはできない。ノイズと共にあることで、音は意図からは独立した刺激となる。ケージは、そのような固有の「存在」として音響を理解する。

彼はこの世界の中では、私たちは「ただ音の営みに注意を向けること」が重要だと言う。この世界での作曲家の仕事とは、まずは作曲家自身が世界の「聴き手」となり、自身が発見した「音そのもの」をリスナーが聴くことができるよう提示していくことであると言う。この考えから彼は実験音楽を形成する。実験音楽の理念では、「音をコントロールしようという望み」「音を人工的な理論や人間の感情表現の伝達手段とする意識」を捨て、「音をあるがままにしておく手段」をリスナーが発見できるような音楽を実現しようとする。作曲者による主観的な制御の放棄を示すべく、ケージは環境音を音楽的素材として使用したり、「作曲－演奏－聴取」の伝達過程に、偶然や不確定要素が入り込むための仕掛けを設定したりする。こうして、人からは切り離されていることを提示して音の存在を示そうとした。

ライヒの主張

――リスナーが音のプロセスを知覚できることで主体的に音楽を聴く

ライヒは、このケージの論を引き継ぎ、発展させ、リスナーが音の独立を体験しやすい形式を提案した。作曲プロセス中に偶然性を介在させるケージの手法では、聴く側は音響結果がどのような作曲原理からもたらされているのかまでは知ることができない。演奏中に作曲原理が見えてこないと、リスナーは音響結果に作曲者の意図が関与していないことを確認できない。そうなると、音楽を聴く彼らの意識が、作曲家による「隠された意図」のようなものを探り当てることに向いてしまう可能性がある。ライヒは、ケージの手法ではリスナーが現実（音楽）から離れ、「作曲家の意図の探索」という空想に入ってしまう危険性を作ることを指摘し、音のプロセスをリスナーに知覚可能にすることを強調した。特に六〇年代にはストイックに「音の独立性」を知覚可能にする形式を追及し、彼のミニマル・ミュージックというジャンルを確立した[3]。

採集したスピーチを非意図的方法で崩していく漸進的プロセス　〈イッツ・ゴナ・レイン〉を例に

ライヒの〈イッツ・ゴナ・レイン〉（一九六五）は、核戦争寸前までいったキューバ危機の不安、核実験後の環境汚染の不安から人々が覚めやらぬ時期、ユニオン・スクエアで行われた黒人のペンテコステ派のウォルター神父の「洪水」つまり「世界の終焉」について語るスピーチから、フレーズを抜き出して作った作品である。彼は「雨が降るだろう（イッツ・ゴナ・レイン）」という箇所を抜き出す。これにはスピーチの瞬間周囲にあった音がそのまま聞こえる。鳩の羽ばたきやユニオン・スクエアを行き交う車などのノイズが伴う、印象的な音のまとまりである。このテープを複製し、二つを少しずれたタイミングでループ再生し「イッツ・ゴナ・レイン」のカノン的関係の連続を生成する。そうすることで、聴こえるスピーチの形態が徐々に崩れ、もはや何らかの意味を持ったスピーチというよりも、言葉とも声ともわからないただの音節のように展開する。これを「漸進的プロセス」「ずれの技法」という。

「漸進的プロセス」では、作曲原理と秩序が演奏開始後も明確に提示されながら、音が自ずと変化していくプロセスが生じる。それ故リスナーは、これが非個人的なプロセスであり、「指定された聴き方」などそもそも無いことを知る。音に対し各々のデータ解析法を元に選択的に関わっているという前提が生じ、この切れ目のない未知のプロセスに対し、リスナーは自分なりの聴き方で取り組んでいく他ない。音をどう組織化するかは各々に託され、つまりリスナーこそが音楽を作っていることになる。聴く者が音に積極的に関わり、遊ぶのである。漸進的プロセスは、音で意識に現在を絶えまなく存続させ、イリュージョンを破壊しようという試みでもある。プロセスの結果、リスナーに「今、ここ」に鳴り響く音そのものに限定的に意識を向かわせることが可能になる。これぞ遊びにおいて重要な点である。

非個人性と個人

漸進的プロセスの音楽では、計算できなかった音が聴かれる。作曲家は設定を創造するだけで、その後のプロセスは音のゆくままに進行する。作曲家の手を離れた非個人的な展開は、全て作品として受け入れられる。原理が明確でも、聴こえてくるものは別次元のものである。構造上の秘密をなくしても、その音楽には神秘的なものが聴かれる、「まさにそのプロセスの非人間性によって、強烈な心理的反応を誘発する」とライヒは主張する。音が私たち人のツールでも奴隷でもないことを知って、なおそれは心に響き、動かす。別次元との心の出遭いとなるからである。

〈イッツ・ゴナ・レイン〉の後半部は暗いムードを帯び、大洪水の最中にいるような、全てが解体されていくような感覚を受けると、ライヒ自身が著書でコメントする。さらに当時、彼自身が離婚のプロセスの中にいたことを明かし、この非人間的プロセスの結果と、自身の心の状態や世の中の不安がシンクロしたというようなニュアンスで語っている[4]。作曲において意図したわけでもないが、ライヒは決してそれを想定していなかったわけでもないのではないか。そこには音を聴き取り採集した「自分」がある程度反映されてしまうことが許容され、むしろ生かそうとする態度が見える。

ライヒという人として

ホロコーストを題材にしたDTは、真っ向からこの前提を抱えて取り組まれている。その証拠にDTの構想はホロコーストが出発点ではなく、自伝的素材を使うという前提の方が先にあったのだ。これは一見前述の非個人性を重んじる姿勢と異なって見えるかもしれないが、この時期の彼は作品に「私」を主体的に関わらせ向き合うところから同じ作業を行おうとしたのである。私にはこの姿勢が、自分自身という道具で他者の大いなる作業に関わろうとする心理臨床家のあり方と重なって感じられる。

三つの章で構成されるこの曲の第一楽章は、彼の子供の頃のアメリカを表すべく、当時の家庭教師と鉄道員のスピーチが使用される。ライヒという人は第二次世界大戦（一九三九－四五）開始の三年前にニューヨークで生まれたユダヤ系アメリカ人である。ドイツ系ユダヤ人移民の父親は弁護士で、東欧系ユダヤ人の母親は歌手・作詞家・女優業を手がけていた。彼らは、ライヒ一歳時に離婚し、父親はニューヨークに残り、母親はロサンゼルスに移り住む。彼らが親権を分割する形で決着を付けたため、幼少期のライヒは二人の間を行ったり来たりする生活になる。DTの舞台となる一九三九年から一九四二年、二歳から五歳までの間、女家庭教師ヴァージニアに付き添われ、彼は片方で半年過ごすとまたもう片方へ、鉄道で四日かけて移動するアメリカ横断の旅を繰り返していた。

ライヒはこの鉄道の旅を「エキサイティングでロマンティック」であったと語る。幼児期の彼が感じ取ったのは、一九四〇年前後の鉄道産業の勢いである。当時は会社間の競争も激しく、ニューヨーク、シカゴ、ロサンゼルスという主要都市をつなぐ遠距離網の発展も目覚ましいものがあったであろう。ライヒ出生時のアメリカは、世界恐慌直後の回復期、ルーズベルト大統領のニューディール政策の只中で、文字通りアメリカ経済をブーストするための多くの事業が推し進められていた。

ライヒ自ら、ＤＴのためにヴァージニアとニューヨーク＝ロサンゼルス間寝台車の車掌だったローレンスというアフリカ系アメリカ人男性に、当時の鉄道の様子についてインタビューを採り、その音源からスピーチを抜粋する。録音時のヴァージニアは七十代、ローレンスは八十代。大陸横断鉄道が栄えていた時期を彼らはリアルに体験していた。その後、鉄道産業は自動車産業の隆盛や道路網と航空網の発達に取って代わられ、衰退していく。ＤＴの二人の声は、その後の八〇年代終わりに当時を振り返る「いまはむかし」のスピーチなのである。

移送される子供

それにしても、詳細はわからないが、子供の監護・養育の義務や権利をめぐって決められた法律上の規定を遂行すべく、父母間のキャッチボールのように、半年ごとに四〇〇〇キロを行ったり来たりする状況は、あまりに事務的で幼児の心情などは度外視されている印象を持つ。ライヒの鉄道の旅のエピソードも、華やかさだけでは説明しきれない。そもそも幼子には強烈な分断であったはずだ。

制作時五十二歳の彼のこの追懐は、「当時もし自分がアメリカではなくヨーロッパにいたとしたら、ユダヤ人の私は全く異なる汽車に乗せられていたであろう」というアイデアに自身を導く。彼はこのときに「自分はホロコーストについては扱えない」とも思ったという。しかし彼の想いはすでに、民族的同胞が同じ時間に全く異なる電車に乗って大変な状況の中にいたことへ繋がっていた。彼はすでに「声」を聞いてしまったのではないか。それ故、一人の人としてまた音楽家として、何らかの表現に取り組むことを避けなかったのではないかと、私は思う。すぐに彼は、「特定の個人」についてなら作品を作れると舵を持ち直し、ホロコーストの当事者の残したものをもとに制作を始めた。ライヒはイェール大学のアーカイブなどから、ホロコースト・サバイバー三名のインタビュー音源を入手した。ナチス政権下に迫害に遭い、終戦後アメリカに移住したラケーラ、ポール、レイチェル、三名のユダヤ人はライヒとほぼ同い年である。

米・欧合わせて五人のスピーチがＤＴを構成し、汽車の音の模倣やこのスピーチ・メロディを演奏する弦楽カルテットの音が四組重なって鳴らされ続ける。これに実際のスピーチ音源のサンプリング、同様にライヒが集めた三〇－四〇年代の汽笛音やサイレン音のサンプリングも乗せられる。

ここから楽曲全体を聴きながら、それでいて第一楽章、第二楽章、第三楽章それぞれの主題や使われている手法やそこに現れやすい心の動きを見て行きたい。この作業を行うことで、ホロコーストの声を聴き届けたときの私たちの心の動きを、少しでも体験できないだろうか。

3　第一楽章　アメリカ　——第二次世界大戦前

DT前奏は汽車の音で始まる。挿入される三つの長さの異なる汽笛と、三つの徐々に音階の上がる汽笛は、レーヴィの「三つの音色の汽笛」を想起させる。レーヴィとは、本書で何度か取り上げられているアウシュヴィッツ＝ビルケナウ強制収容所から生還したイタリア系ユダヤ人作家である。彼の著作の中でも、汽笛の音が鳴り響く。

> 夜間作業中の作業場から聞こえてくるドゥコーヴィル型鉄道の汽笛だ。長い音が力強くなり、次に半音低い音、最後に初めの音が短く響いて途中で切れる。この汽笛はある意味では本質的とも言えそうな深い意味を持っている。なぜなら収容所にいたり、作業中に苦痛を味わう時はいつでも、この汽笛が鳴っていたので、それが苦しみの象徴になってしまい、ある特定の音楽や匂いを感じ取る時のように、そうした苦しみの光景をありありと浮かび上がらせる力を持ってしまったからだ。[5]

本書の第一章で言及された「話を聞いてもらえない夢」の話は、本文ではこの言及から始まる。半覚醒状態で実際のものとも夢のものともつかぬ領域の音として聞こえてくる汽笛が、夢へと導く合図のように語られている。強制収容所内の時間の度重なる苦痛に随伴するこのノイズは、すっかり意味のある音になってしまった。同じ汽笛の音でも、聞こえてくる意味は人によりさまざまで、望郷を思わせるものもあれば、出発の躍進力や、目的地に向かう希望を思わせるものともなり得るはずである。しかしレーヴィにとって汽笛は苦しみの音となった。ＤＴの冒頭の汽笛の音は、そのいずれもの意味を含みながら、私たちを意味の確定しない夢へと運んでいく。私たちは最初にライヒの子供時代に降り立ち、ホームのアナウンスのようなヴァージニアのスピーチを聞くのである。

シカゴ発ニューヨーク行
from Chicago to New York

まずスピーチ・メロディが挿入される。続いて、夢の底からその言葉を探り当てるように、サンプリングが反復される。ＤＴの多くの箇所で、スピーチ音源の先に器楽のメロディが挿入される。弦楽メロディは、後に流れるサンプリングのスピーチが元になっている。この順序の転換や時間差での二種類の音の提示と反復は、私たちが複数の次元の刺激をスピーチから受けていたことに気づかせ、スピーチ・コミュニケーション本来の心理音響的効果を明らかにする。スピーチ・メロディという手法は、意味と音を乖離させることで、それまで当たり前に伝達されていると思われたものを解体する。構造論、意味論、そして旋律の要素に着目し、分け、スピーチを聴くことの再体験を促す。

私は、発表準備の中で、ＤＴの各スピーチ・メロディを一単位ずつ切り離し、音楽制作アプリケーションに取り込んで、自分で新たにループさせてみた。それだけでもＤＴらしくなった。反復回数をオリジナルの半分程度に減らすことで、レクチャーを含めた発表時間内でほとんどのスピーチを一見それらしく提示できることがわかった。元々の構造がシンプルである証拠である。私のした編集は作品への完全な冒瀆であると認める。しかし私は少しでも構造的にＤＴを知るためにも、この作業を一度やってみたかったのである。

発表時私は、聴く人をスピーチへ注目させるべく視覚的な情報を利用した。実際のコンサートでもほぼ必ずテロップのような映像が用いられている。私は全てのスピーチのフリップを作り、流れる音楽に合わせて、現行でどのスピーチが反復されているかを皆の眼前に提示することにした。素材が明確に提示されることで、意味を探る回り道の過程は避けられ、音に向き合いやすくなると考えたからだ。

one of the fastest trains　最速の列車の一つ　（Virginia）
the crack train from New York　ニューヨーク発の特急列車　（Lawrence）
New York to Los Angeles　ニューヨーク発ロサンゼルス行

different trains every time　いつも異なる列車で　(Virginia)
from Chicago to New York　シカゴ発ニューヨーク行

時間軸は重要である。よってフリップを交換するタイミングも重要であった。そのスピーチの時間がスピーチの命の時間だからである。私は端末上で音の波形を見ながら進行を把握し、タイミングを計って提示した。ＤＴのスピーチの反復は「パルス」と共に進む。「パルス」とは、音楽用語においては、例えば四分の四拍子における四分音符のように、音符の支配する時間の単位を示すが、そもそもは脈拍、脈動である。スピーチの性質でパルスの時間は決定される。ＤＴでは汽車の音のように提示されるが、その波形は文字通り心電図モニターの音や画像を彷彿とさせられる。ライヒは、パルスが生命と直結した原始的音楽的コミュニケーションで「有機的なプロセスのメタフォリカルな表現」であると言う。ＤＴを聴く私たちはまるで話者の息吹、鼓動の汽車に揺られるようである。列車に乗っていると眠気を催したり、遠い記憶が蘇ったり、何かに集中できたりする経験はないだろうか。単調な走行音と振動に影響され、意識水準が変化するようである。こうして私たちも話者の場に誘われていく。

ローレンスのスピーチ・メロディは奔放で表情に富む。ライヒは男性のスピーチをチェロで統一し、低く太い音で表す。「ニューヨーク発の特急列車」*the crack train from New York* というスピーチは土着的な黒人音楽を彷彿とさせる、踊れる音楽を作る。女性のスピーチはビオラの音で統一されている。彼はヴァージニアについて「母親のような」存在と言及するが、私はこの対の性のスピーチと、煙を吐いて大陸の端から端へと走る巨大な鉄の塊の音で構成される第一楽章に、アメリカ大陸の広大さを思い浮かべる。いずれも力強いイメージである。ライヒは彼らのアメリカ英語の音調とリズムから、状況に同時的な音楽を抽出する。第一楽章には、旅の理由となった分断や苦痛よりも、まるで子供心に帰ったばかりの彼の懐かしい気持ちと希望を乗せたパルスが聴こえてくるようである。

ヤナーチェクとスピーチ・メロディの可能性

ライヒは、人間のスピーチには、音の豊かさ、音響上の事実、意味、心理学的事実が包埋されていると言う。スピーチ・メロディというものは、その話者の人生の出来事についての有機的な表現、それも意図や意識を超えた、操作のない生の表現であると言う。メロディと意味は同時的に結びついているが、メロディは意味を超えるものを携えている。そこには個人史、民族の歴史、多くの情報が遺伝子の梯子のように携えられている。

　この点に気づき、スピーチ・メロディを最初に芸術音楽に組み入れた人物はチェコの音楽家、ヤナーチェクであると言われる。ここでスピーチ・メロディについての補足として彼のエピソードに触れておきたい。

　ライヒの百年ほど前、レオシュ・ヤナーチェク（一八五四―一九二八）の「言葉と音楽」の研究は、西洋芸術音楽の新たな展開を導いた。ナポレオン以降、十九世紀の「国民・国家」イデオロギー隆盛期のヨーロッパでは、民族音楽の純粋性も、ナショナリズムを成立させる国民の真正性を保証するものであると考えられていた。そのため民謡収集・民謡研究運動が当時盛んに行われた。ヤナーチェクもチェコ、モラヴィアという少数民族独立国家における音楽家で民族音楽収集家であるが、特定の国と特別な関係で結ばれた音楽を目的とした他の音楽家とは一線を画し、ケージやライヒのように自然に聞こえてくる音そのものを重視していた。モラヴィアの民謡を収集・研究するうちに、民謡の成立そのものに関わる「言葉」へと対象を広げていき、彼は一八八五年からノートを持ち歩いて鳥の鳴き声や人々の日常的な会話を五線譜にテキスト化し書き貯めていた。なんと娘の臨終の声すら書き留めたとも言われている。彼はスピーチ・メロディを「精神的神秘」の顕現、「魂をのぞき見る為の窓」であると称し、言葉の意味よりも、もっと深い層の感情を表す、非個人的な表現であるとして芸術音楽に組み入れた。

　ヤナーチェク一九〇四年初演の『イェヌーファ』は、スピーチ・メロディが生かされたチェコ語のオペラである。文学研究家の池田あいのの論文「音楽的翻訳の可能性　ブロート、ヤナーチェク、カフカ」には、ドイツ語版イェヌーファの翻訳過程で起きた興味深いエピソードが述べられている。イェヌーファのドイツ語版が出た当初、ヤナーチェクはその語音の変容に嘆いた。しかし同時にスピーチ・メロディがそのままであることでチェコ人の身体、感情、愛情が感じ取れたとも言っていたらしい。その後も翻訳は改変が重ねられ、ある時ベルリンで上演された際には「初めて本物のイェヌーファが上演された」と喜んだという。度重なる改訂を経て納得のいく翻訳ができたときに、イェヌーファはむしろ原語版以上に言葉にとらわれにくい作品となり、より純粋なメロディが浮き上がって聴こえるものとなったのではないかと池田は解釈する。スピーチ・メロディが歌詞とは別次元のもので、言葉より深い層にあることを証明するエピソードである。

イェヌーファの翻訳を担当したのはマックス・ブロートで、その添削をしたのがフランツ・カフカである。彼らは、プラハ・チェコ語文学の翻訳に尽力し、ドイツ文化とチェコ文化の橋渡しを試みたユダヤ系作家である。国家統一・中央集権国家確立に向けさまざまな分野でナショナリスティックな圧力を強めていたドイツ文化と、それに脅かされ存続を賭けてナショナリスティックな文化創造に拍車をかけていたチェコの文化の関係を、彼らは翻訳活動を通して対等にしようとしていた。池田は、ブロートとカフカが文学のみならず音楽における翻訳を手がけた意味として、彼らが言葉の中の音楽について意識的であったことを強調する。論文には、音楽が徐々に文学では言い表せないものの象徴となり、「音の世界において知覚される、意味から解放された〝何か〟」であることへ、彼らが目覚めていった過程が論じられている。

そもそもヤナーチェクのスピーチ・メロディの五線譜上へのテキスト化も、「音」から「芸術音楽」への翻訳である。さらにそのオペラの翻訳過程では「意味が一義的に解釈され、明瞭になるのと同時に、意味とは別のものが露わになる」と池田は指摘し、言葉の音楽に耳を澄ませた翻訳が行われれば、ウォルター・ベンヤミンの翻訳論のように「伝達以上のものである、あるもの、ある究極的なもの、決定的なもの」、作品の本質が浮き立ってくる可能性を主張する。そこには意味の伝達やナショナリズム思想などの当初の翻訳の目的を超える可能性が存在する[5]。

ヤナーチェクのメロディは、日本人の筆者が聴いても、どこか自然に体に入ってくるようなところがある。スピーチ由来のメロディは嫋《たお》やかな躍動感に満ち、深く暖かい動きを体に沸き起こさせる。その音はテキストを超え身体そして魂の振動を伝えるようでもある。そもそもは有機的な環境音であったスピーチが、音楽家の十二音律的翻訳で「音楽」として私たちの耳に届く。それは魂の音に我々がスポットライトを当てるチャンスを与えてくれるものである。その情報は多分に神秘的または「音楽的」とも言え、私たちの言語を超えている。私たちは、音を真摯に聴くこと以外に、スピーチ・メロディが抱えるものを捉える方法はないであろう。反復はそんな試みを体現する手法である。ＤＴ同様にヤナーチェクのオペラにもメロディの反復は多用されている。

サンプリング

しかし、ＤＴの反復には同時に次のイメージもある。ライヒの「アメリカ」という表現には、大量生産、大量消費社会の生活様式に誰しもが晒されながら生きる経済大国の意味合いもある。ＤＴは八〇年代当時開発されたばかりのデジタル・サンプリング・キーボードを使用する。これは録音した音を意図的に正確なタイミングで演奏することを可能にし、音楽の可能性を大きく広げるものである。こういったテクノロジーの発展による表現方法、形式のバラエティも、その時代を表す。コピー・アンド・ペースト、サンプリングという技術は、物事の正確さが得られると同時にプロセスが失われるようなシミュレーショニズム、ポップ・カルチャーの在り方を暴露するものでもある。技術革新による表現様式の変化は、人の生活、人の意識の変化に大きく影響を与えていると同時に、時代表現そのものである。ヤナーチェクのオペラとは異なり、どこか魂を抜き取られたような表層的な私たちの姿もそこにある。器楽の手動の反復と、サンプリング機材による反復と両方が使われていることもこの曲の面白さである。こちらの方がよほど私たちにはリアリティがあり、気味が悪く、かっこいい。

アメリカからヨーロッパへ

in 1939　一九三九年
1939　一九三九年　（Lawrence）
1940　一九四〇年
1941　一九四一年
1941 I guess it must've been　一九四一年、だったはず　（Virginia）

第一楽章は年代の読み上げで終わる。意味においても大陸の地平の軸に加え、一九三八、一九三九、一九四〇、一九四一、というスピーチが時間軸を提示する。私たちは世界大戦に近づくにつれ緊張の増す、時代の不安を聴き逃すこともできない。ライヒがそれを逃さず音を追加して強調するからである。

4　第二楽章　ヨーロッパ　――第二次世界大戦中

1940　一九四〇年　（Rachella）

第二楽章への切り替わりに間断はない。しかし同じ時間にありながら、音は見事に空間の違いを表してくれる。第二楽章はサイレン音の開始とサバイバー、ラケーラのスピーチと共に始まる。クリアなアメリカのスピーチ音源から、古くざらついた音質のサンプリングに変わる。音質の変容もまた、私たちを別の空間へと導く。サイレンといえば、私たちは数ある戦争映画のおかげで馴染みがある。戦時下の生活を表す象徴的な音である。もっと言うと、先のレーヴィの汽笛ほどではないにしろ、緊急地震警報、大雨洪水警報、弾道ミサイル攻撃などの全国瞬時警報システムの導入により、私たちにも身近な体験となってきている。あの、とっさに行動を起こさねばと覚醒させられる感覚に身に覚えがあるはずだ。サイレンが当たり前のように鳴る生活環境とはどれだけ人に身体的・心理的影響を及ぼすであろうかをいまの私たちは少なからず想像できてしまう、そんな時代に再びなってきている。

何より、アメリカとのムードの違いはそのスピーチからあまりにもはっきりと感じられる。十六分に加速していた伴奏は再び八分音符の反復音形に落ち、当時オランダにいたラケーラの「一九四〇年」は、そのテンポの落ち着きからも、ヴァージニアとは対照的である。ローレンスとポールのトーンの違いも強烈である。

on my birthday
The Germans walked in
walked into Holland
Germans invaded Hungary
I was in second grade
I had a teacher
a very tall man,
　his hair was concretely plastered smooth
He said, Black Crows invaded
　our country many years ago
and he pointed right at me
No more school
You must go away
and she said 'Quick, go!'

私の誕生日に
ドイツ人が侵攻してきた
オランダに侵攻してきた
ドイツがハンガリーを侵略した　（Paul）
私は二年生だった
ある先生がいた
とても背が高い男性で、
　髪はしっかり艶やかに固められていた
昔黒いカラスが我々の国を侵略したと、彼は言った
そして私をまっすぐ指さした
もう学校には来るな　（Rachel）
行ってしまえ
そして「早く行って」と彼女が言った　（Rachella）

and he said, 'Don't breathe!'
into those cattle wagons
for 4 days and 4 nights
and then we went through
these strange sounding names
Polish names
Lots of cattle wagons there
They were loaded with people
They shaved us
They tattooed a number on our arm

そして「息をするな！」と彼が言った
家畜車の中へ
四昼夜を通して
そして私たちは聞いたこともない名の町を通り過ぎ

ポーランド系の名前
たくさんの家畜車があった
それらにいっぱい人々が押し込まれていて
私たちは毛を剃られた
腕には番号を入れ墨された

第二楽章は、彼らのスピーチの展開で時系列的に状況が明らかになっていく構造で、第一楽章大部分の地平的な展開と異なる。「一九四〇年」にドイツ軍がオランダに侵攻し、翌年の大戦の開始が示される。ドイツに侵略されたハンガリーで当時小学二年生だったポールは、学校で迫害を受け始めた体験を語る。続いてレイチェルとラケーラのスピーチで、生活を追われる様子が明らかになる。後半部のスピーチでは、彼らが家畜車に乗せられ、アメリカ横断と同じ四日間をかけて収容所へ向かう。今度はニューヨークでもロサンゼルスでもない、「聞いたこともない名」の町を通りながら。「家畜車」の言及と同時に音楽は加速し、汽車の実際の走行音や、不吉な汽笛も挿入され始める。家畜車は人がいっぱい押し込まれ「毛を剃られた」「腕に番号を入れ墨された」と、非人間的な扱いを受けたことの言及に同時的なメロディが混乱を表す。サバイバーたちのメロディは小刻みに半音階を上下し、乗り物酔いをしそうな不安定感を与える。この上がり切らないような中間的な音の運びは、私たちの言語でも悲しさ、不安、恐れなどの深刻さを訴えるときに使う音である。ときにスピーチはサイレンに邪魔され、消え入りそうになる。ここではスピーチの反復回数が少なく、次々と場面が展開するため、畳み掛けられるような気持ちになる。テンポやムードの著しい変化に、リスナーは必死でしがみついていくようなプロセスに入り込む。

第一楽章から第二楽章への移行は、強烈なムードの下降を生じる。第一楽章における汽車は、アメリカの工業化の象徴的シンボルである。しかしここでは汽車はどこを走っているのかもわからない不気味で破滅や死へ向かう象徴である。

Flames going up to the sky — it was smoking　　炎が空へと登り――煙が立っていた

第二楽章の終わりで、終着を思わせるように汽車の走る音は消え、サイレンと共に長い汽笛音が響き渡り、沈黙に至る。最後の「炎が空へと登り――煙が立っていた」というラケーラのスピーチは、実際は汽車の石炭の炎と煙の話であったというが、イメージの中では否応なくアウシュビッツの火葬場が彷彿とさせられる。[6] ＤＴには他にも実際には何のことを指していたのか明らかでないスピーチがある。しかし、音楽が元の言葉の意味を超えて、リスナーの心理に強烈なイメージを突きつける。汽笛はフェイドアウトしながら最後まで不吉な振動で空間を満たしていく。沈黙の空白もまた死をイメージさせるものである。音楽プロセスが作り出した空白に立ち尽くす私たちに、さまざまな考えや想いがめぐらされる。

私はふと自分の父が一九四〇年生まれであることを思い出す。日本の同時代の子供たちと鉄道についても思いを巡らしてみる。私は「祖父」という人に会ったことがない。なぜなら、二人とも同じ戦争で亡くなっているからである。私の両親は父親不在で戦中戦後日本の混乱期を生きた。彼らの孤独と貧困の子供時代の話は繰り返し聴かされていたものの、高度経済成長の恩恵を直接に受けていた幼い頃の私には遠い世界の話のように感じられたものだった。

父の出生地は横浜で、祖父が出征したのは彼が四歳のときであるという。祖父を甲府駅まで見送りに行ったことを、彼はよく覚えているという。当時祖父は三十四歳であった。出征が終戦の一年前だったのは、土俵際の日本軍がいよいよ三十歳以上の男性をも駆り出し始めたためである。職場のラグビー部にいた祖父は、その体格から甲種合格であったという。思えば父も大学ではラグビー部であった。祖父が戦争に行ってから、祖母の負担を減らすために、幼い父は箱根市宮ノ下の親戚の家に頻回に預けられた。彼の叔母に連れられ、そこまで汽車で行き来していた。汽車に揺られ、親から離れて移送される幼い父はどんなパルスを感じていただろうか。祖父もどんなパルスと共に旅立ちの汽車に乗っていたのだろうかと想う。二人の聴いた汽笛は何を物語っていたのだろうか。祖父は満洲の戦地に送られたが、もうその頃には激しい戦闘などなかったかもしれない。彼は帰国途中の北朝鮮、興南の病院で栄養失調で亡くなった。目には見えなくとも、私たちの立つ土壌に戦争と無関係の隙間などないのである。

5　第三楽章　戦後

第一楽章の刺激する感覚と、第二楽章の刺激する感覚には大きな差があるが、共通な点があるとすれば、どちらも単一的なメッセージ性が目立つということである。大陸鉄道についての言及も、時系列的なエピソードの言及も、各章比較的シンプルな意味の配列がなされている。両者が分かれて提示されているせいもある。もちろんＤＴはスピーチメロディのみで構成されているので、全体がドキュメンタリー的であると言える。しかし、第三楽章のスピーチの配列には単なるドキュメンタリーとして説明できない性質がある。米・欧の混合、そして、過去だけではなく現在が意識され、時間的にも空間的にも束ねられ、両軸を超えた表現であり複雑である。ここからがライヒの創作、遊びの本番である。よって、私はベルリンでの発表で、第三楽章だけは編集をせず、全編通して聴かせることにした。

and the war was over　そして戦争は終わった　(Paul)
are you sure?　本当なの　(Rachella)
The war is over　戦争は終わった

空白の中、「そして戦争が終わった」というメロディが響く。汽車の音はせず、ただそのスピーチ・メロディが少しずつ増え、広がっていく。メロディは発話者を離れ、飛び立つ鳥の群れのように空間に広がっていく。さらに、第三楽章では単一メロディを基調に高さをずらされた音が重ねられ、和声構造となっていく。さまざまな精霊たちが徐々に一つの言葉をささやき出すように、一つのスピーチから多くの音が聴こえ出す。言葉へのノイズのまとわりつきがここで明確になる。

次にラケーラの声が「本当なの?」と続く。あまりに過酷な事態の終焉に確信することの難しさを表す。最悪の惨劇が起きてしまったいま、それが終わったと言われたところで、傷跡以外の何を確信できるのであろうか。一度トーンダウンし、弱々しく不安な音調とテンポで疑惑はささやかれる。

同じ「戦争が終わった」という意味でありながら、ポールのときは過去形 was だったものが、その次のラケーラの言葉は現在形 is へと時制が替わっているのが印象的である。文字通り、ここから現在がほのめかされている。彼女の声の安定感は感動的ですらある。この短いパッセージに、「終わり」が何かの「始まり」であることにも気づかされる。この三つのスピーチの、確証・不安の弱々しさ・安定という配列は、既に本楽章の揺らぎの性質を暗示している。

覚醒　音の遊離と時空の広がり

going to America

「アメリカに渡る」という細かい音節のメロディの反復は、音が散開していくような感覚をもたらす。繰り返す音の重なりは、知覚に空間的広がりをもたらし、蜘蛛の子を散らすような、ユダヤ人たちの移動のイメージが浮かぶ。和音は幅をもたらし、空間の広がりと音の空間への遊離、スピーチと音との乖離を強調する。

音は身体を離れ、個人から抜け落ち、得体の知れない声として聴かれるようになる。なぜかこの得体の知れない声には、空間にこびりつくように私たちの中で鳴り続ける作用がある。反復はこれを増幅し、私たちにノイズと音の独立性を気づかせ、楽曲に複雑な力を持たせる。

to Los Angeles

to New York

「ロサンゼルスへ」「ニューヨークへ」というスピーチと共に再び静かに列車が動き出す。器楽奏者のスピーチ・メロディの演奏は高揚感を帯びる。

　これらの音の展開に、何らかの状態の変化が起こったという印象を持つ。単純に戦争が終わったということだけではない。ユダヤ人の子供たちの覚醒を彷彿とさせる。「移送される子供」には、第三楽章では「アメリカへ渡る」能動的主体の主語となる「私」[I am/we are]の出現が感じられる。強制的な汽車の旅や収容所の「人から人間性を奪い取る」暴力にさらされた者たちが自ら海を渡るイメージに、さまざまな強い想いがあることを想像する。

　同時に、アメリカとヨーロッパ、戦争の文脈を経て、さらなる「場」の変容を感じ取る。もはやそこに前楽章のシンプルさはない。「場」とはライヒのでも、スピーチの話者のでも、リスナーのでもあるような、それらの間にあるようなもの、一人一人のものでありながら非個人的な「場」である。音に感じ取る空間的広がりは、私たちの内側の広がりでもあり、内側の覚醒を包摂する。

　ライヒは、音楽的プロセスはある種の繋がりを作り、作曲家の主観的体験の素材が個人を超え、外界の刺激ないしは三人称的な刺激に取って代わるような聴き方を促すと主張する。この非個人的な性質が、リスナーに個人的な内観のための空間を与え、独自な在り方でその刺激と深い繋がりを持つことを可能にすると言う。少なくとも先の私の父と祖父の想起の辺りから、私の中で変調が起きていたことは歴然たる事実である。

from New York to Los Angeles　ニューヨーク発ロサンゼルス行き　(Lawrence)
one of the fastest trains　当時最速の列車の一つ　(Virginia)

中間部では再びアメリカの汽車の音と共にアメリカの象徴的なスピーチが長く挿入される。ここでは近代の日常的なムードに回帰するようでもあるが、その新たな立体的構成には、サバイバーたちを乗せ、多くの意味を携えた汽車のイメージも浮かぶ。引き伸ばされ、どこまでも続いていきそうな疾走感には、時代の移り変わり、時の流れを感じ、汽車は徐々に我々のところに迫りくるようでもある。テクノロジーの進歩は通信技術の進歩やさまざまな生活様式のグローバル化をもたらし、どこの国にいても私たちの生活のあり方は均一になりつつある。実際はさまざまなノイズを伴いながらも、私たちは共感を持ってこの「高速の列車」の音を聴くこともできる。そしてグローバリズムとは、アメリカニズムなどとも言われ、ライヒの国、アメリカの帝国主義として、反米主義者から批判的意味合いでも使われる言葉でもある。こんな想像もできたその瞬間に、汽笛の警告音が鳴る。

but today, they're all gone　(Lawrence)

次の瞬間、列車が止まったかのようにトーンが落ち、「しかし今日では、みんないなくなった」というメロディの反復が長く挿入される。強烈なプロセスの切断が挟み込まれ、混乱すら生じる。これを聴く者はホロコーストで犠牲になったユダヤ人たちについて彷彿することは避けられない。しかし、「オール・ゴーン」「オール・ゴーン」と繰り返す、この声はローレンスのものである。したがって元はアメリカの鉄道産業の衰退を象徴する言及であろう。そうわかるとなお混乱する。この喪失は私たちの喪失なのかと。間違いなくこの喪失は、戦前・戦中・戦後・近代と重ねられた上に、さらにtodayと重ねられ、今日に対して向けられる。話者から遊離する声は、今日の私たちに黒い影となってまとわりつく。

テオドール・アドルノの「アウシュヴィッツ以降詩を書くことは野蛮である」とは有名な言葉である。いかなる叙事詩にも、その作者の社会に対する歴史的関係が表されている。アドルノの云う詩とは、「文化」における最上の形であり、それは実際文化そのもの、あるいは文化こそが最上の価値とするような「文化崇拝」を表す[7]。

ナチズムは、それ自身が「文化」の営為として、強い意志を持って遂行された。ホロコーストは『第三帝国』ナチズムのイデオロギーの実践であり、ナチス指導部の意図が貫徹された結果である。ナチズムでの文化的獲得がさまざまな産業や医療などの発展に貢献していることは周知のことである。つい一年ほど前にも、ナチスが処刑した百八十四人の遺体の三百以上の組織標本が、ベルリンの被害者慰霊碑の側の墓地に埋葬されたというニュースを読んだ。八十年近くの年月を経てやっと弔われたのである。保存していた解剖医のヘルマン・シュティーフェとは一九三五年から解剖学研究所の所長を務めた人物であった。また、中枢神経系の症状や知的機能低下を呈するパントテン酸キナーゼ関連神経変性症という疾患は、ユリウス・ハラーフォアデンが六百九十七名にも及ぶホロコースト犠牲者の脳を調べ、見出したものである。産業においては、ナチスとフォード・アメリカ社が親和関係にあり、トラック、銃器類、航空機部品の生産でナチスに積極的に協力していたことが明らかになっていることからも、自動車産業の隆盛との繋がりが想像できる。同様にＰＡサウンド・システムも、ナチス党大会で「大きな空間でより大きな音で」を目指したことで、開発が促進されたと言われている。ニュルンベルクの六万人を収容するグラウンドの地中に巨大出力ＰＡスピーカーが埋められ、重低音を効かせたワーグナーが流されたのは有名な話である。

　これら明瞭に体系化された「文化」の遂行の中の、収容所に象徴される「野蛮」のシステムにおいて極めて非人道的な方法で大量虐殺という犯罪が起きたのである。獲得の裏には、起きるはずもないと思っていたことが起きていた。それは人類が持つあまりに大きな傷であるにも関わらず――あるいはそれ故に――見過ごされがちである。「ナチズムは常軌を逸した例外である」と言い切ってしまうには、あまりにも多くの人がそれを支持し、あるいは見過ごし、実行してしまった。「非-人道的」という言葉には「人道的」なものがあるという前提がある。しかし人道とはなんなのか、そもそもそのようなものがあったのかどうかすら疑うべき事態である。この「意味」の喪失は重大である。

フォーレン・リーヴズ

イスラエルの彫刻家、メナシェ・カディシュマンによるインスタレーション、「フォーレン・リーヴズ」(写真)をご存知であろうか。それはベルリン、ユダヤ博物館の中にある。私たちもフィールド・リサーチとして訪れた場所である。博物館の建物の真ん中に地下から三階の天井高の「ヴォイド」という空間がある。この空間は、ホロコーストによりできた空白を表し、それを忘れないという意味を込め、人は立ち入ることができない作りになっている。しかし、「フォーレン・リーヴズ」のところだけ、観光客も入ることができる。その底一面には、目・鼻・口の形を抜かれた丸い鉄板が一万枚、折り重なって敷かれている。底が見えないほど敷かれたさまざまな顔を、訪問者は全体重で踏むことなくそこを通ることはできない。踏むと、鉄のインダストリアルな音がする。しかしこの音はどこか遠くの音のようにも聞こえてくる。空間の構造により音が反響するためである。私たちの足が踏みつける音であるものの、はるか頭上で響き、天に消えていく。私たちが踏みつけることと、その音とが乖離されて感じられる。ナチス占領下のフランスで生まれ、記憶と死の表彰を追求し続けるユダヤ人芸術家、クリスチャン・ボルタンスキーは「ナチス最大の犯罪は、多くの人を殺したことではなく、百万人の犯罪を産業プロセスに変えたこと」であると述べている。[8] この空間全体が、多くの人々がそのプロセスに消えていったことの象徴のように想う。私たちは強烈な喪失の地を踏みつけながら、そのことと隔てられ、乖離されて存在している。音は人を離れて幽霊のように空間を漂い、それを聴く人は、あるときは繋がりに、あるときは距離に気づくのである。空間の気づきは空白、喪失の気づきでもある。

少女の声にまつわるスピーチ

There was one girl, who had a beautiful voice

（Rachella）

喪失の提示の後、「綺麗な声を持つ一人の女の子がいた」という「存在」there is を表す対照的なスピーチが提示される。第三楽章はゆらぎの連続で、まるで音の本質のようだ、と思う。私たちの意識が音に気づくときには、本当は音はすでに過ぎ去っている。音は一回限りであり、それに意識が向けられたときには、対象はなく静寂しか感知されていないはずである。本来、音というものが存在するわけではなく、それは演奏行為の残像で、変化のプロセスでしかない。音はそれ自体としては存在せず、夢のように実体のないものである。[9] この展開には「静寂」と「音」

の関係のような同時的なシフトがあるように、私には感じられた。「少女の歌」の言及は、いまの音として、私たち自身の音楽的・運動的あり方をほのめかすものであると私は考える。ここでは、瞬いて顕現する幽かな存在、魂の囁きのように美しい三連符のリズムが聴かれる。ライヒはそこに悲しみの振動も足していく。

and they loved to listen to the singing, the Germans

再びその甘さを打ち消さんばかりの展開が生じる。「そして、彼らはその歌を聴くのを好んだ、ドイツ人たちが」というラケーラのスピーチに、「美しい声」を愛したのが、人間性なのか、搾取からなのかがわからなくなる。迷い、嫌悪、強い不安の響きが徐々に足されて。意味の上でも、メロディにも、大きなゆらぎがもたらされる。この loved が laughed「笑った」に聞こえるとの議論もある。「愛」に始まるスピーチが、「人間性」への期待と「搾取」への皮肉の二重の意味を同時に響かせ、聴くものの心を小刻みな混乱で震わせる。特に反復の終盤は後者の響きが強くなる。

and when she stopped singing they said,
'More, more' and they applauded

最後は再び、最も美しいとも言われるメロディが曲を支配する。「そして、彼女が歌い終わると、彼らは「もっともっと」と言って、拍手した」というメロディは、長く続いた闇にこそ差す微かな光のようにスタートする。一場面を言及するスピーチにおいてもこれだけメロディもトーンもバリエーションがあるということに驚かされる。話すという営みの中で、私たちが実は豊かに歌っているということに繰り返し気づかされる。ライヒは楽曲の素材を選ぶ際、インタビュー音源の中からメロディが際立って聞こえる部分を抜粋したという。抜粋の理由に「意味」が無視されていたとは思えないが、メロディが優先されていたのは事実であろう。ヤナーチェクも意味よりメロディを優先していたという。この箇所の響きに、ライヒの発見の喜びすら聴こえてくる気がする。

しかしこのメロディも反復を繰り返し、空間を広げていくうちに、その中に憂いや不安の存在が感知されてくる。徐々に異なる基調音が乗せられ、ニュアンスが変化していく。歴史は否応もなく搾取の事実を繰り返し知らせてくる。このＤＴ最後のスピーチにも「消費され、強制される声」の意味が含まれている。搾取の張本人はナチスでもあり、グローバリズムでもあろう。そして、音のコントロールを前提とする近代西洋音楽のあり方でもあり、ナショナリズム的利用を目指した政治的意思なども含まれうる。「もっともっと」とは、さらなる剝奪の掛け声でもある。

6　終わらない

ベルリンの発表の最後でも私はこれを「ＤＴの中でも最も美しいフレーズと言われる」と紹介した。私も最も好きなスピーチであると付け加え、そのままうっとりと曲のエンディングを示したいと思っていた。しかし、この直後フロアの仲間たちから「どこが美しいのですか、気味が悪いとしか思えない」という反応が聞かれたのである。「もっともっと」は、まさしくナチス及びグローバリズムの恐ろしい経済的な搾取の力を表す音であるという警告を、その前のローレンスの「みんないなくなった」から受けていたではないかと。ここはより戦慄して聴く箇所であったとの感想がフロアから上がった。

　私の言葉はメロディやノイズにしか集中しておらず、意味をスルーしていたかもしれない。ホロコースト以降の意味の喪失から、私たちは単純に美の中に耽溺するにはあまりにも複雑な問題を抱えている。また、美しいという言葉には実は多くのことが含まれている故、この重層的な事態を論理で直線的に書き出すことでさまざまな穴や誤解を生み出すことを避けられない、とも思う。これも私が言葉にするのが嫌だった理由の一つかもしれない。

　しかし、語らなければ何も生じないのである。「話す」と決断することが「場」を生むのである。「場」は議論を生じさせ、より私たちを音へコミットさせることを可能にする。「場」が提供されなければ心理療法も遊びも生じない。何も発さなければ遊びにはならない。議論が誘発されるのでなければ反復の必要もないだろう。そして、その混乱の中に身を置かなければ、心理療法的プロセスも始まっていかないのである。スピーチの採集、自然の翻訳・再構成は、言葉における搾取であることを避けられないとしても、同時にカフカやブロートのしたことのように発見していくことであらなければならない。音は私たちの奴隷ではない。音楽においても、心理療法においても、私たちは意味を超えてその奥にあるものを聴き取っていく努力をする。投げかけられた言葉に、その反復に、今ここでコミットすることを、他者と共に行うことを躊躇する理由がどこにあろう。ライヒの人として、そして音楽家としてのコミットメントが、私たちにこのような場を与えてくれているのである。

私は音楽家として非常にマイナーで、地方の小さな店でライブをやらせてもらえるのがやっとである。そうだからでもあろうが、ときどきライブの後にこんなコメントをしてもらえることがある。「どんな形でもいいから一生音楽やっていきなよ」。音楽仲間から「もう、俺たちみたいに音楽やってると、一生やっていくしかないよね」と言われることもある。その理由や根拠は、あまり言葉にはされない。しかし、その響きの中から時間と未来への愛おしみに似た何かを感じ取る。私の場合、さらにこの会話文の「音楽」を「心理臨床」に置き換えても成立すると、確信している。

ＤＴの最後のスピーチにはおよそ二分間が費やされている。ベース音が乗せられたスピーチ・メロディは、明、暗、そしてもっと微妙なニュアンスへと展開していく。私たちは繰り返し

繰り返しその意味と音に耳を傾ける。終わりは「もっともっと」のメロディが反響するように反復される。音はどんどん飛び立っていく。遊離した音の重なりが新たなメロディを生み続けながら弱まり、さらに輪郭を数回示し、残響とともに音楽が止まる。

　この無からの展開は示唆的である。明と暗、緩と急のような対照の反復は、疑惑や不安定さを携える。一つの意味に回収されないためにも、不安定さは残されなければならなかったのであろう。同時にこのプロセスは、すぐには終わらない運動を生じさせる。ゆらぎやヴィブラートのように微細で不揃いな振動そのものは、生きた音楽における重要な要素でもあり、それは離れた者たちの間にも繋がりを作るものである。「もっともっと」という箇所は、「運動を止めない」という意志の提示であり、運動そのものの提示である。曲の最後はもはやどこまでが残響で、どこからが余情なのかわからない。音と心の境界が曖昧である。私たちがそのバイブレーションを引き継いでいるかのように。

引用・参考文献

1　ベイリー、デレク（竹田賢一・斉藤栄一・木幡和枝訳）『インプロヴィゼーション――即興演奏の彼方へ』工作舎、一九八一年
2　Reich, Steve (1989) *Different Trains / Electric Counterpoint*. Electra Nonesuh, US.
3　中川克志「聴くこととしての音楽――ジョン・ケージ以降のアメリカ実験音楽研究」京都大学大学院文学研究科博士論文、二〇〇八年

4　Reich, Steve, Paul Hiller (Eds.) (2002) *Writings on Music 1965-2000*. Oxford University Press.

5　プリーモ・レーヴィ（竹山博英訳）『これが人間か　改訂完全版アウシュヴィッツは終わらない』朝日新聞出版、二〇一七年

6　池田あいの「音楽的翻訳の可能性――ブロート、ヤナーチェク、カフカ」京都大学大学院独文研究室研究報告刊行会研究報告二四、二〇一〇年、七九―一〇六頁

7　Frosh, Stephen (2017) Different Trains: An Essay in Memorialising. *American Imago*, 74(1),1-22.

8　藤野寛『アウシュヴィッツ以降、詩を書くことだけが野蛮なのか　アドルノと〈文化と野蛮の弁証法〉』平凡社、二〇〇三年

9　山田由佳子「クリスチャン・ボルタンスキーの作品における顔のイメージについて」国立新美術館、国立国際美術館編『大回顧展クリスチャン・ボルタンスキー Lifetime』水声社、二〇一九年、四二―五三頁

10　高橋悠治「身体からほぐれてくる音」山田洋一編『講座人間と環境11』「第八章　自然・音・身体　自然の音・文化の音　第三部」昭和堂、二〇〇〇年、二三九―二六七頁

写真

一三八頁　メナシュ・カディシュマン「フォーレン・リーヴズ」筆者撮影

コラム　ホロコーストとアート

山本民恵

ホロコーストを背景にもつアート作品をご存知でしょうか？

現代アートで日本でも有名なボルタンスキーの『モニュメント』という作品シリーズもその一つです。十歳から十二歳の子供たちのモノクロ顔写真がフレームに入れられ、その周りを電球で照らすことによって、神聖な場所に飾られているような雰囲気を醸し出し瞑想に誘う作品です。本書では彼の『発言する』『ぼた山』という作品が第二章に出てきます。そのボルタンスキーが最も好きなアーティストとしてあげているのが、第六章に出てくる天才振付家で舞踊家のピナ・バウシュと、こちらも天才と謳われる演出家で、画家、造形作家のタデウシュ・カントルです。

傑作と言われるカントルの舞台『死の教室』は、不条理演劇と言われています。子供の人形を背負った死者とも生者ともつかない人物たちは教室の中でユダヤ教育やカバラ教育を受けているように見えます。突然監視員がドイツ国家を歌い出したり、登場人物たちによって旧約聖書の言葉が無意味に繰り返されたりする場面を観ると、観客はホロコーストについて考えずにいられないでしょう。自ら舞台に立つカントルが合図すると、音楽が始まり死者が動き出す

――。そう見えながら彼自身が一つ一つの出来事に困惑し、驚き、笑ったり悲しんだりしているように映り、観客は舞台に巻き込まれていきます。その中でカントルは、生の欠如である死者や人形に演じさせることにより、逆に生を浮かび上がらせようとしているのです。

同様にカミュの小説『ペスト』は、生と死の狭間で息づく生を浮かび上がらせています。疫病のために封鎖された町の中で、享楽に耽る人や逃げ出そうとする人、神の罰だと説く神父、感染者を隔離する作業を続ける主人公や仲間がいます。カミュが第二次大戦中に体験した裏切りや密告、相互不信、愛するものとの離別が土台となっていて、戦争や全体主義、大災害などの不条理とどう向き合うのかを問うている作品です。

最後にカントルの言葉「ホロコーストの後に『オデュッセウスの帰還』が可能か?」で終えましょう。

クリスチャン・ボルタンスキー　インスタレーション『死んだスイス人の資料』

天井に届くほど高く積まれた錆びたブリキの箱それぞれの前面に、新聞の死亡告知欄から集められたスイス人の写真が貼られている作品。死ぬことに特別な理由があるわけではないことを伝えてくれる。

タデウシュ・カントル　演劇『私は二度とここには戻らない』

ポーランドの「死者の日」、死んだものたちが酒場にいて、カントルは出会う。カントルの父が収容所で死んだことが告示され、歴史的事実とカントルの自伝的事実と劇場的事実が交錯する。ガス室への行進の後の私たちの希望や地獄や崩壊についての証人として死者たちはいる。語りえぬ死について感じさせる作品。

アルベール・カミュ　小説『異邦人』

母の死に際し周囲が求めるような感情を持たない主人公が、灼熱の太陽のせいで殺人を犯してしまう。通常の論理的一貫性がないため理解を得られない主人公は死刑判決を受ける。主人公が自分を真剣に生きる姿を通して、不条理と向き合い、責任を持った自由を得ることがどういうことであるかについて考えさせられる作品。

●その他のアート作品

ヨッヘン・ゲルツ　記念碑『反ファシズムの警告記念碑』

「消える記念碑」とも言われ、四角柱の表面に通行人が書いたメッセージの部分が徐々に埋められ、見えなくなった記念碑。通行人にとってホロコーストの記憶に参与する体験となった。

ミロスワフ・バウカ　インスタレーション『石鹸の通路』

狭い通路の壁に、人の背丈ほどの高さで石鹸がべったりと塗り込められている作品。ホロコーストをめぐる石鹸について感じさせられる。

ローズマリー・コーツィ　絵画『あなたに経帷子を織ってあげる』

強制収容所の体験から生涯にわたって見つづけた悪夢を源泉にして、独特の人物が震える線のようなストロークで描かれたインク・ドローイング。

アンゼルム・キーファー　絵画『ズラミート』

パウル・ツェランの詩『死のフーガ』にある詩句から題名が取られている。ドイツ兵のための慰霊堂をモデルにしており、絶滅収容所のクレマトリウム（死体焼却炉）を連想させる作品。

ヴィンフリート・ゲオルク・ゼーバルト　小説『アウステルリッツ』

建築家アウステルリッツが幼い頃の失われた記憶を探して旅をし、ユダヤ人の子供としてイギリスに送られた記憶が蘇る。この本の語り手に向かってアウステルリッツの建築知識が開陳され、多くの写真が挿まれ、散文小説、エッセイ、旅行記、回想録、そのどれでもないような形式で現実と虚構が交錯し、読者が不思議な世界観の中で暴力と権力の歴史を体感できる作品。

サシャ・ヴァルツ　舞踊芸術『ケルパー（身体）』

サシャがユダヤ博物館新館を訪れた際の体験を元に振り付けた作品。ユダヤ博物館新館の中では、平衡感覚が奪われ、降下し、空白や鋭角的な廊下があらわす痛みの中で死者と関わり、歴史的交感が起こる。舞台では身体を介して、ドイツの過去と対話し、個の消滅や全体性が表現され、ダンサーが空間の歴史性に反応する中で、時代もユダヤ人も超えて、死と再生という普遍的なものへと到達する。

第四章

遊び、演劇、異界とのかかわり

——心理学者のフランクルとの対話

鹿野友章

1　はじめに　——「なぜ」という問い

心理臨床家が働く領域はさまざまであり、病院やクリニックなどの医療現場で働く人もいれば、学校や教育相談所などの教育現場で働く人もいる。そうした場所でさまざまなクライエントに出会い、ときに、心理臨床家としての自分のあり方を変えるほどのインパクトがもたらされることがある。私がスクールカウンセラーとして小学校で働いているときに体験したのも、まさにそのような出会いだった。

私は、暴力をふるわれ、理不尽なことを要求され、脅され、ときには汚物を口にすることも強要された。それに従わないと、罵倒され、痛めつけられ、しまいには殺されてしまうのだ。何時間も、何日間も、ひどい目に遭い続け、ついに私は、死んでしまう。しかし、死んだままでいることすら許されず、無理に生き返らせられ、再び殺される。この地獄は、いつまで続くのだろう。

そう、これはプレイセラピー／遊戯療法という、子どもとのカウンセリングの中で生じることである。もちろん、暴力をふるわれても、私の骨が折れることはないし、殺されることもない。プレイセラピーなんて結局は遊びの一環なのだろうから、恐怖心などは生じないと思われるかもしれない。しかし、本書で猪股も述べているように、遊びには没頭が必要であるため、ときには身の毛がよだつし、文字通り大声で助けを求めることもある。私たち心理臨床家は、他の子どもたちが真面目に勉強をしている四十五分間とは異なる、もう一つの不思議な四十五分間の中で、このような謎の営みを、日々本気で繰り返しているのである。

そうした中で、あまりにもプレイセラピーがつらいと感じられるとき、ふと疑問がわいてしまう。「なぜ、子どもはこんなことをするのだろう」「なぜ、私はこんな目に遭わなければならないのだろう」。プレイセラピーの中で、子どもは私が苦しむのを心から楽しんでいるように見える。彼らは本当に残酷で、プレイセラピーが行われる面接室の外では、平気で虫の足や羽や頭をもぎ、他の子どもや大人が思わずカッとするような弱点を的確に見つけ出して口にし、教員から注意をされてもいじめをやめることもなく、ホラー動画を繰り返し視聴し、人殺しゲームに心から興じている。ときに、子どもに直接尋ねてしまう。「なんでこんなことをするの？」と。その答えは、大体、二つに分かれるように思う。「面白いから」、あるいは「わかんない」。さらには、何の返答もなく、よりひどい扱いをしてくることも多い。どうやら、この「なぜ」という問いに答えるのは、彼らではなく、私の方であるようだ。

心理臨床家の岩宮恵子は『生きにくい子どもたち』の中で、「昔、子どもは育ちにくかったこともあって、「七歳までは神のうち」と言われ、「あの世」に近い存在と考えられていた。しかしそれは昔だけのことではない。今も子どもは大人の常識的な日常の世界とは違う世界――これを「異界」と呼ぶことにする――に近い世界に生きている。この世の常識とは違う世界での体験を踏まえて子どもは大人になっていく」と述べている[1]。子どもはおそらく、「面白い」あるいは「わかんない」としか表現のできない残酷で不思議な世界を生きているのであり、私が学校の中で体験したもう一つの時間、もう一つの世界は、岩宮のいう「異界」だったのだろう。そしてそれはどうやら、大人になる上で必ず通過しなければならない世界のようだ。

私たちの生きる現代日本から地理的にも時間的にも遠く隔たった、あの未曽有の事態、ホロコースト。歴史上の一事実でありながら、ある意味では異界にも似たその事象と向き合い、「なぜ」という問いに答えるためのヒントを与えてくれたのが、『夜と霧』の作者、ヴィクトール・E・フランクルである。本章では、フランクルの『夜と霧』の成立過程を振り返り、もう一つの『夜と霧』といわれるフランクル自身による戯曲をプレイセラピーとの関連から検討した上で、現代に生きる私たちがホロコーストをどのように捉えたらよいのかを考えてみたい。それは同時に、私が抱いた「なぜ」の答えをめぐる過程でもある。

2　『夜と霧』の成立過程

フランクルは、一九〇五年にオーストリアのウィーンで生まれた。なぜ人は生きるのか、という問いに早くから関心を持ち、ウィーン大学で学んだ後、医師になる。その後、病院勤務を経て開業したところで、一九三八年にナチス・ドイツがオーストリアを併合し、ユダヤ人医師はユダヤ人患者の診療しか許されなくなる。ユダヤ人病院で知り合った看護師ティリー・グローサーと一九四一年末に結婚するが、その九カ月後の一九四二年九月、フランクルが三十七歳のときに、妻ティリーと両親と共にウィーンを追われ、現在のチェコにあるテレージエンシュタット収容所に送られる。この収容所に二年間ほど収容され、ここで高齢の父が亡くなる。その後、フランクルと妻ティリーは、ポーランドにあるかの有名なアウシュヴィッツの第二収容所であるビルケナウに移送される。その収容所こそが『夜と霧　新版』の「第一段階　収容」の章の舞台である[2]。妻と離れ、『夜と霧』の中で語られた有名なガス室に送られるかどうかの生死の選別をくぐり抜け、四日ほど拘留された後、フランクル自身は、ドイツ南部バイエルン地方のダッハウ強制収容所の支所であるカウフェリング第三収容所へと送られる。そこで戦闘機工場建設のために、冬の工事現場で強制労働をさせられた。収容所生活の最後の約二カ月の間は、テュルクハイム（カウフェリング第六）収容所で過ごす。一九四五年四月、四十歳のときにアメリカ軍によって解放されるまで、約二年七カ月もの歳月を、強制収容所で過ごしたのである。同年夏にウィーンに帰り着くが、家族との再会を夢見て帰ったものの、母はアウシュヴィッツのガス室に送られて命を奪われており、妻はその後アンネ・フランクもいたベルゲン＝ベルゼン収容所に移され、四月に解放されていたにもかかわらず、五月に死亡したことを知る。「収容所で唯一の心の支えにしていた愛する人がもういない人間は哀れだ。夢にみて憧れの涙をさんざん流したあの瞬間が今や現実になったのに、思い描いていたのとは違っていた、まるで違っていた人間は哀れだ。町の中心部から路面電車に乗り、何年も心のなかで、心のなかでのみ見つめていたあの家に向かい、呼び鈴のボタンを押す。数え切れないほどの夢のなかで願いつづけた、まさにそのとおりだ……しかし、ドアを開けてくれるはずの人は開けてくれない。その人は、もう二度とドアを開けない……」（『夜と霧　新版』）。この哀れな人物とは、フランクル自身のことだったのだ。

『一心理学者の強制収容所体験』と『夜と霧』、その誕生と改訂

ようやく手にした自由と、家族を失った深い失意のなかで、フランクルは『一心理学者の強制収容所体験 *Ein Psychologe erlebt das Konzentrationslager*』という一冊の書物を、九日間で口述筆記させたという。それこそが、日本で私たちが手にする『夜と霧』のドイツ語原著であり、第二次世界大戦が終わった翌年の一九四六年にウィーンで出版された。そっけない書名のついたそのごく薄い本

は、三千部刷られ、フランクルの他の本の売れ行きも踏まえて二刷も出たようだが、当初はあまり売れることなく、ほどなくして絶版になった。後に、全世界で一千万部以上売れる大ベストセラーになるとは、当時は誰も思わなかったことだろう。

舞台を、オーストリアから日本に移そう。当時売れていなかったその『一心理学者の強制収容所体験』を、一九五三年から西ドイツに留学していた心理学者霜山徳爾が、偶然、本屋で見つけた。戦争体験者であった霜山は、その本の内容に大変深い感銘を受け、ウィーンにフランクルを訪ねた。二人がワイングラスを傾けながら、とても楽しそうに話している様子を収めた写真が、河原理子の『フランクル『夜と霧』への旅』の中に載っている。[3] 霜山は、単に『夜と霧』の最初の翻訳者であるだけでなく、この目立たないけれども大変貴重な価値をもつ本を発見し、日本に伝えた人物でもあるのだ。霜山のおかげで、一九五五年にアルゼンチンで初めて翻訳されたのに続いて、世界で二番目に早い一九五六年に、日本で翻訳書が出版された。出版社のみすず書房は、原題の『一心理学者の強制収容所体験』ではインパクトが弱くあまり売れないだろうと考え、当時ナチスの作戦名をもとにした映画『夜と霧』が話題になっていたことから、翻訳書名も同じく『夜と霧』（正式書名は『夜と霧――ドイツ強制収容所の体験記録』）にしたようである。[4] その目論見通り、その後本書が日本で大ベストセラーになったことは、周知の事実である。

ところで、ドイツ語原著の『一心理学者の強制収容所体験』がその後改訂されたことは、あまり広くは知られていないようである。フランクルは『一心理学者の強制収容所体験』に手を加えた新版を、難解な戯曲と組み合わせて、一九七七年に『それでも人生にイエスと言う …*trotzdem Ja zum Leben sagen*』という新たな本として出版している。改訂され、自作の戯曲が同時に所収された本書を見たみすず書房編集部は、これがフランクルの言いたかった最終形なのだと感じたという。

『それでも人生にイエスと言う』に収められた改訂版「一心理学者の強制収容所体験」をもとにして、新たに翻訳されたのが、二〇〇二年に再びみすず書房から出版された『夜と霧　新版』である。新訳は、戦後の一九四八年生まれのドイツ文学翻訳家、池田香代子によってなされた。新訳によって、訳文は現代の高校生でも読めるような平易なものとなり、より広い読者層を獲得する。旧訳者の霜山は、『夜と霧　新版』の「旧版訳者のことば」の中で、「あの愚かしい太平洋戦争の絶望的な砲火硝煙の戦場体験を持つ者は、今や七十歳代の終りから私のように八十歳前半までの老残の人間のみである。どうしても骨っぽい、ごつごつした文体になってしまう。〔中略〕それに対して、新訳者の平和な時代に生きてきた優しい心は、流麗な文章になるであろう」と、新訳を歓迎しているように見える。しかし、霜山はその一方で、新訳が出ることになったと聞いた当時、自身のエッセイの余白に、新訳者池田の名前と、そのそばに「知らず　飢　暴力」と書いたという。このエピソードの取材をした河原は、「万感の思いがあったのだろう」「戦争を体験した世代が背後に退くことに、霜山は耐え難い思いがあったのではないだろうか」と述べている。私は、この霜山のエピソードを知ったとき、思わず襟を正した。『夜と霧』のいわば生みの親である霜山のおかげで、長いあいだ本書とつき合えてきた私たちは、霜山のいう「優しい心」をもって、飢えと暴力と死をそのまま体験することを回避しながら、一方でホロコーストや戦争の重みを受け継いでいくという、とても困難な課題を背負ったように思う。みすず書房は、霜山による旧版も絶版にしないことを決め、いまでも私たちは両版を手にすることができる。

私は直接の面識はないのだが、霜山は、私の大学時代の指導教員の恩師である。指導教員から、「霜山ゼミ」にまつわるさまざまなエピソードを聞いた。どうやら、とても厳しい先生だったようだ。心理学のテキストを読むときには、日本語訳書などもってのほかで、ドイツ語とフランス語の原著を読まされる。だから当時の学生たちは、心理学の勉強だけでなく、それと同じくらい、あるいはそれを超える労力と時間をかけて、外国語の勉強もしなければならなかった。そのために徹夜をしたり、大学に泊まり込んだりすることもざらであったようだ。日本語のテキストを読むことですら手一杯な一般の大学生や大学院生にとって、いかに過酷な研究室であったかがうかがい知れる。それにしても、なぜ原著で読むことに霜山はこだわったのだろう。それはおそらく、クライエントの声を聴く作業が、外国語をわからないながらも何とか理解しようとする作業に近いからではないだろうか。外国語という異なる言語に取り組みながら、一つ一つの言葉を、文章を、丁寧に繊細に読んでいくことが、実はクライエントの言葉を一つ一つ丁寧に聴いていく心理臨床の基盤をつくっていると、霜山は考えたのかもしれない。身を引き締めて、外国語を丁寧にゆっくりと読む訓練に取り組み直そうと思えてくる。そんな霜山が訳した『夜と霧』を、ドイツ語原著を隣に置きながら、私も丁寧に読み直してみたくなる。また、指導教員はよく、クライエントを害してはならない、とおっしゃっていたが、これは、霜山から教わったことだという。「害を与えざること第一なり[5]」。人は生きているだけで、他者を害してしまう。クラ

『それでも人生にイエスと言う
…trotzdem Ja zum Leben sagen』書影

イエントは弱っている人であるのだから、さらに害してはいけないのだという。これは、私が心理臨床実践を行う上でも、一つの大事な指針になっている。クライエントを害してはならない。助けようとして、考え方や生き方を変えさせようとして、かえってクライエントの負担が増し、クライエントの心の中の大切な部分を軽んじることになってしまう。戦争を体験し、大学生の年齢にも満たない若者が特攻隊として命を失っていくのを見届けたという霜山は、誰よりも、害するということがどういうことなのかを知っていたのかもしれない。だからこそ、人を、つまり命を扱う心理臨床家になる学生たちを厳しく指導したのだろう。霜山は、二〇〇九年に亡くなった。霜山先生と、一度話をしてみたかったなあと思う。

話を戻そう。『夜と霧　新版』、つまり改訂版「一心理学者の強制収容所体験」には、収容所での生活の様子と心理状態について描いた「第二段階　収容所生活」の章の締めくくりとして、新たに次の文章が加えられている。「わたしたちは、おそらくこれまでのどの時代の人間も知らなかった「人間」を知った。では、この人間とはなにものか。人間とは、人間とはなにかをつねに決定する存在だ。人間とは、ガス室を発明した存在だ。しかし同時に、ガス室に入っても毅然として祈りのことばを口にする存在でもあるのだ」。人間とは、人間を虐殺する存在でありながら、一方で、いかなる環境にあっても人間でいることを選択できる存在であるという、フランクルの思想をさらに際立たせるためにつけ加えられた文章のように思う。一九七七年、すでに七十代になっていたフランクルが、どうしてもつけ加えたかった文章なのであろう。そしてこの文章に含意されることは、『それでも人生にイエスと言う』の中に共に所収された、難解な戯曲にこそ示されていると思われる。

3　『ビルケンヴァルトの共時空間』とプレイセラピー

その戯曲の題名は、「ビルケンヴァルトの共時空間——ある哲学者会議 *Synchronisation in Birkenwald-Eine metaphysische Conference*」という[6]。

まず、本戯曲の成立背景について述べたい。強制収容所生活の中で、すでにこの戯曲の構想が練られていたという。実際に書き下ろされたのは一九四六年十月、『一心理学者の強制収容所体験』が出版された九カ月後のことである。そして実に九時間の速記で、この脚本は書き上げられたという。心理療法論について扱った『死と愛』、そして『一心理学者の強制収容所体験』という二冊の著作を書き上げた後、フランクルは生きる意欲をなくしていたようだ。その中でなぜこの戯曲を執筆したのかは定かではないが、思うに、どうしても書かずにはいられない何らかの衝動があったのではないだろうか。本書で小杉と宮澤が紹介するプリーモ・レーヴィをはじめとする多くの元被収容者が、語らずにはいられなかったように。そして一九四八年、「ガーブリエル・リオン」という偽名で、ドイツ語圏におけるもっとも質の高い文芸誌の一つである『ブレンナー峠』に掲載された旨が、戯曲の注の中で説明されている。なお、「ビルケンヴァルト」とは架空の地名であり、強制収容所の一つであるブーヘンヴァルトと、フランクルが一時収容されていたビルケナウの合成語である。また、「ガーブリエル・リオン」という偽名は、フランクルの父ガーブリエルと、母の旧姓であるリオンから成る名前である。フランクルは、収容所において飢餓と病に苦しむ父に、こっそり持ち込んだモルヒネを打ったという。『もうひとつの〈夜と霧〉——ビルケンヴァルトの共時空間』には、「医師としての判断によって父にこの死の苦しみを軽減してあげました。いまや誰かが天にいてくれるというとても幼稚な感情を、その瞬間からわたしは持っています」という記述がある。父に、そして母に、本戯曲を捧げる思いが非常に強かったのだろう。そして一九七七年に『それでも人生にイエスと言う』の中に本戯曲が収録された際に、フランクルはその執筆者が実は自分であることを明らかにし、改訂された「一心理学者の強制収容所体験」と響き合いながら、ホロコーストの本質を明らかにする作品として、この戯曲を位置づけ直したように思える。本戯曲の訳者の広岡義之が「もう一つの『夜と霧』」と呼ぶように、これも『夜と霧』と並ぶ重要な作品であるといえるだろう。

　戯曲はその後、アメリカや西ドイツなどで上演されたようである。しかし、日本では翻訳されることはなく、舞台で上演されることもなかった。その理由は定かではないが、内容の難解さが関係していたのかもしれない。二〇一一年、ドイツ文学者の武田修志が翻訳したことによって、日本で初めてこの戯曲の全体像が日の目を見ることになった。私は、この戯曲の内容を知ったとき、ホロコーストを考える上で、とても重要な作品のように思えた。以下、本戯曲の内容について紹介したい。なお、本戯曲は「戯曲」とも「劇」とも表記され、フランクル自身も読まれるだけでなく実際に上演されることも想定していたようなので、本論においても「戯曲」と「劇」および「演劇」という言葉を厳密に分けずに使用することにしたい。

『ビルケンヴァルトの共時空間』のあらすじ

何もない舞台の上、中間幕の前に、三人の哲学者がいる。ソクラテス、スピノザ、カントである。三人が会議をしているところから、本劇が始まる。三人が同時に存在するのは、この空間が時空を超えたものだからだという。ソクラテスは、現代において信仰が危機に直面していることを嘆く。そして、二つの世界大戦はいわゆる人間の道徳を完全に葬ってしまったと訴える。彼らは、そのような苦境にある人間を助けるために、古代ギリシャ悲劇詩人からの助言を受けて、あたかも劇作家による創作であるかのように、そして、彼らが俳優によって演じられているかのように、この劇の中で振る舞うことにする。劇を上演する目的は、人々に「一枚の地獄図」を見せ、人間は地獄でも人間であり続けることができることを証明するためだという。そして、中間幕が上がる。

薄暗い中に、強制収容所のバラックが見える。バラックの壁の前にはわずかな藁で覆われた壇があり、その上に被収容者たちが、ある者は座り、ある者は横になっている。そこに、フランツとカールという二人の兄弟がやってくる。三人の哲学者も、被収容者たちの中に紛れ込む。兄弟の母も現れるが、彼女は亡くなっているため、兄弟からはその姿が見えない。弟のフランツは、「俺たちが人生と呼んでいるこの汚物は、もし俺たちがこれをいつでも何か別のもののために投げ出す用意ができていなければ、無意味で、生きるに値しない」と言う。そして、自分の人生を投げ出す用意のある者は、その死ですらなお意味があるかもしれない、と続ける。フランツの発言に、三人の哲学者は感銘を受ける。

　黒天使という人物が突然、舞台の右手から、哲学者たちのもとへやってくる。息子たちを取り返したいという母からの嘆願書によって、黒天使は下界に降りていかなければならなくなったという。そして親衛隊員となり、「彼らを試す」のだという。黒天使は舞台右手へと消え、同時に左手から、一人の親衛隊員が現れる。兄のカールが、嘘をついて弟の班に入ったという疑いから、親衛隊員に呼び出され、二人は舞台から消える。親衛隊員そのもののように振る舞う黒天使を、カントは「親衛隊員でもあるのです」と言う。そして、「すべては芝居であり、何も芝居ではない」と続ける。ソクラテスも、自分たちが何を演じているのか、そして演じているということすら自覚しておらず、観客もまた、それと知らずに観客を演じていると言う。カールが戻ってくる。「さあ、今日俺は自分を犠牲にする。今日俺は人生を意味のあるものにする」と言うと、再び、親衛隊員がやってきて、二人は舞台から退場し、カールは嘘をついたことを白状することなく、暴力によって、息を引き取る。フランツは、なぜ悪者である自分が生き残ったのだと嘆く。そして、自分のことを人殺しだと言う。なぜなら、以前に別の被収容者からパンと引き換えにコートを受け取ったことがあり、その被収容者がその後もしガス室行きにならなかったのなら、きっと凍死しただろうからだと語る。しかし、誰もはじめから悪魔であるわけではなく、「親衛隊員だって、誰も悪魔ではなかった」と続ける。他の仲間から、カールを殺した親衛隊員も悪魔ではないのかと問われると、「そうだ」と答える。そして、「なんのために主は、人類最初の人殺しのカインに、あのカインの印を付けたのか？」と問う。その答えとして、カインの印は、カインが主によって罰されたあと、人間たちからさらに罰されないためにつけられたのだと言う。カインの印がなければ、殺人行為はもう二度と止むことはなかっただろう、と。「いつかこの悪の鎖を断ち切らなければならない」。

フランツが突然倒れ込む。気分が悪いという。フランツは実は、ある戯曲を書き上げたがっていたのだが、その下書きをすでに収容所の中で捨ててしまっていた。そして、「俺は断念する、完成を、俺の芝居の完成を！」と宣言し、それを受けてソクラテスは、作品の完成を断念することで、自己が完成するとつぶやく。フランツは、肝心なことは、人間が何者であるのかを、生きている間に、そして死にゆく中でどうにかして把握することだと言う。フランツの隣には、同様に死の危機に瀕している仲間がいる。フランツは、「この命を受け取ってください、この犠牲を、彼らの代わり、そこの男の代わりに」と叫ぶ。

そして死が訪れる。しかし死んだのはフランツではなく、隣の仲間である。フランツは激しく狼狽する。黒天使は、フランツをあとほんのしばらく必要とするという。その場所を、黒天使は「ここで」、カントは「舞台の上で」、黒天使が再び「人生で」と言う。フランツは、「何のために俺は生き続けなければならないのか」と、生きる意味について思い悩む。やがて、自分の始めたことを、未完の戯曲を完成させることを固く誓う。そしてその戯曲とは、今まさに上演されているこの劇のことである、とソクラテスが告げる。スピノザは、人々がこの劇をただの芝居であり、あくまで舞台上の現実、幻影として片付けるだろうと予言する。スピノザが「信じなければなりません」と言い残し、三人は退場する。フランツも言う、「俺は信じなければならない！」と。そして静寂の中、幕が下りる。

三人の哲学者とロゴセラピー

本戯曲についてのフランクル自身による解説は、ほとんどないようだ。唯一、一九七八年に口頭でなされた本戯曲についての短い解説があるものの、その解説後に本戯曲が上演されたためか、劇の内容そのものについてはほとんど言及されていない。訳者の広岡は、三人の哲学者はある種の神の擬人化であり、彼らに語らせることを通して、フランクルは自身の思想を伝えようと試みたのではないかと述べている。三人の哲学者を、そして共時空間という設定を導入したフランクルの真意は定かではないが、この世という現実の中に、あの世の存在のようなものを、日常生活でも、プレイセラピーの中でも、時折感じることがあるように思う。この三人が登場することで、戯曲の中のホロコーストはどのような展開を見せるのだろうか。とても惹きつけられる出だしである。

ところで、なぜ、ソクラテス、スピノザ、カントなのだろうか。それはこの三人が、フランクルの確立した心理療法、ロゴセラピーの思想の礎になっているからかもしれない。ここで、ロゴセラピーについて紹介したい。フランクルの『ロゴセラピーのエッセンス』によると、ロゴスはギリシャ語で「意味」を表し、ロゴセラピーとは、その意味への志向を中心とする心理療法である[7]。そして、人生の意味とは何だろうか、と問うのではなく、自分が人生からどのような意味を問われているのだろうか、と問いの方向を逆にする。そして人間は、自分自身の人生に責任をもつことによってのみ、人生に答えることができると考える。その意味を見つける方法は、作品などを創作すること、愛すること、苦悩することの主に三つに分かれる。また、ある人間から完全に自由を奪い去ることはできないとも考える。本戯曲に登場するフランツは、まさにこのロゴセラピーの思想を体現した人物であるといえるだろう。

『夜と霧　新版』の中には「教育者スピノザ」という節があり、そこには、スピノザの「苦悩という情動は、それについて明晰判明に表象したとたん、苦悩であることをやめる」という一節が引用されている。そして、苦しみに満ちた収容所生活において、フランクルは自分がいつか強制収容所の心理学というテーマで講演している姿を想像し、現在抱えている苦悩を客観的に見ようとすることで、自身の未来を信じられたという。このように、スピノザは苦悩する人間という発想を触発した人物なのだと考えられる。カントについては、カントの「コペルニクス的転回」

が、同じく『夜と霧　新版』の「生きる意味を問う」という節に出てくる。意味についての問いの方向を逆にすることに、カントの影響があったのかもしれない。ソクラテスは、フランクルが非常に重要視していた哲学者であり、生きる意味を対話を通してクライエント自らが発見してという考えには、ソクラテスの影響が大きいようである。ただ、ロゴセラピーとの関連だけでなく、「コペルニクス的転回」によって人間の認識できる領域とそうでない領域を分けたカントは、共時空間をまさに体現する人物であるようにも思える。また、ソクラテスの登場によって、一方的な関係が支配的である強制収容所という舞台に、対話の可能性が生じたようにも見える。

戯曲と現実

戯曲という形式が導入されたことについても考えてみたい。古代ギリシャの悲劇詩人からの助言によって、劇を上演することになったのは、非常に意義深いことのように思える。演劇の始原の形は、古代ギリシャで行われたディオニュソス祭祀である。ユングによると、ギリシャの神ディオニュソスを崇拝する女性たちは、まるで狼であるかのように振る舞い、動物や人間さえもバラバラに噛みちぎり、忘我と狂乱にふけったという。[8] それは残虐な行為に見えながら、毎年春にその年の収穫を祈念する豊穣祭で行われることだった。そこで人間は自然と同一化し、自然との接触を再び成立させていたのだとユングは述べている。ある一部の人々がこの同一化の上演を担当し、他の人々は劇場に座ってその行為を観ていたことから、この祭りは、後にギリシャ悲劇へと発展する。だからこそ、悲劇を表すギリシャ語トラゴディア *tragodia* は、ディオニュソスの象徴である牡山羊を意味するトラゴス *tragos* と、歌を意味するオーデー *oide* に由来するのである。ディオニュソスは、一度バラバラにされ、その後再度誕生した神であると考えられており、その死と再生の神話に起源をもつ演劇は、「演劇という行為そのものを〈死から生への転換の営み〉として見ている」と、フランス文学者の渡辺守章はいう。[9] 渡辺はまた、演劇が「生も死も一度括弧の中に入れたうえで、現実には不可能なことを、〔中略〕現に生きているかのごとくにして見せ、かつそのようなものとしてそれを見る」営みであり、「そこには現実には体験することが難しい生の集約された体験と、それを意味の構造へととらえかえす作業とが並行して起きていて、この二重の作用が、演劇の体験の質を支えている」と続ける。バラバラになることと豊穣、死と再生などのテーマに貫かれる演劇という形式は、ホロコーストの新しい表現をもたらすように思う。そして戯曲を読む人、演劇を観る人は、現実には見ることのできないもう一つの現実を体験して、自身の世界を再構築するようだ。

　演劇家の平田オリザは、日常生活という現実は無前提に「リアル」なわけではなく、私たちはさまざまな行為を通じて、世界を「リアル」だと日々捉え直し続けているという。[10] 平田のいう「リアル」とは、「いま、同じ世界に生きている感覚」のことであり、私たちが目の前の事物の存在を「リアル」だと感じるのは、目の前の事物と自分との間につながりを見つけだすからだという。演劇は人間が目の前にいる生々しい芸術であり、生身の演者と観客は、一つの時空間を共有し、内的対話を繰り返すことによって仮想の共同体を生き、そこに「リアル」が発生する。現実とは、ただ与えられるものではなく、自ら関わっていくことによって、新しくつくられていくもののようである。演劇的な作業は、演じる者も鑑賞する者も、ともに「リアル」をつくり出す作業に「いま、ここ」でかかわっているのである。そうして人は、自分の「リアル」を問い直す。

　演劇を意味するさまざまな単語があるが、その一つが「プレイplay」であり、それは演劇の「遊戯性」と「虚構性」を強調する。この二つはまさに、プレイセラピーのエッセンスでもある。プレイセラピーの中で行われるのも、虚構でありながら、二人の生身の人間が織りなす、もう一つの現実である。そこに「リアル」を発生させるために、本気のかかわりが必要となるのだ。また、果てしなく繰り返されるごっこ遊びは、まさに演劇における模倣行為であり、それは実際には、狩猟前に狩猟の踊りをする、つまり無いものを模倣することで現実のものとする、ある種の呪術のようなものでもある。プレイセラピーにおいて二人の間に白熱した勝負が繰り広げられることもあるが、それはまるで劇中における演者同士の対決のようでもあり、演者と観客の間の気の抜けない緊張関係のようでもある。そのような性質を備えた本戯曲に、私は、自分がプレイセラピーで体験したこととどこか似たものを感じるのである。

虐げる者―虐げられる者

戯曲の内容に戻ろう。フランツが「俺たちが人生と呼んでいるこの汚物は、もし俺たちがこれをいつでも何か別のもののために投げ出す用意ができていなければ、無意味で、生きるに値しない」と語った後に、奇妙な人物が現れる。黒天使である。そして、一つの驚くべき事実が明らかになる。暴力的で残虐な親衛隊員は、実は黒天使だったのである。悪魔のような親衛隊員による虐殺は、親愛なる母との邂逅をもたらす天使による恩寵でもあるようだ。そして、カントの「すべては芝居であり、何も芝居ではない」という発言によって、殺害の意味だけでなく、何が現実なのか、演者や観客は本当は誰なのかなど、さまざまな同一性が揺らぎ出す。そしてそれに呼応するかのように、フランツは自身が犯した残虐な行為について告白し、被害者と加害者という対立軸は更に揺らいでいき、ついには親衛隊員が悪魔ではないという発想に至る。弟アベルを殺害したカインも、人間からは許される必要があるという。わけがわからなくなって、眩暈を覚えるような展開である。フランツとカールは、被収容者は、被害を受ける犠牲者ではなかったのだろうか。

　この展開を受けて、私は、あるプレイセラピーの一場面を思い出す。まるで非人間のようなひどい扱いをされることが続いたあるセッションで、私はクライエントの女子小学生によって、相談室から締め出された。その相談室は、私が責任をもって管理しており、中のおもちゃや遊び道具を少しずつ丹念に揃え、時間を見つけては掃除をしたり、最近は消毒をしたりして、手間暇かけて手入れをしている、私の大切な部屋である。なのに、彼女は中から鍵をかけ、なかなか開けてくれない。すると、どうしたことだろう。「ガンッ！」という大きな音が聞こえた。私は気づけば、相談室のドアを蹴っていたのである。まもなく、彼女はドアをがらっと開け、心底驚いた顔をしていた。私も同じく、驚いた顔をしていたはずである。自分がそのようなことをする人間だとは、そのときまで思ってもいなかったのだ。

振り返ってみると、そのエピソードが生じる前から、些細なことのようだけれど、ある奇妙なことが起きていた。彼女が、彼女の大好物であるアンパンを、私が盗んで食べてしまったというのだ。彼女はもちろんとても怒っていた。でも、私にはまったく身に覚えのないことである。またいつもの理不尽な何かが始まったな、と思い、食べてないよ、濡れ衣だよ、勘弁してよ、などと応じていた。でも、おそらく、私は彼女のアンパンを食べたのだ。私はこのプレイセラピーにおいて、自分が、何かを奪われる側、被害者、虐げられる者であると思っていた。そして、おそらくそれは彼女自身が心のどこかで感じている感覚でもあり、その感覚を共に味わうことが大切なのだろうと思っていた。しかし、それでは足りなかったのだ。私が彼女を虐げ、彼女を苦しめる側に立つことも、同時に求められていて、私はその要求を無視し、あくまで虐げられる側に留まり続けようとし、結果として、ある意味では彼女の声に耳を傾けていなかったのだ。害さないようにすることで、彼女を害していたのだ。

このことについて、心理学的な観点から解説を加えたい。これは心理学的には「転移」と呼ばれる現象である。たとえば、あるクライエントが「意地悪な母」のことで困っている場合に、自分の周りの女性がみな「意地悪な母」に見え、母との関係性を何度も再現してしまう。心理療法家に対しても、この人はなんて嫌な人なんだろうと感じるため、心理療法家はもはやクライエントと穏やかに対話をする存在ではいられなくなり、いわば自らが、クライエントと同じ舞台に立って対決することを余儀なくされる。心理療法場面における、もっとも困難な事象の一つである。ただ、大切なことは、転移されるのは厳密には「意地悪な母」ではなく、「意地悪な母―虐げられる子ども」という関係性それ自体であるということである。それが二人の間に転移されるのであり、そのために、二人の役柄が入れ替わることも実際に多く、二人が入れ替わりながら、少しずつ関係性そのものが変わっていく。逆に言えば、その関係性を引き受け、それを生き抜こうとしなければ、関係性が変わるきっかけを自ら遠ざけることになってしまう。また、「意地悪な母」をもつ子どもの実際の母が、まったく逆の優しい人であることも多い。それなのになぜ「意地悪な母」が心理療法の中で演じられることになるかといえば、クライエントが体験している「意地悪な母」は、個人としての母を超えて、クライエントの周りにあるさまざまな母的なものを写し取っているからである。つまり、学校や、友人たちや、クライエントを取り囲む社会や時代などが、実は「意地悪な母」として機能しているのである。それを、転移によって演じながら「リアル」にして、乗り超えようとしているわけである。

私と彼女は、「虐げる者―虐げられる者」という関係性を生きており、「アンパン事件」は、その配役が変わる初めての瞬間だったように思う。しかし、当時はそれがわかっていなかった。そのために、より大きな、一段上の次元の暴力が噴出した。私がドアを蹴ったことである。それはプレイセラピーという枠を超えた、虚構ではない実際の行為であり、心理学的には「アクティングアウト」と呼ばれる現象である。心理療法の中で話し合うべきこと、プレイセラピーの中で演じるべきことを、実際の行動に置き換えてしまうのだ。もし彼女が驚きと恐怖のあまり、私のとった行動を学校の教員に伝えるなどしてしまえば、プレイセラピーを継続すること自体が難しくなったことだろう。ギリギリのところだったのだ。「虐げる者―虐げられる者」を生き抜かないといけない。そうでないと、プレイセラピー自体が壊され、虚構という「リアル」がなくなってしまう。それから私は、虐げられ、殺される側ではなく、彼女を殺そうと追い掛け回す役柄を演じるようになった。自然とそうなったように思う。こんなことやったことないな、こんなことしていいのかな、と戸惑いながら、けれど、きっと必要なことなのだろうと何度も自分に言い聞かせ、私は彼女を殺そうと、文字通り相談室内を駆け回った。

　戯曲に出てくる黒天使は、そのような「虐げる者―虐げられる者」という関係性自体を象徴した両義的な存在のように思える。また、その矛盾した性質は、旧約聖書のルシファーを思い起こさせもする。ルシファーとは、いわゆる悪魔であり、天界から追放された堕天使でもあり、その名前は「光をもたらす者」という意味である。戯曲の中の、吐き気を催すようでいて、ある種の恩寵でもある荘厳な殺害は、ルシファーの名の通り、殺害に新しい光を照らすように思う。『夜と霧　新版』には「収容所監視者の心理」という節があり、一部の監視者は「すっかり鈍感になっていた」と述べられている。被収容者が、フランクルのいう「生きる屍」、つまりまるですでに死んでいるかのような生を営んでいた一方で、虐げる者たちもある意味では、心が死んでいたのだろう。このように考えてくると、同じ節の中の「一方は天使で、もういっぽうは悪魔だった、などという単純化はつつしむべきだ」という文章、そして「人間とは、ガス室を発明した存在だ。しかし同時に、ガス室に入っても毅然として祈りのことばを口にする存在でもあるのだ」

という文章は、人間は自由を選択できるというロゴセラピーの思想を表しているだけでなく、人間を単純に「虐げる者―虐げられる者」というどちらかに分類できない、いわば私たちは両方を生きる可能性があることを示唆しているように思えるのである。

死と生、多層的な物語の発生

フランツは倒れ込み、死が忍び寄る。そして、フランツの念願であった戯曲の完成を断念する。そして断念することこそが、自己の完成なのだとソクラテスがつぶやく。

この箇所は、特に難解であるように思われ、人によってどう捉えるかが異なるだろう。私がここから思うのは、フランツはここで一度実際に死に、戯曲も書き上げられなかったのではないか、ということである。ユングが創始した分析心理学は、人生後半の心理学だといわれている。なぜなら、人生の後半に、死というものが視野に入ってくる、いわば死が誕生するからである。死に直面することで、いかに自分らしい生を生きるかという、とても困難な作業が始まる。フランツが陥っているのも、死が迫っている状況であり、それは兄の死、隣の仲間の死という生々しい形で目の前に存在している。しかしだからこそ、フランツに強烈な生が芽生えたのではないだろうか。そしてフランツは、「ここで」「舞台の上で」「人生で」という、一つに限定されない、さまざまな現実を生きることが可能となり、一度は完全に失われた戯曲が、息を吹き返す。これは、フランクルが強制収容所において『死と愛』の執筆を、チフスによる高熱という極限状態の中で再開したことと同型である。死の淵でこそ、あるいは一度死ぬからこそ、生まれる生、そして作品があるのかもしれない。バラバラになる豊穣伸、ディオニュソスのように。もちろん、この戯曲の結末を、フランツが生きる意味を見つけ、ホロコーストを乗り切った象徴として捉える見方もあると思う。しかしそれは、この世という現実に重きを置くあまり、戯曲や演劇でしか示せないもう一つの現実を遠ざけることになってしまうように私には感じられる。

いまや本戯曲は、フランクルがつくった戯曲のようでいて、そうではない。それはあの世の哲学者たちのつくったものであり、フランツがつくったものでもある、作者の固定しない、いくつもの現実にまたがる物語である。この戯曲は、いわばフランクルによる遊びである。「一心理学者の強制収容所体験」は、体験記という、あくまでも一個人による主観の産物という体裁をとるが、この戯曲は、フランクル自身の主観を超えた、実際には見ることのできないもう一つの現実を私たちに見せてくれる。この作品に、プレイセラピーに通じる、ホロコーストの異界性が表現されているように感じられるのである。

4　現代のホロコースト

二〇一九年五月、ベルリンを訪問した二カ月後、ホロコーストのリサーチの次に私たちが行ったのは、東京大空襲についてのリサーチだった。もちろん、ホロコーストと東京大空襲はまったく別の事象だが、私は、慣れ親しんだ日本を通してであれば、人間の闇の核心により近づけるのではないかと素朴に考えていた。その日はあいにくの炎天下で、両国近辺を歩きに歩き回り、東京大空襲・戦災資料センターにやっとのことでたどり着き、棒になった足を休める目的も暗に兼ねて、東京大空襲被害者のインタビュー動画を観ていたときのことである。暑さと疲労でややぼーっとしていた私は、インタビューを受けている高齢の女性のある一言に、衝撃を受けて意識を取り戻した。「話したって、どうせわからないから」。ああ、その通りだ。あの人のよさそうなおばあさんの体験したことは、きっと私にはわからないのだ。私は、その一言をきっかけにして、ホロコーストへの近づき方も考え直さざるを得なくなった。資料を調べ、現地に赴き、人々の声を聴いても、おばあさんの体験も、フランクルの体験も、霜山が見せた万感の思いも、私にはわからない。「どうせわからない」「知らず　飢え　暴力」の前に、立ちすくみそうになる。けれど、もしかしたら、当事者の生の体験や当時のことがありありとはわからないからこそ、取りうる道もあるかもしれない。心理療法においても、私はクライエントの体験を、そのまま同じように体験することはできない。私にできるのは、わからないという断絶に開かれ、その隙間から、新しい何かが生成されるのを待つことだけである。『夜と霧　新版』の訳者池田は、新訳の了承を霜山から得られたとき、声を上げて泣いたという。霜山と、戦後に生まれた自分との違いを、ありありとわかっていたのだろう。その上で、新訳を訳出し切った。私も、隙間から生まれたものたちを、もう少し言葉にしてみたい。

あのホロコーストを、歴史上の一大事件としてではなく、つまり一つの動かしがたい事実としてではなく、一つの劇として考えてみるのはどうだろう。そのように考えてみる可能性を、フランクル自身が示してくれた。

ここでいう劇とは、プレイplay、つまり遊戯性と虚構性を本質とするプレイセラピーに通じるものである。プレイセラピーは二人が遊ぶことであると再三紹介してきたが、それはクライエントが創意工夫を凝らして考えついた遊びに、セラピストが付き合う、という図式のもとになされるのではない。いうなれば、その劇の作者は、クライエント自身ではなく、もちろん私でもなく、どこか別のところにいる他者であるかのように感じられる。私たちは、その作者の演出に従って、どうなるのかわからない結末に向かい、あるいは結末などまったく予期せぬまま、ただ舞台を演じ続けているような感覚にしばしばとらわれる。だから、うまく演じられているときには、クライエントが次にやろうとしていることが何なのかを、こちら側がなぜか先に気づくこともある。それは、自作自演であるように見えて、決してそうではない、二人の人間の意図を超えた、異界の遊びなのである。これは、プレイセラピーだけでなく、大人との心理療法でも見られることである。たとえば、クライエントにとってはわけのわからない夢を見て、心理療法家にそれを報告し、二人は夢に翻弄され、そして少しずつ夢と共に自分たちも変化していく。その夢の作者も、どこか別のところにいる他者であり、その異界の住人は、ときに大人にも影響を及ぼすのだ。

では、ホロコーストが一つの劇であるのなら、その作者は誰なのだろう。独裁者ヒトラーなのだろうか。あるいは、何も疑問をもたずに彼につき従った人々なのだろうか。それぞれにモラルがあれば、あの未曽有の事態は防げたのだろうか。おそらく、そうではないのだろう。その作者は、いわばプレイセラピーの作者のような、未知なる他者である。それは私たちの知らない他者でありながら、それでいて同時に、私たち自身の中にいる、私たちとは切っても切り離せない内なる他者である。それは、私たちの自然、根源的な野生、破壊と創造にかかわる者であり、その異界の住人から目を背け、自分の中にはそのような者などいないと、私たちが部外者であり続けようとしたときに、一段上の暴力をもたらす。私たちは、その他者によって、気づけば舞台に上げられているのだが、舞台に上がっていることを意識しようとせず、自分に割り振られた役柄を演じようとしないとき、その舞台自体を壊すほどの暴力がもたらされる。破壊と創造にかかわる自然の殺害が、破壊に振れすぎてしまうのだ。神聖な儀式における荘厳な犠牲が、その儀礼性や神性さを奪われることで、ただの文字通りの殺害になってしまうように。ホロコーストとは、最終的に遊戯性と虚構性を奪われ、そのために現実の多層性をなくしてしまった、一つの悲劇なのではないだろうか。そして、悲劇の本質は、繰り返されることである。ギリシャ悲劇が、何度も繰り返し上演されたように。

『夜と霧』を愛読書にあげる方はとても多いが、フランクルの著作の特徴の一つは、危機状態でよく読まれることのようである。たとえば、東日本大震災のときに再び注目され、新訳と旧訳を合わせた『夜と霧』の売り上げは、二〇一一年度は三万部を超えたという。これは例年より一万部ほど多い数字のようだ。また、二〇二〇年現在、新型コロナウィルスの流行の中で、再び読まれているように思う。しかし、危機状態に読まれるということは、『夜と霧』が危機状態についての本であり、通常の状態とは無縁だと思われていることの証でもないだろうか。『夜と霧』、そして『ビルケンヴァルトの共時空間』は、私が思うに、ホロコーストという事象や、危機状態に関係するだけの本ではない。河原が『夜と霧』は「戦後の日本社会にも無縁ではない」と述べるように。この国、この世界が常に、他者を害してしまう世界、害さないようにすることが害になってしまう世界であることを見ようとしないとき、再び悲劇が繰り返される可能性が生じるように思う。

現代の日本は、効率や合理性が重視され、あらゆるものがシステム化されてきている。そこには隙間が、いわばアソビがない。たとえば、一見するとよいシステムのように思える、学校現場における発達障害をもつ子どもの支援も、ある意味では同様のように思う。発達障害であるかどうか、その傾向を細やかに分類し、特別支援学級などで、さまざまな教員が連携して支援を行う。けれど、そこで行われているのは、個性をラベリングし、いくつもある対応例から対策を選択し、学校や社会が考える望ましい方向へと矯正することである。そして、さまざまな特徴を持つ子どもたちと共生することを目的としながらも、実は社会の中に包摂することに重きが置かれていて、いまある社会の形に合わせた共生が強制されているともいえる。それは見方によっては、強制収容所の論理でもあるのではないだろうか。もちろん、教員は真摯に取り組んでおり、私自身もスクールカウンセラーとしてそのシステムに組み込まれている。発達障害者を社会に適応させよう、悪い大人に成長させないようにしよう、悪を排除しよう。けれど、農作物を守るために害獣を駆除した結果、その獣が食べていた害虫が激増してかえって農作物に多大な被害がもたらされる。不登校児に必死に働きかけて登校させた結果、その子どもの両親が離婚するなどの家族関係の深刻な問題が生じる。いい子として成長した大人が、人を殺す事件を起こす。何かを排除し矯正しようとして、現実と共にある異界に目を向けないことで、破壊としての暴力がもたらされる。

　大人になるためには、異界を通過しないといけない。そしてその通過とは、さっと横切ることではなく、岩宮が「異界とちゃんとした距離をとれるようになるためには、まず、しっかりとその世界に浸ることが大切である」と述べるように、異界に一時、その住人として住むことである。かつては、大人になるための通過儀礼、イニシエーションの儀式があり、人は象徴的に子どもの自分を殺すことで、大人になっていった。けれど、現代にそのような儀式はなく、かつて集団が担っていたことを、個人が引き受けることになった。文字通りの殺害は、もちろん防がなければならない。しかし、虚構としてのもう一つの殺害は、成長や、癒しも生む。ここで問われているのは、演劇のように、死と生を一度括弧に入れ、自分が役柄をあてがわれていることから目をそらさず、それを演じ切ることである。現代においてどのようにそれをやっていくのかを、私たち一人一人が考えないといけない。フランクルは、とてもユーモアのある人だったようだ。霜山の著作は、詩や芸術的教養にあふれている。私はこれからも、遊び心のある二人にかかわり続けながら、私なりの答えを模索していきたい。

5　おわりに ――「なぜ」への答え

数年にわたったあのプレイセラピーも終わりを迎え、彼女は無事学校を卒業していった。プレイセラピーを経て、穏やかな表情が増え、トラブルを起こすことも減り、仲のよい友だちもできた。もちろん望ましいことだ。でもなんだか、かつて放っていたある種の輝きを、少し失ってしまったようにも見えた。彼女は、あの大変なプレイセラピーを通じて、異界を無事通過し、この世に戻ってきたのかもしれない。けれど、異界は、輝きを備えた世界でもあったようだ。それは、たとえば映画『千と千尋の神隠し』の神々の世界のように、得体の知れない恐ろしさと同時に、この世のものでない美しさや壮大さも備えている、よく「わかんない」けど、なんだか「面白い」世界だ。映画を観るたびに、私も一度、その世界にいたような気持ちにさせられる。彼女はあの恐ろしさの中で、異界のもつ美しさにも開かれ、そこに癒しも見いだし、けれど名残惜しくも、トンネルを抜けてこちらの世界に帰ってきたのだろう。彼女の変化は、私をなんだか少し寂しい気持ちにもさせたが、子どもが大人に近づくとは、きっとそういうものなのだろう。

最後に、本章冒頭の「なぜ」という問いに、私自身が答えなければならない。「なぜ、子どもはこんなことをするのだろう」「なぜ、私はこんな目に遭わなければならないのだろう」。それは、学校という現実の中に、もう一つの現実が、ちっぽけだけれど無限でもある、一つの異界があるからだ。その存在に誰かが気づき、その世界に巻き込まれ、子どもと共に舞台に上がらなければならないからだ。彼女を一人にしてはいけないからだ。ホロコーストを一人にしてはいけないからだ。

本章に出てくる臨床素材は、個人が特定されないように事実に改変を加えている。

参考文献

1 岩宮恵子『生きにくい子どもたち――カウンセリング日誌から』岩波書店、二〇〇九年
2 フランクル、ヴィクトール・E『夜と霧 新版』池田香代子訳、みすず書房、二〇〇二年
3 河原理子『フランクル『夜と霧』への旅』平凡社、二〇一二年
4 フランクル、ヴィクトール・E『夜と霧――ドイツ強制収容所の体験記録』霜山徳爾訳、みすず書房、一九五六年
5 霜山徳爾『素足の心理療法』みすず書房、一九八九年

6　フランクル、ヴィクトール・E『もうひとつの〈夜と霧〉——ビルケンヴァルトの共時空間』諸富祥彦・広岡義之編、広岡義之・林嵜伸二訳、ミネルヴァ書房、二〇一七年

7　フランクル、ヴィクトール・E『ロゴセラピーのエッセンス——18の基本概念』赤坂桃子訳、本多奈美・草野智洋解説、新教出版社、二〇一六年

8　Jung, C. G. *Dream Symbols of the Individuation Process: Notes of C. G. Jung's Seminars on Wolfgang Pauli's Dreams*. Princeton University Press. 2019.

9　渡辺守章『演劇とは何か』講談社、一九九〇年

10　平田オリザ『演劇入門』講談社、一九九八年

コラム　ホロコーストと日本（文学や芸術作品から）

西山葉子

猪股が言うようにホロコーストを「人間の持つ本質的な殺戮行為とそこに潜む人間存在の問題」として捉えたとき、日本は思いの他、複雑で深刻なところにいます。第二次世界大戦中の各都市への大空襲や広島・長崎への原子爆弾投下の被害者として、また中国やアジアにおける虐殺の加害者として、日本はホロコーストを被害・加害の両方の立場で体験してきました。

足元にあるそれらの体験と切り離されているとき、実は私たちは何ともつながれず、空虚であるのかもしれない。村上春樹の小説『ねじまき鳥クロニクル』はそう語りかけてきます。主人公の「僕」は、失踪した妻を取り戻す為に、それまでは無縁と感じられていた人々の個人的な体験について真剣に耳を傾けねばなりませんでした。そこに横たわる尋常でない苦痛や死のテーマ、時代を超え、旧日本軍の残虐で不毛な事件や個人を超えた暴力と深くつながっていくことこそが、「僕」が「僕」自身と、そして妻と再びつながりを回復することを可能にしていくのです。

同じように、大江健三郎の『ヒロシマ・ノート』では、原爆症や迫りくる悲惨な死を被爆者が克服するための手がかりたらんと自らヒロシマに幾度も足を運ぶうちに、自身が予期せぬ変化に襲われます。すべての人間の代わりにヒロシマを引き受けた被爆者の、死を賭した語りに没入することが、自身の個人的な問題である障害のある息子との物語をも含みこんで問い直し、紡ぎ直すことになるのです。

「原爆と言えばきのこ雲ではない。どうしても人間のみを描きたかった」と、丸木位里・俊夫妻は『原爆の図』を描きました。無言の絵は、被爆後の人間の肉体の痛み・うめきを見る者の内側に湧き起こし、私たちを見る前とは決定的に変えているでしょう。

最後に、広島で被爆した詩人・原民喜の『夏の花』に触れましょう。原爆で圧倒的に損なわれた世界を静かに綴りながら、そこに開かれた裂け目の向こう側を詩人の魂は見つめています。それらの語りの内に身を投じながら、被害者も加害者もなく「パット剝ギトッテシマッタ　アトノセカイ」(『夏の花』)へ、私たちはいかに開かれていくでしょうか。

「ホロコーストと日本」に関わる文学、芸術など

●加害者としての日本

『レイテ戦記』大岡昇平著、中央公論社、一九七一年
　集団的な大きな流れに飲み込まれ、地を這い進んだ兵士たちの鎮魂も込めて綴られた。

『影の獄にて』ローレンス・ヴァン・デル・ポスト著、由良君美・富山太佳夫訳、思索社、一九七八年
　映画「戦場のメリークリスマス」の原作。著者はユングと親交があり、人間は「影」につながれた囚人であるという意識が題名にも反映されている。

『ねじまき鳥クロニクル』村上春樹著、新潮社、一九九四、九五年

『猫を棄てる　父親について語るとき』村上春樹著、文藝春秋、二〇二〇年

歴史を受け継ぐということについて。

●原爆文学

『夏の花・心願の国』原民喜著、新潮文庫、一九七三年

解説を大江健三郎が書いている。現在も平和公園には、原民喜の詩碑がある。

『ヒロシマ・ノート』大江健三郎著、岩波新書、一九六五年

「オキナワ・ノート」もある。

『原爆詩集』峠三吉著（一九五一年当初、自費出版）

「ちちをかえせ　ははをかえせ」の有名な「序」で始まる。

『祭りの場』『ギヤマン・ビードロ』林京子著、講談社、一九七五年、一九七八年

少女時代を上海で支配者側として過ごしたという自覚と被爆体験が創作の原点となっている。被爆者の出産にまつわる不安や葛藤についても描く。

『黒い雨』井伏鱒二著、新潮社、一九六六年

被爆体験はない著者が原爆を主題とした作品。二〇二〇年七月に「黒い雨」訴訟にて国の主張を退け、黒い雨を浴びた原告全員が勝訴したのは記憶に新しいところ。

●その他

『影の現象学』河合隼雄著、講談社、一九八七年

ホロコーストを考える際のキーワード、ユング心理学の「影」概念をやさしく解説。

『万延元年のフットボール』大江健三郎著、講談社、一九六七年

日本の歴史性と土着性、集団性と暴力にまつわる現代神話とも言える小説

● 美術

『原爆の図』丸木位里・俊、一九五〇―八二年

埼玉県東松山市の丸木美術館に常設。被爆直後に位里の実家のある広島に夫婦は駆け付けた。

『広島生変図』平山郁夫、一九七九年

平山の平和への祈りと鎮魂の折り込まれた仏教画の根底にあるのは、被爆体験であったのではないかと言われている。

『明日の神話』岡本太郎、二〇〇三年メキシコで発見、二〇〇六年修復完了

渋谷駅にあるパブリックアート。キノコ雲や第五福竜丸の悲劇を超えて誇らかに生まれた神話。

第五章　プリーモ・レーヴィの生きた夢

宮澤淳滋

I　死者たちの声

ホロコーストが行われていた時代からすでに百年近くが経過した。しかしいまでもホロコーストにまつわる記録を読むと、私は震撼せずにはいられない。たとえばホロコースト記念碑の地下には、ある少年が書いた手紙が収められている。その子は周囲の人々が殺されていくのを目の当たりにしながら、自分も死ぬことになっていると明確に悟り、その上で父親に宛てて手紙を書き残したのだった。死にたくない、と痛切に訴えながら、でも死ぬしかない、と諦めた彼は、「ありがとう、愛しているよ」と最後に書き添えている。すでにこの世には存在しないはずのその少年は、矛盾した言い方ではあるが、生者よりも存在感に満ち溢れ、私に語りかけてくるのである。彼に語りかけられた私は戸惑い、その少年とどのようにかかわってよいのかわからず、ただ言葉を失い立ち尽くすことしかできない。

そうした記録の一つに、オーストリアの精神科医であるフランクルの著書『夜と霧』がある。彼はいくつもの著書の中で、生きる意味を見出すことの大切さを説いているのだが、彼がこのような考えに至ったのは、強制収容所での体験が大きく影響しており、その元となった体験を綴った著作が、この『夜と霧』である。その中で彼は、一人の仲間のことを書いている。その仲間は、「自分が苦しみ死ぬのなら、代わりに愛する人間には苦しみに満ちた死をまぬがれさせてほしい」と天に願いながら死んでいく。そしてフランクルは、生き残っている収容所仲間たちにその死んだ仲間のことを語って聞かせ、生き残っている自分たちも彼のように生の意味を見出し、人間としての尊厳を保って生きていかなくてはならない、と説得したのだった。

私は心理臨床家として職業生活を送っている。そして臨床家として出会うさまざまな困難を抱えた人々と日々接していると、生きる意味を失うことの絶望感がいかに深いか、身に染みて感じさせられる。出口のない問いにともに悩んでいるうちに、臨床家である私のほうもそこに巻き込まれ、ある種の方向喪失感に襲われる。その意味で、フランクルの強制収容所体験から学ぶことは多い。しかしホロコーストの記録を読むとき、私を震撼させるのは、「生の意味」を見出すことの大切さを痛感するからだけではない。その記録の中から私に語りかけてくる人々は、多くの場合、すでにこの世には存在していないのである。私は「生の意味」と同時に「死の意味」についても考えざるをえない。

私は心理療法の経過中に亡くなったクライエントを思い出す。また、終結後しばらく経ってから訃報を聞いたこともあった。家族からの手紙などによって彼らの死を知らされたとき、その死をどのように受け取ってよいのか私にはわからなかった。彼らの顔が浮かび、亡くなった彼らから語りかけられるように感じるが、彼らが何を語っているのかはわからない。冥界でしか使われていない言葉で何かを訴えかけられているかのようである。私は彼らとどのようにかかわってよいのかわからず、途方に暮れる。ホロコーストの記録の中から語りかけられる体験は、その種の体験と似ている。

たとえば、フランクルと同じく強制収容所を体験した、プリーモ・レーヴィの次のような記述である。

> その仲間とはヌル・アハツェーンだ。みなはもっぱら彼を、登録番号の下三けたをとって、〇一八《ヌル・アハツェーン》と呼んでいる。名前は人間にしか与えられないものだ。だからもはや人間ではないヌル・アハツェーンには名前はいらない、とみなが了解しているかのようだ。彼自身も自分の名を忘れてしまったに違いない。〔中略〕もはや完全な抜け殻なのだ。（『これが人間か』四九頁）

> フルビネクは虚無であり、死の子供、アウシュヴィッツの子供だった。外見は三歳くらいだったが、誰も彼のことは知らず、彼はといえば、口がきけず、名前もなかった。フルビネクという奇妙な名前は私たちの間の呼び名で、おそらく女たちの一人が、時々発している意

> 味不明のつぶやきをそのように聞き取ったのだろう。彼は腰から下が麻痺しており、足が委縮していて、小枝のように細かった。〔中略〕誰も教えてくれなかったので話すことができない言葉、その言葉への渇望が、爆発しそうな切実さで目の中に満ちていた〔中略〕。／フルビネクは三歳で、おそらくアウシュヴィッツで生まれ、木を見たことがなかった。彼は息を引き取るまで、人間の世界への入場を果たそうと、大人のように戦った。〔中略〕フルビネクには名前がなかったが、その細い腕にはやはりアウシュヴィッツの入れ墨が刻印されていた。フルビネクは一九四五年三月初旬に死んだ。彼は解放されたが、救済はされなかった。彼に関しては何も残っていない。彼の存在を証言するのは私のこの文章だけである。
>
> （『休戦』一六頁以下）

このような記述を読むとき、私の目の前には彼らの姿が浮かび上がり、語りかけてくる。亡くなられたクライエントに対して覚えるのと同じ戸惑いを、彼らに対しても覚えるのだ。果たして私は彼らとどのようにかかわればよいのだろうか？

2　強制収容所における生

強制収容所でレーヴィに目撃された人々のことは、彼の処女作の冒頭に掲げられた詩に集約されている。

これが人間か、考えてほしい
泥にまみれて働き
平安を知らず
パンのかけらを争い
他人がうなずくだけで死に追いやられるものが。

（『これが人間か』五頁）

レーヴィが描き出す人々はフランクルの紹介する一部の限られた人々とは違い、生きる意味を見出せなかった人々である。彼は「立派な態度で死をむかえられる人はわずか」（前掲書、一四頁）だという。そのことは、終戦直前の強制収容所で、死体焼却炉の一つを爆破するというナチスへの反乱がゾンダーコマンド（死体処理をする抑留者たちのこと）によって引き起こされたときのエピソードに、はっきりと示されている。その英雄的行為をなしたうちの一人がレーヴィたちの前で公開処刑された。その処刑を前にして、囚人（収容所内では抑留者のことを囚人と呼んだ）たちは何もできない。「私たちは頭を垂れ、背を曲げ、灰色の姿で立ったままだった」（前掲書、一九二頁）。そして恥で押しつぶされ、「人間を破壊するのは、創造するのと同じくらい難しい。たやすくはなかったし、時間もかかった。だが、きみたちドイツ人はそれに成功した。きみたちに見つめられて私たちは言いなりになる」（前掲書、一九三頁）とレーヴィは心の中で呟く。強制収容所における典型的な囚人は、英雄的な人間ではなく、破壊された人間であることを、ここでレーヴィは示しているのだ。ドイツ人たちの気分次第で運命を左右され、「他人がうなずくだけで死に追いやられる」彼らの生に、尊厳や意味を見出すのは難しい。ここで私に語りかけてくるのは、このような人々なのであり、しかも彼らはすでにこの世には存在しないのである。彼らに対して、フランクルが行ったように、生の意味を見出し、尊厳を保つよう説得するのはむなしい試みだろう。レーヴィは収容所で、フランクルのような説得に出会ったときのことを述懐している。

> ラーゲル〔強制収容所のこと〕とは人間を動物に変える巨大な機械だ。だからこそ、我々は動物になってはいけない。ここでも生きのびることはできる、だから生きのびる意志を持たねばならない。証拠を持ち帰り、語るためだ。そして生きのびるには、少なくとも文明の形式、枠組、残骸だけでも残すことが大切だ。我々は奴隷で、いかなる権利も奪われ、意のままに危害を加えられ、確実な死にさらされている。だがそれでも一つだけ能力が残っている。〔中略〕同意を拒否する能力のことだ。そこで、我々はもちろん石けんがなく、水がよごれていても、顔を洗い、上着でぬぐわねばならない。また規則に従うためではなく、人間固有の特質と尊厳を守るために、靴に墨を塗らねばならない〔中略〕。／善意の人シュタインラウフはこんなことを言った。〔中略〕シュタインラウフの賢さと徳性は、確かに彼にとっては良いものだ。しかし私には十分とはいえない。
>
> （前掲書、四六頁以下）

シュタインラウフは収容所を生き残れなかったが、代わりにレーヴィが生き残り、証拠を持ち帰り語った。しかしレーヴィが生き残ったのは、「人間固有の特質と尊厳」を保ったためではない。彼に言わせれば「最悪のものたちが、つまり最も適合したものたちが生き残った。最良のものたちはみな死んでしまった」(『溺れるものと救われるもの』八六頁)のである。

最良のものたちは、英雄的に生き、英雄的に死んでいった。「人間固有の特質と尊厳」は、たしかに大切なもので、私たちの束の間の生にも意味をもたらしてくれるだろう。しかし、レーヴィはそうした「生の意味」には満足しない。生きながらにして破壊された人間を数多く目撃していた彼はすでに、生の領域を飛び越えていたように思える。だからこそ、私はレーヴィから、この世ではないところから語りかけてくる死者たちとかかわるための、手がかりを与えられるように感じるのである。

3　レーヴィの夢

レーヴィの著作を読んでいると、至る所で夢が語られていることに気付く。「夜には絶え間なく、悪夢に責めたてられた」(『これが人間か』一四頁)、「夢を見ても、道路や橋の上に寝ていたり、人が大勢出入りする戸口をふさいでいるような夢ばかりだ」(前掲書、四三頁)、「夢見ることに呪いあれ。目覚めて意識が戻る時が一番つらい」(前掲書、五一頁)。明らかに彼は夢を嫌悪しているが、そんな中でも彼の人生でのちに重大な役割を演じることになる一つの夢を彼は見る。

> そこには妹と、だれだか分からないが、私の友人と、ほかに人がたくさんいる。みな私の話を聞いている。私はちょうどこの汽笛のことを話している。三つの音色の汽笛、硬い寝床、押しのけたいのだが、私よりも強いから、恐くて起こせない隣人のこと、また激しい飢え、虱の検査、私の鼻をなぐって、鼻血を洗いに行かせたカポー〔囚人でありながら強制収容所内で特権的な地位にいて、囚人たちを管理していた者のこと〕のことなどを、あますことなく語る。自分の家にいて、親しい人々に囲まれ、話すことがたくさんあるのは、何とも形容し難い、強烈で、肉体的な喜びだ。だがだれも話を聞いていないのに気づかないわけにはいかない。それどころか、まったく無関心なのだ。私など存在しないかのように、自分たちだけで、ほかのことをがやがやとしゃべっている。妹は私を見て、立ち上がり、何も言わずに出てゆく。
>
> 〔前掲書、七三頁〕

この夢については、本書所収の小杉論文の中に詳細な解説があるが、ここでは少し違った角度から検討してみたい。レーヴィは「この夢は普通の夢ではない、ここに入った時から、状況や細部がわずかに変わるだけで、一度ならず、何度も見ていることが思い浮かんでくる。〔中略〕アルベルト〔レーヴィの親友〕にもこの話をしたのを思い出す。すると驚いたことに、彼は、自分の夢も同じだ、ほかにもそうした人はたくさんいるから、おそらく全員の夢がそうなのだ、と教えてくれた」（前掲書、七四頁）と述懐する。そしてレーヴィは、彼の意志とは無関係に、この夢と関連するいくつもの体験に導かれていく。たとえば次のようなものである。

> 今は「左、左、左、また左」の時間だ。足を間違えてはいけない時だ。クラウスは不器用な男だ。行進ができないので、もうカポーに一回蹴飛ばされている〔中略〕。／すると今ここで語っておく価値のある、重大なことが起きた〔中略〕。私はクラウスに長々と話を始めてしまったのだ〔中略〕。／夢を見た話だ。私は自分の生まれた家にいて、家族とテーブルを囲んでいた。足はテーブルの下にきちんと入れ、あふれんばかりの食べ物を目の前にしていた。季節は夏で、イタリアでのことだった。〔中略〕私は不安にかられて立ち上がり、扉を開ける。するとだれがいたと思う？　きみだ、このクラウス・パーリだ。帽子をかぶり、栄養状態は良く、服も清潔だ。自由人の服装をしていて、手には丸パンを持っている。二キロはありそうで、まだ温かい。私はとてもうれしくなって、「やあ、パーリ、元気かい？」と声をかけ、中に通し、だれだか家族に紹介する〔中略〕。／市民としてのクラウスはとてもよい若者だったことだろう。だがここ〔収容所〕では長く生きられそうもない。これは一目で分かることで、公理のようにはっきりしている〔中略〕。彼の感動はせきを切り、マジャール人の耳慣れない言葉に託されて、奔流のようにあふれ出す。
>
> （前掲書、一七二頁以下）

レーヴィは「あわれで愚かなクラウス。みんな嘘なんだ。夢など見はしなかった」（前掲書、一七三頁）とこのすぐ後で付け加えている。しかし決して嘘などではない。レーヴィの語りが、先述の夢から自発的に発展したファンタジーなのは明らかである。夢を別の次元にある現実とみなすとすれば、やはりこの彼の語りも別の次元での現実なのであり、一つの真実なのである。レーヴィは夢に入り込んでいて、それゆえに夢が生きたものとして動き出したのである。「嘘なんだ」とあえて付け加えるレーヴィの語りは、臨床場面において、心にとって重要な意味を持つ話をしてから、「大した話ではないですけどね」と付け加えるクライエントの語りと似ている。

　ファンタジーであるのに「真実」であるとは、奇妙に思えるかもしれないが、心理療法において、自我とは異なる次元の声を聴き届けようとする場合、夢やファンタジーを「真実」として受け止めなくてはならない。もちろんそれはいわゆる客観的な事実とは異なるものだが、私たちの存在のあり方を決定づけるような力を持つものなのであり、一つの現実なのであり、その意味で真実なのである。

　このことについて若干説明が必要だろう。たとえば分析心理学を創始した心理療法家であるユングは、一九二五年に行われたセミナーで、自分の心と向き合うためには、自発的に生じてきたファンタジーを完全な現実として受け入れなくてはならなかった、と語っている。そうすることによって彼は、いわば穴を掘り進むかのようにしてファンタジーの中に入っていき、そこでさまざまな人物像と出会い、まるで外的現実の他者たちと対話をするようにして、それらの内的現実の人物像たちと対話をする。ユングによれば、そうして見つけ出した一つの真実を、より世間に受け入れられやすいように書き換えたものが、彼の主著の一つである『タイプ論』であるという。つまり『タイプ論』は、ユングの象徴的なファンタジーを、抽象的な用語を使って私たちに伝わるように言い直した、翻訳なのである。

私がユングから学ぶのは、ファンタジーを現実として受け入れる、この姿勢である。私が『タイプ論』を真剣に受け止めるのは、それが科学的な意味での事実だからではなく、ファンタジーの産物としての真実だからである。同じように、家の中の階段をユングが降りていくとだんだん部屋の様子が古い時代のものになっていき最終的には地下室の底に有史以前の骨を見出すという、彼の見た有名な夢についても、ユングはフロイトによる、誰かの死を願っているとする個人主義的な解釈を採用しない。心の奥底、つまり地下室の底に、有史以前の骨、つまり集合的無意識があることを示している、と解釈するのである。そしてそれを元にして、フロイトとの決別を決意してまで『変容の象徴』を書くのであり、それを読む私もそれを一つの真実であると受け取るのである。

心理療法において夢を聴く私たちに、ユングは次のように勧める。

> それ〔夢やファンタジー〕に特別注意を向け、集中し、その変化を客観的に観察しなくてはならない。この仕事に労力を惜しんではならないし、続いて起こる自発的なファンタジーの変容を注視してそれに注意深く付き従わねばならない。とりわけ、それに備わってはいないものを外部から入り込ませてはならない。なぜならファンタジー・イメージには「それが必要とするあらゆるもの」が備わっているのだから。
>
> （『結合の神秘』七四九節）

人は普通夢を見るときに、それが夢であることを認識していない。夢を現実とみなしている。つまり起きているときの現実が、外側に他の世界を持つことがないのと同様に、夢は夢自体の外側に他の世界を持つことはないのである。心理療法においてクライエントの夢を本当に理解しようとするならば、臨床家である私も、報告された夢の中に入り込まなくてはならない。そのときには夢自体の外側に他の世界があることを忘れなくてはならないのである。必要なものはすべてそこに揃っている。これは夢分析を実践する心理療法にとって欠かすことのできない方法論となっている。たとえばユング派の分析家であるギーゲリッヒが「夢解釈は、我を忘れ、自分を忘れてしまい、夢の内から、夢からの贈り物として自分自身を再び見出すという目的のためにある」（『神話と意識』五七頁）というとき、こうした夢への包摂性が前提とされている。

たとえば、現実の生活において、ふとしたときに「これは夢の世界ではないだろうか」と感じることはないだろうか。私は子供のころよくそのようなことを考えては、覚醒して目の前の世界が消えてしまうことに恐れおののいていた。そしてまた「もし覚醒してしまったなら、想像もできない覚醒後の世界に投げ出されてしまうはずだ」と考えると気が気でならなかった。それと同じように、夢に包摂されると、夢の外の世界のことは想像できなくなる。その夢の中の世界で暮らしながら、「これは夢の世界ではないだろうか」という考えが浮かんできたとしたら、目の前の夢の世界が消えてしまうことが怖くなってしまうだろう。そして覚醒後の世界のことなど、まったく想像できないだろう。夢に包摂されるとは、それくらい夢の世界に入り込む、ということである。

こうしたことを念頭においてレーヴィの記述を読むと、彼もユングと同じように、穴を掘り進むかのようにしてファンタジーの中に入っていったことがわかるし、それによってファンタジーがひとりでに展開していったこともわかる。だからこそ彼は自分の意志とは関係なくクラウスに「長々と話を始めてしまった」のだ。だからこそクラウスもそのファンタジーを真実として受け取り、感動したのだ。「みんな嘘なんだ」というレーヴィの言葉は、当時の彼が意識的にはまだこのことに気付いていなかった、ということを示すにすぎない。

レーヴィは強制収容所から抜け出したあとも、「穴を掘り」続けていた。それは、我知らずクラウスに「長々と話を」したことの延長線上にある。たとえば彼が強制収容所の外で初めて民間人と出会ったときに夢中になって自分の体験を語ったときの、次のような体験である。

> 私は文明世界に語るべき緊急のことがらを、山と抱えていた。それは自分のことだったが、すべての人に関係があった。流血の話で、すべての人の良心を根底から揺さぶるはずだった。〔中略〕／聴衆は少しずつ散り始めた。どうも事情を理解したらしかった。アウシュヴィッツでの夜に、私はこうしたことをすでに夢に見ていたし、私たち全員がそうだった。話しても聞いてもらえない、自由になってもひとりぼっちでいる、という夢だった。
>
> （『休戦』五六頁以下）

あるいはイタリアに帰り着いた後のある出来事を、彼は次のように語っている。

> 私は帰国するや否や、即座にアルベルトの町に行き、彼の母と兄弟に、自分の知っていることを告げるのが義務であると思った。私は礼儀正しく、暖かく迎えられたのだが、私が話を始めるや否や、母親はやめるように頼んできた。彼女はもうすべてを知っていた、少なくともアルベルトに関しては（息子が無事であると信じているのだから、その間違いを指摘するような話はしないでくれ、ということ）。私がいつもの恐ろしい話を繰り返すのは無駄であった。
>
> （『溺れるものと救われるもの』二九頁）

ユングは前述の「地下室の骨の夢」を見た後、「発掘が行われている現場を探し出し、そこに行ってみた」（『分析心理学セミナー一九二五』二四頁）というが、レーヴィはここでユングと同じことをしている。レーヴィは自分の見た夢と同じように、わざわざ話をしに行っては拒絶される。夢に導かれている彼は、拒絶されても自分の体験を語らざるをえないのである。それは彼が夢を掘り続けていたからなのだが、そうして掘り進められた夢が彼の著作、すなわちホロコーストの証言となったのである。そのことは『休戦』の冒頭に掲げられた詩が明確に伝えている。

> 夢を見た、私たちは、苛烈な夜に
> 濃密で荒々しい夢を、魂と、体と、全身全霊で。

家に帰り、食事をして、すべてを語っている。
朝の命令が、
短く静かに響くまで、
あの「フスターヴァチ」が。
すると胸で心が砕け散る。
いま家を探し出し、
腹は満たされ、
すべてを語り終えた。
その時だ。すぐにまた聞くことだろう
外国語の命令を、
あの「フスターヴァチ」を。

（『休戦』前付け）

彼は夢の中にいて、家に帰り、食事をして、すべてを語っている。そこで語っている内容がこの著作なのである。収容所で見た夢の中にいるからこそ、「フスターヴァチ（起床）」という命令を予感しているのである。

この本は、最後もこの夢で終わっている。ミラノの家に帰り着いたレーヴィは、再び自分がアウシュヴィッツにいる夢を見る。

それは夢の中の夢という、二重の形を取っていた。細かい部分はそのつど違ったが、本質は同じだった。私は家族や友人と食卓についていたり、仕事をしていたり、緑の野原にいる。要するに穏やかで、くつろいだ雰囲気で〔中略〕だが私はかすかだが深い不安を感じている。〔中略〕背景、周囲の状況、人物がみな消え失せ、溶解し、不安だけがより強く、明確になる。今ではすべてが混沌に向かっていて、私は濁った灰色の無の中にただ一人でいる。〔中略〕私はまだラーゲルにいて、ラーゲル以外は何ものも真実ではないのだ。それ以外のものは短い休暇、錯覚、夢でしかない。家庭も、花咲く自然も、家も。こうした夢全体が、平和の夢が終わってしまう。するとまだ冷たく続いている、それを包む別の夢の中で、よく知っている、ある声が響くのが聞こえる。尊大さなどない、短くて、静かな、ただ一つの言葉。それはアウシュヴィッツの朝を告げる命令の言葉、びくびくと待っていなければならない、外国の言葉だ。「フスターヴァチ」、さあ、起きるのだ。

（『休戦』二五五頁）

ここでこの夢と、夢によって書かれたこの本は、ユングの「ヨガ行者の夢」と同じ構造を持っていることがわかる。すなわちユングが夢の中で、結跏趺坐をして瞑想しているヨガ行者と出会い、「彼が私を瞑想している者だ。彼が夢を見ていて、私がその夢だ」と考える『自伝』の中の一場面である。ユングはこのヨガ行者を、ユング自身の存在の基盤であると感じたのであり、その基盤によってユングが夢として見られていると感じたのであり、ユング自身よりもさらに現実感のある存在であると感じたのである。このユングの夢は、夢の世界と目覚めているときの現実と、どちらが「現実」であるといえるのか、どちらも現実と言えるのではないか、と私たちに問い掛ける。そしてこのユングの夢と同じく、レーヴィの夢も、ラーゲルのレーヴィが家に帰りついたレーヴィを夢見て本を書いているとも、家に帰りついたレーヴィがラーゲルのレーヴィを夢見て本を書いているともみなせるのである。

　レーヴィに多大な影響を受けたイタリアの哲学者であるアガンベンは、レーヴィの著作のこの箇所を、強制収容所は「起こることをけっして止めておらず、つねにすでにくり返されている」（『アウシュヴィッツの残りのもの』一三四頁）ことを示しているとして引用する。そしてここに、ニーチェのようにキリスト教的なルサンチマンの道徳を乗り越えて現在をそのまま肯定する永遠回帰の願望を見るのでもなく、あるいは逆にルサンチマンの道徳の再興を見るのでもなく、望んでもいない永遠回帰の嫌悪すべき現実化を見て、この夢に新しい倫理の形を見ている。つまりアガンベンもレーヴィの夢を「夢に過ぎないもの」としては扱っておらず、繰り返される「現実」と見なしているのである。

4　夢への包摂

　このように、レーヴィの夢が一つの現実であり、そこで語られている内容が彼の著作なのだとすると、私は彼の著作に書かれていることをすべて夢の中での語りであり、そうであるからこそ一つの真実の語りであるとみなさなければならない。もちろんレーヴィの著作の中で語られる話は、客観的事実として生じた出来事の記録でもあるのだが、それと同時に、私は心理療法家である以上、彼の夢の中に入り込み、彼の証言を別の次元にあるもう一つの真実としても受け取らなくてはならないのである。かつてユングは、哲学によって人間の存在のあり方を決定的に変えたヘーゲルを、ファンタジーに基づいて哲学を展開した人物であるとみなし、「哲学者の偽装をした心理学者である」（『ユング書簡集I』英語版、一九四頁）と評したが、それに倣えば、レーヴィは私にとって「証人の偽装をした心理学者である」とも言えるだろう。

レーヴィは穴を掘り進むようにして夢の中へと入っていく。彼にとっては夢の外側に他の世界などない。彼の著作が夢ではじまり、夢で終わり、その外側には一行も文章が存在しないことが、それを象徴的に示している。まさしくここでレーヴィは夢に包摂されているのである。

レーヴィは著作の中で、

> 溺れたものたち（廃人となった囚人たちをレーヴィはこのように呼んだ）は、もし紙とペンを持っていたとしても、何も書かなかっただろう。なぜなら彼らの死は、肉体的な死よりも前に始まっていたからだ。彼らは死ぬ何週間も、何カ月も前に、観察し、記憶し、比べて計り、表現する能力を失っていた。だから私たちが彼らの代わりに、代理として話すのだ。
>
> （『溺れるものと救われるもの』八八頁）

と気付く。彼の著作が夢の中の語りである以上、この発見も夢の中でなされたものと考えるべきだろう。つまり彼は「夢からの贈り物として」、証人としての「自分自身を見出」したのである。彼は証言を記すことになった事情を、自伝的な短編小説の中で、「生者よりも死者に近く、人間であることに罪があると感じていた。〔中略〕私は短い血まみれの詩を書き、声に出したり、文章で、めまいのするような事々を語った。そうすることで徐々に本が生れ出た。私は書くことで短い平安を得て、また人間になったと感じた」（『周期律』二三四頁）と表現しているが、この記述からは、彼の意志で本が書かれたというよりも、彼は何かに強制されて本を書いていたことが読み取れる。こうして彼は、夢の中で家族に語った内容を書き記し、出版し、世界に向けて証言したのである。そうして書かれた証言は、「すべての人の良心を根底から」揺さぶっただけではなく、先述のアガンベンのような思想家たちに大きな影響を与えるなど、思想的にも発展し、世界に大きな影響を与えたのである。

レーヴィが生涯この夢を掘りつづけていたことは、自死の前年に出版した著作でもこの夢について触れていることから明らかである。その箇所で彼は「ほとんどの生き残りがこの夢について述べている」のだとしている。

それは絶望から生まれた、夜の夢の中に現れた。ほとんどの生き残りが、回顧録に書くか語るかして、収容所での夜に非常にひんぱんに見た夢について述べている。それは細部が異なっているにしても、実質的には同じものだ。家に帰って、ほっと安堵しながらも、味わった苦しみを親しいものに熱心に語りかけるのだが、信じてもらえず、耳さえ傾けてもらえない。最も典型的な例では（一番残酷な例だ）、相手が背を向けて、無言のまま出ていってしまう。

（『溺れるものと救われるもの』四頁）

彼がこのように言うのであれば、私はこの夢を、彼個人の夢とみなすのではなく、囚人たちの夢、ホロコーストそのものの夢とみなすべきであるし、彼の語りはホロコーストそのものの語りであるとみなすべきだろう（レーヴィはホロコーストという用語に嫌悪感を抱いていたが、一般的な用語法に沿ってここではこの語を使用する）。それは聴くに耐えない陰惨なものであるし、彼の夢の中の人々と同じように、無関心を装いたくなるような語りである。しかし、私は臨床家として、夢を聴くとき、彼と共に夢の包摂性の内部にいる必要があるのだった。彼の言葉を聴かざるをえないのである。夢の中の彼の妹のように、立ち上がって出ていくことはできない。夢に外部は存在せず、出ていく場所などないのだから。

私たちは見ないことができなかった。かつても現在も、苦痛の海が私たちを取り巻いていて、その海面は年々上昇し、私たちを溺れさせるまでになっている。目を閉じたり、背を向けることは無益であった。なぜならそれは私たちの周り全体に、地平線のかなたまで、あらゆる方向に存在したからである。

（前掲書、九〇頁）

私がレーヴィの夢に包摂されるのであれば、私もこのように語る彼と同じ体験をするはずである。そうして私は彼が代理として語る、「溺れたものたち」の話を聴かざるをえないのである。

レーヴィの短編小説に「人間の友」という話がある。人間に寄生するサナダムシの細胞の配列に規則性があることを発見した科学者が、それを解読すると、それが韻文であった、というものだ。サナダムシはその詩によって宿主への愛を歌い上げていたのだが、「不本意ながら宿主となっていた、ダンピアー（イリノイ州）のとある銀行員は、それを見ることをきっぱりと拒絶」（『天使の蝶』一四一頁）する。誰もそのような気味の悪いものは聴きたくないのである。ここに描かれているサナダムシの詩とは、まるで収容所にまつわる誰も聞きたがらないレーヴィの証言のようではないだろうか。親しい人々に囲まれ、肉体的な喜びを感じながら語られるレーヴィの証言にも、やはり愛が込められていたのではなかったか？　クラウス・パーリに語ったときも、アルベルトの母に語ったときも、彼の言葉には愛が込められてはいなかっただろうか？

5　残酷な知らせ

夢の語りとして彼の著作を読み、その中に包摂されるということは、客観的事実を目撃する部外者にとどまることを不可能にし、私は物語の主体として彼の夢にかかわらざるを得なくなる。彼の夢に包摂されるとき、私はいわば自分の定義を決定的に変えられる体験をするのである。

レーヴィは強制収容所の体験について、次のように語る。

> 人間の体験はどんなものであっても、意味のない、分析に値しないものはない、そして今語っているこの特殊な世界からも、前向きではないにしろ、根本的な意味を引き出せる、と私たちは信じている。
>
> （『これが人間か』一〇九頁）

この言葉から、レーヴィはみずからの体験を語ることで、それに「意味」を見出そうとしていることがわかる。ではこの意味とはなんだろうか？　もし彼の体験に意味が見出せるのであれば、私は語りかけてくる死者たちとかかわることができるかもしれない。

しかし残念ながら、ここでレーヴィが私に教えてくれる意味は、フランクルの言うような英雄的な、生に価値を見出すような「意味」ではないのである。シュタインラウフがレーヴィに説いたような「人間固有の特質と尊厳」というような「意味」でもない。溺れた者の代弁者である彼が伝える内容は、むしろ、耳をふさぎたくなるような「前向きではない」意味である。

彼の語りが何を伝えているかは、先述のアガンベンが端的にまとめている。彼はレーヴィを評して、次のように述べる。

> 生き残った者たちが収容所で守りとおすことのできた善は、したがって、尊厳ではない。その反対に、いかなる想像もおよばないくらいに尊厳と上品さが失われうるということ、零落の極みにあってもなお生が営まれるということ——このことが、生き残った者たちが収容所から人間の国に持ち帰る残酷な知らせである。そして、この新しい知識が、いまや、あらゆる道徳とあらゆる尊厳を判断し測定するための試金石となる。そのもっとも極端な定式化である回教徒〔坂を転がり切って「歩く死体」と呼ばれるようになった者のことを、強制収容所内では「回教徒」と呼んだ〕は、尊厳が終わったところで始まる倫理もしくは生の形態の番人である。そして、沈んでしまった者たちのために証言し、かれらの代わりに語るレーヴィは、この新しい倫理の地（terra ethica）の地図製作者であり、回教徒の国（Muselmannland）の執拗な土地測量技師である。（『アウシュヴィッツの残りのもの』九〇頁以下）

レーヴィが私にもたらすのは「残酷な知らせ」である。レーヴィはインタビューで「人間から人間性を奪うことは可能ですか？」という問いに答えて、「残念ながら出来ます。ええ、残念ながら」と断言している（『プリーモ・レーヴィは語る』二二〇頁）。「最早（犠牲者も虐待者も）どちらも人間とは言えないのです。一方では暴力を被ることで、もう一方では大抵自分でそれを選ぶことによって、両方の側で非人間化が進められたのです」（前掲書、二二八頁）と語るレーヴィは私に、回教徒のことを語り、同じ境遇にあるはずの収容者同士の権力闘争のことを語り、みずからも殺されることになるとわかっていながら同胞の死体処理を担うゾンダーコマンドのことを語る。つまり彼は、人間のあらゆる尊厳は失われうることを語るのである。

こうしてレーヴィの証言は私に、人間という概念についての「前向きではない」再考を突きつけることになる。

人間の尊厳は失われうる、とは認めがたいことかもしれない。ここでレーヴィが取り上げる、モルゲンシュテルンの寓意詩に目を向けてみよう。

パルムシュトゥロームという、過度に忠実なドイツ市民が、通行禁止の道路で車にひかれた。彼は傷ついた体で身を起こし、よく考えてみた。もし通行が禁止されているなら、車は走ることができない。つまり走ることはない。それゆえ自動車事故はありえない。これは「あり得ない事実《ウンメークリヒエ・タートザッヒエ》」である（これが詩の題である）。彼は夢を見ただけに違いない。なぜならまさに「道徳的に存在が正当ではない物事は、存在できない」からである。

（『溺れるものと救われるもの』一八〇頁）

この寓意詩をレーヴィが取り上げたのは、ナチスの危険が迫る中で逃げようとしなかったユダヤ人が、危険に目をつぶって都合よく解釈していたときの心境を示すためであるが、人間から尊厳を奪う強制収容所から目を背けようとする人々にもあてはまるだろう。まさしく「道徳的に存在が正当ではない物事は、存在できない」というわけである。しかし私がレーヴィの夢に入り込むのなら、「私たちは見ないことができなかった」と語るレーヴィと同じ体験をしなければならない。私には目を背けることは許されていないのである。

もちろん、ここで尊厳を奪われた人間とは、私を取り巻く他者のことではなく、私自身のことを指している。

たとえば心理療法において、クライエントに敬意を払い、私が彼らの言葉に耳を傾けるとき、まず変容するのは私の方である。クライエントの語る言葉が私の心の中に響き渡るとき、私は変容をこうむる。その変容のあり方は、単純にクライエントの言葉に感動するということでもないし、ましてや知的な理解を得る、などということでもない。それは私と世界との関わり方そのものが根底から覆るような変容である。見えるものが変容し、音楽や詩も異なって聞こえはじめる。そうした私の変容を経てはじめて、クライエントも、その必然性があるのであれば、変容することになるし、そのときにはじめて、心理療法は「意味」を獲得することになる。それと同じように、私がレーヴィに敬意を払い、彼の語りに耳を傾けるならば、私がまず変容するのであり、その結果として、強制収容所から「根本的な意味を引き出せる」という彼の信念に沿って、私も彼の体験に意味を見出すのである。そして私という人間の尊厳が奪われる、ということは、もちろん私という人間が軽視されてよい、という意味でもない。私と世界との関わりにおいて、私に無条件に尊厳が備わっているという考えが捨て去られる、という意味にすぎない。より正確に言えば、私は特段意識することもなく、人間である自分には無条件に尊厳が備わっていると思っていたのだが、それまで意識していなかった尊厳という無意識的前提を、明確に意識するようになった上でそれを捨て去り、裸で世界と向き合うようになる、ということである。

レーヴィの夢から本当に目を背けず、彼の語りに本当に耳を傾けることができたとき、私はこのような変容を被ることになる。アガンベンは、レーヴィが回教徒を遠回しに指すのに使う「ゴルゴンを見た者」という言葉を取り上げている。そこで彼は、回教徒は「見ることの不可能性」を見たものであるとし、「まさにこの非人間的な、見ることの不可能性は、人間的なものに呼びかけ問いかけるものであり、人間が耳を塞ぐことのできない頓呼法〔作者が登場人物や読者に向かって語りかける修辞技法。つまり「身をかわすことのできない呼び声」のこと〕である」（『アウシュヴィッツの残りのもの』六九頁）と述べる。だとすれば「誰も聞きたがらない」、つまり聞くことの不可能なレーヴィの夢に私が包摂され、「私たちは見ないことができなかった」と語るレーヴィと同じ体験を私がするとき、ある意味で私も回教徒となり、私自身の尊厳が奪われるのである。レーヴィの語りによって私が変容する、とはこのようなことである。

　私のこれまでの道徳的観点からすれば、人間という概念には無条件に尊厳が備わっていた。そしてこれまでの私はこうした素朴な道徳的観点に基づいて世界とかかわっていたのである。ここでレーヴィが紹介している、彼の文通相手の女性の手紙を見てみよう。それによれば女性の父親がダッハウから帰還した直後に、女性が「人々をガスで殺し、それを焼却し、髪の毛や皮膚や歯を使うなんて、そんなことはあり得るの」と父親に尋ねると「いや、考えられない。〔中略〕そんなおぞましいことを信じてはならない」とたしなめられたという（『溺れるものと救われるもの』二一六頁）。強制収容所を体験したその父親にとってさえ、それは認めたくないような「あり得ない事実」なのである。しかしもちろん、「道徳的に存在が正当ではない物事」が存在するときには、変更されるべきなのはその「存在」の方ではなくて、「道徳的観点」の方である。そうした観点の変容に合わせて、それに基づく私と世界とのかかわり方そのものも変わらなくてはならない。ホロコーストを前にして、私は「人間の尊厳は失われえない」と述べることはできないのである。

レーヴィの短編小説「天使の蝶」では、ナチスの科学者が、人間は実は幼形成熟であり、さらなる変態をとげる潜在能力があるのではないか、という仮説を基に、実験を行う。実験は成功するのだが、人間の成体を目撃した娘はそれを、「『恐怖に怯えているらしく、おぞましい声をあげてました。〔中略〕いくら飛びあがろうともがいたところで、あの羽では……』／『〔中略〕まるでローストチキンの手羽の部分みたいな感じでした。〔中略〕頭はあまりよく見えませんでした。でも、けっして見た目にいいものではなく、ぎょっとさせられるところがありました。ちょうど博物館に飾られているミイラの頭みたいな……』」（『天使の蝶』九九頁以下）と証言する。レーヴィが証言した強制収容所における人間の姿も「ぎょっとさせられる」ものであった。彼の語りによって変容する私という存在も、「けっして見た目にいいもの」ではないかもしれない。しかしそれは私という存在の成熟した姿なのかもしれないである。それは私の望んでいたものではないし、おぞましいものでさえあるが、そうした私の希望とは無関係に、ある意味で、ナチスによって私は次の段階へとイニシエートされる。「戦争になったら、すべてが変わっちまう。おれたちも違ったものになるよう、覚悟を決める必要がある」（『今でなければいつ』一八頁）というレーヴィの別の小説の主人公のセリフは、私に向けられたものでもある。

レーヴィの小説で娘が目撃した、変態をとげた人間は、小説を読む私自身の姿なのである。かつての道徳的観念に捕らわれ、「尊厳」を身にまとっていた私は、幼形成熟だったのであり、まだ成体となっていなかったのである。たとえばギーゲリッヒはある論文で、近代以前の人間は子宮の中にいて、羊水のような神話的意味に完全に包まれている「未生」の人間であったと論じている。そして近代になってはじめて人間は子宮から生まれ出て、動物のように裸で環境にさらされるようになった、と述べている（「意味の終焉と人間の誕生」二二一頁）。ギーゲリッヒに沿って言えば、ここでは「尊厳」が私を包み込む羊水だったのであり、尊厳が無条件に備わっていると無意識的に思い込んでいた私は、「未生」の状態にあったことになる。その状態を「幼形成熟」と呼ぶか、「未生」と呼ぶかは別としても、私はレーヴィの夢を経てその状態を脱し、はじめて裸で世界と向き合うことができるようになるのである。

6　尊厳の喪失

かつての私は、自分には無条件に尊厳が備わっているとみなしていたが、そもそも人間と尊厳との結び付きは恣意的なものである。そのことは以下のアガンベンの記述によって説明されている。

> 「人文主義〔ヒューマニズム〕のマニフェスト」たるピコ・デッラ・ミランドラの弁論〔中略〕には、〝ディグニタース（dignitas）〟という語が含まれてはおらず、それゆえ、この語が人間に関連づけられるということはまったくありえないにもかかわらず、〔その弁論は〕いまなお不適切にも『人間の尊厳について（de hominis dignitate）』と呼ばれつづけており、しかもこの「ディグニタース」という語も、（尊厳というよりも）たんに「序列（rango）」ほどの意味しかもたない。〔中略〕実際に、彼の弁論の中心的なテーゼとは、人間がつくられたとき、創造の諸原型が余すところなく使い尽くされていた〔中略〕ために、人間はなんらの原型も、一定の場所（certam sedem）も、一切の際立った特性＝序列（ランゴ）も（nec munus ullum peculiare）もちえなかった、ということである〔中略〕。人文主義による人間の発見とは、人間そのものの不在の発見なのであり、人間の尊厳＝序列の取り返しようのない欠如の発見なのである。
>
> （『開かれ』五六頁以下）

つまり、尊厳の欠如の発見について書かれたはずの弁論が、いつしか人間には尊厳が備わっていることを証明する弁論として読み替えられていったわけである。そうしてアガンベンは「人権という構想は、人間自体の実存とされるものを基礎としていたが、この構想は、人権を唱導する者が、人権以外のあらゆる特質や特定の関係を――人間であるという単なる事実を除いて――本当に失った人間とはじめて向かうやいなや、瓦解した」というアーレントの言説を引用し、「人権宣言の数々を、立法者に永遠の倫理的原則の尊重を課すことを目的とする（実のところあまり成功を収めていない）法を超える永遠の価値を無償で布告するものとして読むことをやめるときである」（『ホモ・サケル』一七六頁）と勧めるのである。もちろん彼のこのような発言を、単純な反ヒューマニズム的見解とみなすべきではない。彼がこのように述べるのは、人間の尊厳を極限まで高めようとしたナチス・ドイツの試みによって、最終的にあの恐るべき強制収容所が生み出された、という事実が念頭にあってのことである。アガンベンはレーヴィの証言を取り上げて次のように述べる。

> 証言が語っているのは、これら〔ヒューマニズムや反ヒューマニズム〕とはまったく異なることである。それは以下のテーゼに定式化することができるだろう。「人間は、人間的ではないかぎりで、人間である」。あるいは、もっと正確に言えば、「人間は、非―人間について証言するかぎりで、人間である」。（『アウシュヴィッツの残りのもの』一六四頁）

つまり、アガンベンはレーヴィの証言に、新しい倫理のあり方を見出そうとしているわけであり、強制収容所を繰り返さないためには、尊厳に基づいて人間を考えることをやめなければならない、と考えているのである。

こうしたアガンベンの思想を、私は真剣に受け止めざるをえない。アガンベンは主にレーヴィの証言を扱った『アウシュヴィッツの残りのもの』の冒頭で、「〔収容所からの帰還者たちの〕証言について注釈することは、その欠落〔回教徒のことを指している〕に耳を傾けようとすることを意味するようになった。欠落に耳を傾けることは、〔中略〕アウシュヴィッツ以後に倫理の名を思いあがって自称しているほとんどすべての理論を一掃する」ことになると述べ、それが「語られていないことに耳を傾けるやり方、いやおそらくはその唯一可能なやり方である（一〇頁以下）」と述べている。彼は、あの「誰にも聞いてもらえない」というレーヴィの夢に、耳を傾けようとしているのである。その上で語られた彼の言葉を私が無視するのであれば、私はもはや臨床家ではないだろう。

　ところで、アガンベンは古代における聖なる人間《ホモ・サケル》と呼ばれる特殊な人々のことを取り上げている。彼らのことは「誰もが処罰されずに殺害することができたが、〔中略〕儀礼によって認められる形で殺害してはならなかった」（『ホモ・サケル』一〇四頁）。つまり彼らを殺害しても誰も咎められないが、彼らの死に「尊厳」を持たせてはならなかったのである。そのような人々の生を、アガンベンはベンヤミンの用語を借りて「剝き出しの生」と呼んでいる。こうした排除は、「人間の法からの例外化であるとともに神の法からの例外化であり、宗教的領域からの例外化であるとともに世俗的領域からの例外化」（前掲書、一一八頁）であるとされる。そしてこの例外化によって境界が定まることではじめて、聖なる人間《ホモ・サケル》ではない普通の人々の生が法に包含され、人々の生が尊厳を帯びることができたのである。つまり例外化こそが人々の尊厳の基礎だったのである。そしてナチスもドイツ人に尊厳を与えるために、古代と同じやり方で、ユダヤ人を聖なる人間《ホモ・サケル》として宗教的領域からも世俗的領域からも排除したのだった。さらにアガンベンは「現代にあっては、すべての市民が、ある特殊な、だが現実的きわまる意味で、潜在的にはホモ・サケルの姿を呈している」（前掲書、一五七頁）とも述べる。強制収容所を経た現代における人間は、意識しているかどうかは別としても、世俗的にも宗教的にも意味をはぎ取られて、「誕生」し、「剝き出しの生」となり、「成体」となっているのである。自分には人間としての尊厳が備わっていると思っていたかつての私は、そのことに気付いていなかっただけなのだ。私が人間の尊厳という、羊水のように人間を取り囲んでいたものに固執するならば、それは子宮の中に戻ろうとする試みに等しいだろう。そしてそうした無理な試みが集合的に生じた場合、私は尊厳を取り戻すために、私とは別の「誰もが処罰されずに殺害することが」できる人々を新たに必要とし、再び強制収容所を作り出すことになるだろう。私はナチスと同じ過ちを繰り返さないためにも、尊厳の喪失という人間の「誕生」を現実として受け止めなければならないだろう。

こうした倫理的な側面を別としても、先のアガンベンの言説にある、「人間は、非ー人間について証言するかぎりで、人間である」という言葉は、非常に重要だと思われる。この言葉からはユングが繰り返し取り上げる、「我々の石はありふれた石ではない」という錬金術の格言が思い出される。私はありふれた素朴な石を否定する、という弁証法的な過程を通して哲学者の石へと至るのである。

なお、ここで弁証法と言っているのは、ヘーゲルが定式化した弁証法のことであるが、一般的に理解（誤解）されているような、テーゼとアンチテーゼという二つのものがジンテーゼという第三のものに統一される、という事態を指しているのではない。ヘーゲルの弁証法には本来一つのものしか存在しない。「はじめの素朴な状態」がそれ自体の内側から否定され、そしてその否定されたものが、新しい「はじめの素朴な状態」となり、そしてそれがまた否定されていくという、継続的な動きのことを指しており、ここではその意味で弁証法という語を使用している。

つまりここで、素朴な人間を否定し、非ー人間という尊厳を失った人間について語ることで、私はいわば、弁証法的な否定を経た人間へと至るのである。先述の「短い血まみれの詩を書き、声に出したり、文章で、めまいのするような事々を語った。〔中略〕私は書くことで短い平安を得て、また人間になったと感じた」というレーヴィの言葉は、彼がただ以前の人間に戻った、ということだけを示しているのではない。彼は否定を経て、新しく誕生した人間になったのである。そして彼の血まみれの詩を読む私も、否定を経て新しい誕生を迎えるのである。

レーヴィの短編「免疫異常」は、変容を経た私が生きなくてはならない世界を具象的に描写している。その短編には、「人類に二つの世界大戦を提供した」、「穏やかで、筋の通った、規律ある世界」の後の、「かつては異種間の交雑を防いでいた免疫の防御力も弱まり、ほとんどなくなった」世界が描かれている（『リリス』一一九頁以下）。つまり人間と動物の雑種、人間と植物の雑種が溢れることになった世界である。この世界が、変容を経た私の目の前に開けている世界なのである。

この世界をアガンベンやギーゲリッヒの論述を援用してあえて言葉で説明すれば、以下のようになるだろう。アガンベンは強制収容所を、人間と非ー人間との区別を新たに設定するための企てだったとみなしている。しかし彼によれば、この計画は結局「最後には、人間と非人間を弁別する可能性そのものを破局へと巻き込んでいく」（『開かれ』四六頁）ことになるという。レーヴィの短編の世界は、この弁別が破局した後の世界なのである。人間と動物との区別は存在せず、もはや尊厳に満ちあふれた人間の特権的な地位は消失している。つまりこの短編は「人間と非—人間のあいだの閾の存在」（『アウシュヴィッツの残りのもの』七〇頁）である回教徒の物語といえるだろう。しかしそれでいて同時に、「新しい人間」の物語でもある。アガンベンは「ホモ・サケル」を「狼男」と結びつけ、「人間でも野獣でもない狼男はまさしく、その二つの世界のいずれにも属することなく、とはいえ逆説的に両方の世界に住みついている」（『ホモ・サケル』一五〇頁）と語り、レーヴィは「私は両生類、ないしはケンタウルス（ケンタウルスについて幾つか短編も書いている）のようなものなんです」（『プリーモ・レーヴィは語る』一〇七頁）と語っている。そうした人間とも動物とも判断のつかない存在が「新しい人間」なのである。これが、変容を経た後に私が住まなくてはならない世界である。

ギーゲリッヒが言うように「動物の無意識と人間の意識との違いは唯一、動物はその法や論理を、身体に根差した生得的解発機構（特定の刺激に対して決まった行動を取る、生物に備わったメカニズムのこと）として自身の中に持っていて、一方の人間は逆に、外にあって彼自身を取り巻く地平として、すなわち知識として、その法則や論理を持っている、という点にある」（『意味の終焉と人間の誕生』二一五頁）のなら、ホモ・サケルとなり、剥き出しの生となり、世界と直接向かい合う私は、もはや動物と変わらない。シュタインラウフがレーヴィに語った「ラーゲルとは人間を動物に変える巨大な機械だ」という言葉は、この意味で真実なのである。

誤解しないでいただきたいのだが、もちろんこれは、たとえば「謙虚さ」のようなものとは異なる。謙虚さという高潔な姿勢ではない。そして孤独に現実と向き合うような勇敢な態度でもない。私はみずからの意思でそうなったのですらない。ここで述べているのは、望むと望まざるとにかかわらず、ただ現実として、私には尊厳が備わっていない、ということであり、レーヴィの夢が私にもたらすのはただ、私がその現実を現実として見通すようになる、ということに過ぎない。

　こうして私がレーヴィの夢の中に入っていき、彼の語りを真実として聞き届けるとき、私の人間としてのあり方は根本的に変容することになる。そしていまの私には、こうした私自身の変容こそが、死者たちの語りかけに対して唯一できるかかわり方だと思われるのである。

　ここでもう一度レーヴィの夢に立ち返れば、「フスターヴァチ」という外国の言葉が改めて鳴り響く。この言葉は、「尊厳に満ちた人間」という神話的概念を大切にしていた私には暴力的に響く。私がまだ神話的意味に満ちた羊水に包まれていることを望んでいるとしても、神話的意味の外側から投げかけられるこの怒鳴り声によって、それは終焉を迎える。私には意味の解らない不気味な怒号が、私をまどろみから目覚めさせるのである。

引用文献

アガンベン、G（二〇〇三）『ホモ・サケル――主権権力と剝き出しの生』高桑和巳訳、以文社

アガンベン、G（二〇〇一）『アウシュヴィッツの残りのもの――アルシーヴと証人』上村忠男・廣石正和訳、月曜社

アガンベン、G（二〇〇四）『開かれ――人間と動物』岡田温司・多賀健太郎訳、平凡社
フランクル、V・E（二〇〇二）『夜と霧』池田香代子訳、みすず書房
ギーゲリッヒ、W（二〇〇一）「夢との取り組み」河合俊雄編集・監訳『神話と意識』所収、日本評論社、三一―六一頁
ギーゲリッヒ、W（二〇一〇）「意味の終焉と人間の誕生」『英語論文第四集』所収、スプリング・ジャーナル・ブックス、一八九―二八三頁（"The End of Meaning and the Birth of Man", *The Soul Always Thinks, The Collected English Papers of Wolfgang Giegerich*, Spring Journal, 2010）
レーヴィ、P（二〇一七）『これが人間か』竹山博英訳、朝日新聞出版
レーヴィ、P（一九九八）『休戦』竹山博英訳、朝日新聞社
レーヴィ、P（二〇〇八）『天使の蝶』関口英子訳、光文社
レーヴィ、P（一九九二）『周期律――元素追想』竹山博英訳、工作舎
レーヴィ、P（二〇一六）『リリス――アウシュヴィッツで見た幻想』竹山博英訳、晃洋書房
レーヴィ、P（一九九二）『今でなければいつ』竹山博英訳、朝日新聞社
レーヴィ、P（二〇一四）『溺れるものと救われるもの』竹山博英訳、朝日新聞出版
レーヴィ、P（二〇〇二）『プリーモ・レーヴィは語る――言葉・記憶・希望』多木陽介訳、青土社

コラム　ホロコーストと映画

清水めぐみ

いまからみると荒い映像と音声であっても、映画が普及し始めた当時の人々は、現代の私たち以上に映像にのめり込み魅了されたことでしょう。ナチスドイツもプロパガンダに映像を大いに利用していました。現在では、何もかも「見える化」され、だれもが映像表現を気軽に行えるようになり、「見たい」映像が作り出されもします。プロの作る、時間や労力を注ぎ込んだ美しい映像だけではなく、粗雑でもインパクトが大きい映像も流布するようになりました。映像はますます大きな影響力を持ってきているようです。

しかし、吟味を重ねて作られた映画は、このような時代になったからこそ、単なる娯楽ではなく「みにくい」ことを見られるようにする仕組みにもなりえます。ホロコーストは、だれにとっても、向き合いづらい、みにくい、ことです。それゆえに映画をみることを通じて、知り、感じ、考え、想うことは、ホロコーストを巡って歩き続けることに近いかもしれません。

ホロコーストを扱った映画を網羅的に挙げるなら、いまやインターネットで検索することが簡便ですし、視聴した作品から芋づる式にオススメ作品が提示されます。マイナーな作品を探して入手することは容易になりましたが、ビッグデータの中で「ほかならぬ私」の好みや選択は埋もれてしまいそうです。かつて映画評論家をあてにしていたのは権威におもねってもいたのでしょうが、こんにちデータから推測されるオススメや評価の高低といった量だけの情報を無批判に受け入れることにもぞっとしません。

　ここでは、そんな現状に対するささやかな抵抗として、映画を観たあとの、持っていき場のない気持ちや収まりの悪さが残る作品を中心に年代順に挙げました。ホロコーストを題材にした映画にはその描き方への批判もついてまわりますが、このリストも、だれにとってもよいものでも、スタンダードなものでもありません。リストによろうがよるまいが、出会った作品に分け入り、暖めてみることを「ほかならぬ私」は切望しているのかもしれません。

映画リスト

『紳士協定』（*Gentleman's Agreement*）（一九四七、日本公開は一九八七）エリア・カザン監督
　米国における反ユダヤ主義を扱っている。

『夜と霧』（*Nuit et Brouillard*）（一九五五）アラン・レネ監督
　フランクルの書籍の邦訳はこの映画から。本映画のタイトルは、総統命令に由来する。

『愛の嵐』（*Il Portiere di notte*, 英題：*The Night Porter*）（一九七三）リリアーナ・カヴァーニ監督
　かつてのナチス親衛隊将校と当時収容所で弄ばれた女性の再会。

『ソフィの選択』（*Sophie's Choice*）（一九八二）アラン・J・パクラ監督
　ウィリアム・スタイロンの同名小説の映画化。

『ショア』（*Shoah*）（一九八五）クロード・ランズマン監督
　九時間を超える長編。ノンフィクション。

『さよなら子供たち』（*Au Revoir Les Enfants*）（一九八七）ルイ・マル監督
　監督の自伝的体験。

『シンドラーのリスト』（*Schindler's List*）（一九九三）スティーヴン・スピルバーグ監督
「必要な労働力」としてユダヤ人の収容所送りを阻止したという実話に基づく。

『ライフ・イズ・ビューティフル』（*La vita è bella*）（一九九七）ロベルト・ベニーニ監督
　強制収容所に囚われてもなおあり続ける家族愛。

『戦場のピアニスト』（*The Pianist*）（二〇〇二）ロマン・ポランスキー監督
　ユダヤ系ポーランド人だったピアニストのシュピルマンの体験記に基づく。

『イングロリアス・バスターズ』（*Inglorious Basterds*）（二〇〇九）クエンティン・タランティーノ監督
　娯楽作品であるがゆえの、衝撃。

『サラの鍵』（*Elle S'appelait Sarah*）（二〇一〇）ジル・パケ＝ブランネール監督
　タチアナ・ド・ロネの同名小説の映画化。

『ハンナ・アーレント』（*Hannah Arendt*）（二〇一二）マルガレーテ・フォン・トロッタ監督
　アイヒマン裁判を傍聴しつづけ、刻銘に記述したユダヤ人哲学者アーレントのストーリー。

『あの日のように抱きしめて』（*Phoenix*）（二〇一四）クリスティアン・ペツォールト監督
　ユベール・モンテイエの小説『帰らざる肉体』の映画化。

『帰ってきたヒトラー』（*Er ist wieder da*）（二〇一五）デイヴィッド・ヴェンド監督
　ヒトラーが現代に蘇ったら？　ドイツでベストセラーになった同名小説の映画化。

『アイヒマンを追え！　ナチスがもっとも畏れた男』（*Der Staat gegen Fritz Bauer*）（二〇一五）ラース・クラウメ監督

アイヒマン逮捕に向けて奮闘したバウアー検事長のストーリー。

『黄金のアデーレ　名画の帰還』（*Woman in Gold*）サイモン・カーティス監督

ナチスに収奪された絵画の所有をめぐる、米国に亡命した女性の奮闘と悔恨。

『ゲッペルスと私』（*A German Life*）（二〇一六）クリスティアン・クレーネスほか監督

百三歳になった、宣伝相の元秘書へのインタビュー。

『否定と肯定』（*Denial*）（二〇一六）ミック・ジャクソン監督

リップシュタットの『否定と肯定――ホロコーストの真実をめぐる闘い』に対して「否定論者」アーヴィングが起こした訴訟を題材にしたドラマ。

コラム　ホロコーストと関連都市

清水めぐみ

本書は、ベルリンという場所と切り離せない、ホロコーストを巡る思索がまとめられています。ホロコーストはナチス・ドイツ勢力下のあらゆる場所で起きていたのですが、いまも続いていることとしてとらえるなら、それに関連する場所は、実際にそれが起きたところに限りません。

アメリカ合衆国には、建国以来多くのユダヤ人が移住しましたが、本書の植田作品で扱われている〈Different Trains〉のラケーラ、ポール、レイチェルのようにホロコーストを生き延びた人々も移住しました。ライヒの往復したニューヨークとロサンジェルスなどの都市にはユダヤ人が多く、畢竟かの地もホロコーストの体験を底流に持ち続けているはずです。けれど、人種主義はあり続け、ホロコーストが日々生じ続けていることを突き付けられます。

本書の各所で言及されるフランクルが暮らしたウィーンには、フロイトが英国に亡命するまで精神分析を行っていた住居が博物館として残されています。そこは、ロンドンから運び直したらしい待合室の数点の家具などを除けば空っぽで、思いがけず根こそぎにされる感覚に見舞われます。それは、アムステルダムの運河沿いの、アンネが身を隠していた家が当時のままに近く、潜航の熱気すら感じられることと対照的です。レーヴィも本書では言及されることの多い著述家ですが、彼の住んだトリノには、彼が身を投げた住まいが残っているそうです。

そして、パリはいつでも華やかで、いつも哀しみと背中合わせです。ホロコーストには多くのフランス人が当然のように協力し、それを恥としていますが、サン・バルテルミーの虐殺で血に染まったセーヌ川が美しい流れをたたえ、断頭台のあったコンコルド広場に数多の車や人が行き来するのを見ていると、きっと残虐なことはまた起きるのだろうと感じられます。

美しく活気に満ちている都市も、その歴史を紐解けば、悲惨で残酷なことだらけにちがいありません。だからこそ、残酷さ、悪、醜さを退けずにそれらと語り合い続けるために街を彷徨わざるをえないのでしょう。

第六章

死者と共に在ること

心理学と舞踊、その接点

古川真由美

I　序　ベルリンを歩く　——この街では、小さな躓きに誰かの死を知る

初めてベルリンを訪れたときの小さな思い出から始めよう。たくさんの個性的なショップやカフェが集まる魅力的な路地を幾分か浮かれた気分で散歩していたとき、不意に何かに足をとられて転びそうになった。足元には、鈍い色の金属のプレート。それが何であるかを知って、にわかに戦慄した。そしてそのプレートが一度、視界に入ってしまったら、もう目をそらすわけにはいかなくなり、向こうから飛び込んでくるようになった。ここも、またここにも。ここは昔、ユダヤ人街だったのだ。昔といっても、ほんの少し過去のこと。プレートには、かつての家の住人の名と、彼らがどこで死んだのかが刻まれている。アウシュヴィッツ、アウシュヴィッツ、そして

もちろん、アウシュヴィッツ以外でも。そのとき突如、現代のベルリンの目の前の賑やかな外界の映像と重なって、同時に暴力の予感と緊張に張り詰めたあの時代の街を歩いているような感覚に襲われた。次々とユダヤ系の隣人たちがどこかへと連れ去られていった街を、慄きながら彷徨う奇妙な体感を伴った幻覚だ。もちろん想像力の見せた幻ではあるが、はっきりと意識がありながら白昼夢的な体験をしたことは、忘れがたい記憶となっている。この街は、東京のように大震災や戦禍で燃やし尽くされた後、もはやそんなことは微塵も感じさせないほどに跡形もなく刷新されてしまう街とはまた別の魅力を放っている。

いまでは再建されたシナゴーグの建つこのあたり、ミッテ地区はアート系のショップやギャラリーなどで人気のエリアになっているが、戦前には穀物倉を意味するショイネン地区と呼ばれ、多くのユダヤ系の住民が暮らしていた。一九三八年の十一月九日夜から翌未明にかけて、ナチス党員らによる残虐行為がこの場所で行われた。「水晶の夜《クリスタルナハト》」と呼ばれる事件である。ユダヤ人の経営する商店のガラスは叩き砕かれ、シナゴーグは放火されて焼け落ち、一夜にして多くのユダヤ人が殺害された。この日付は、奇しくも後にベルリンの壁が崩壊した記念すべき日とまったく同じであり、ドイツ国民にとっては喜びだけではなく重い意味をもつのだという。そして路面に埋め込まれた真鍮のプレートは、ケルン在住の彫刻家、グンター・デムニッヒが一九九二年に始めた「躓きの石」というプロジェクトによる。厳密な調査のもとに、かつて実際にその場所に住んでいたユダヤ人の名前、強制収容所で亡くなった時を刻み、一つひとつ路上に埋め込んでいったものだ。ベルリンをはじめドイツを中心にこれまでに埋めた石の数は一万七千にもなるという。私はこの日以来、同種のプレートをプラハなど他の同様の哀しみを背負った街でも見つけることになった。

もちろん、私たちは、歴史的な事実として二十世紀にベルリンで起きたことを知っている。この街で昔、ヒトラーという名の独裁者が演説をしたり、輝かしく狂気に満ちた一九三六年のオリンピックが開催されたこと、そしてホロコーストと呼ばれる惨劇をヨーロッパが体験したことを忘れるわけにはいかない。それらは人類史に刻まれた出来事である。と同時に今日では、音楽や舞踊、建築などのアートに触れるために、また文学や映画の舞台となった地を探訪することや、幾つもの素晴らしい美術館や博物館、史跡を巡ることを期待して、この街を訪れる人々も数多くいることだろう。それはそれで素晴らしいことだ。長い時間を経てきたどの街でもそうであるように、ベルリンは忘れがたい記憶を地層のように積み重ねている。歴史的な街はいつでも多層的な時間軸で息づいていて、私たちがどの時を訪れるかによって、体験させてくれる何かが違うのだ。しかし私の心には、いまもどこか緊迫したムードと決して忘れられない衝撃とともに、あの夜に粉々になったガラスの破片が刺さったまま凍りついている。たとえベルリンの街が訪れるたびに新たな発見を感じるほど、どんなに多彩な魅力に満ちているとしても。

第二次世界大戦末期、いまの私たちが知るところの絶滅収容所アウシュヴィッツでは、日々、機械的な殺害が淡々と行われていた。ここは、もともとはポーランドの人々がオシフィエンチムと呼んでいた広々とした農地だった。それがいまでは、人類の負の遺産として、世界中の誰もが知るドイツ語の地名で呼ばれ、ある種の観光地のようになっている。この地に強制的に連れてこられた人々は、「消毒」、「シャワー」と聞かされ、害虫駆除用の毒薬で一斉に命を絶たれた。人々は、名前も故郷も失くし、番号で呼ばれ、物のように扱われてただ消されていったのだ。

ベルリンのホロコースト記念館では、たくさんの写真や手紙の数々、家族の記録フィルムなどが展示されている。ただ物として消されてしまった無数の人々に、再び名前を取り戻し、物語の断片を拾い集めようとする試み、彼らの死を、人間としての死にする営みが、いまも日々なされている。よく言われるように、二十世紀は映像の世紀でもある。少し緊張し、はにかみながら結婚を祝われる新郎新婦、そして、晴れの席に着飾って集まりお喋りしている親族たち。こうしたごくありふれた結婚披露宴の様子が家族のための記録フィルムに残されている。このフィルムに映っている幾人もが、単にユダヤ系であったというだけで、ほんの数年後に惨たらしく殺された。彼らのうちの誰が想像しえただろう？　ごくプライベートな自分たちの様子を映したフィルムが、少し先の未来にこのような場で繰り返し上映されることになろうとは。ここには彼らの生きた時間のうち、ほんの数分間が切り取られている。幾度も繰り返される終わりのない披露宴。私たちは確かに存在していたのだ、と写真やフィルムの中の人々は、見学者として訪れる私たちを見つめ返し、語りかけてくるようではないか。

果たして、これは過去に終わった話とみなすことができるのだろうか？　もしも、愛する人が殺されたらどうしたらいいだろう？　この私自身でさえも。ある日突然、なんの予告も心の準備もないまま、別れがたい親しい人々と引き離され、理由なく暴力を受け、声をあげることも出来ずに存在を消される。決してこのようなことが再び起こらないと言えるだろうか。私たちのいったい誰が、このような事態とまったく無関係であると言えるのだろうか。ベルリンの街を歩く者には、誰にでもこのような問いが開かれている。しかし、それは同時に、ベルリンでも、ニューヨークでも、パリでも、東京でも、たとえ世界のどの場所でも、同じであるかも知れない。

2　心理学と死　——果たしてこれは語りうるのか

私が従事する心理学（psychology）という言葉には、魂（psyche）という意のギリシャ語が含まれている。Psycheという語はそれ自体が、もともとは死や死体と関わりをもっていたという。また特に臨床心理学の「臨床」とは、古代ギリシャの神殿の寝台を表す言葉に由来するとされる[1]。この寝台を表すクリネー（kline）が、現代のクリニックや臨床clinicの概念の元であるらしい。もはや当時の医術では治る見込みがないとみなされた人々が、治癒を求めて医学の神、アスクレピオスの神殿を訪れ、聖域にある寝台で眠ることが許された。したがってこの場合の臨床とは、死の床に臨むという意味でもある。病者は、癒しの夢がもたらされることを願って眠りについた。生死は個人を超えたものに委ねられ、聖所での眠りは祈りでもあっただろう。すなわち心理学は、そもそもの成り立ちからして間違いなく死から出発し、死を含み込んでいるのであり、臨床家が、死について考えることは避けられないことではないだろうか。私たちは生者だけではなく、死者の声にも耳を傾けねばならないのだ。ユング派の分析家であるジェイムズ・ヒルマンが述べたように「私たちの文化の本当の病」は、「死者の声の喪失」、死の否定という病であり、これが人類の集合的な症状なのである。[2]

けれどもホロコーストとは、人類史上、他に経験し得ないような次元にある死である。おびただしい死者たちを前に、声を失くして立ち尽くすことから出発せざるを得ない。しかし同時に、ただ沈黙を守っていたいというのは、ショック状態で麻痺したまま目を背けたいということでもあるかも知れず、まずはホロコーストという事態を自らの内に迎え入れて、共にあろうとすることから始めるより他に術がない。

やはりユング派の分析家であるヴォルフガング・ギーゲリッヒが、ベルリンで開かれた夢分析のセミナーにおいて、参加者のある質問に答えたときのことである。私たちは、すぐにはわからない夢、理解に苦しむ夢にいったいどうやって接したらよいのだろうか？　ギーゲリッヒ氏は、グリム童話の「こわがることをおぼえるために旅にでかけた男の話」にちなんで、真剣に、しかしあたたかいユーモアをまじえて答えた。簡単にあらすじを紹介すると、この童話の主人公は、「ぞっとするということ」がついぞわからず、怖がるということを体験してみたくて故郷の村を旅立った。そして死霊や怪物でいっぱいの城へ肝試しに出かけて三晩目、主人公の前に棺桶に入った死体が現れたのだ。

　顔へさわってみましたら、その冷たいこと、まるで氷のようです。「まてよ、ちょっぴりあっためてやるから」〔中略〕「そうだ、二人一いっしょにねれば、あったまるんだ」。こう思いつくと、こんどは、死人をねどこへ入れて、ふとんをかけてやって、じぶんもそのわきにならんでねてみました。すこしたつと、思ったとおり、死人はからだがあたたまって、ぴくぴく動きだしました[3]。

つまり、わけのわからない不可解な夢やイメージ、いわば「冷たい死体」は、自らの身体の熱であたためてあげればよいというのである。このようにして、凍りつくような冷たい死体が、再び生命をもって蘇り、自ずと何か語り始めるのを待つのだという。この喩えにならい、ここでは身も凍りつき思わず目を背けたくなるイメージを、床であたため、そのようにして内側から湧き出でた着想の流れ出るままに語らしめることを試みる。

ホロコーストという事態そのものは、私たちを沈黙に陥らせる。どうにも関わりようがないと思わせ、口を開こうとするや否や、語りようがないとただちに諦めへと誘われてしまう。しかし、そもそもいつでも起こった体験そのものは、語りえないことであるかもしれない。夢分析においても、元々の体験、夢そのものの結晶それ自体をそのまま伝え、受け取ることは全く不可能なことであろう。「われわれが夢と呼んでいる現実は、文字通りの夢ではなくて、本当の元々の夢ではない」とギーゲリッヒは言う。夢の現実全体というのは「実際の夢の出来事とそれが夢を見た人によっていかに経験され、記憶され、語られるか、解釈する人によっていかに見られ、読まれるかの両方」であって、したがって実際の夢というのは虚構であり、「真の夢は存在しない」のだと。[4]

夢のみでなく、日々の臨床で耳を傾ける語りも、すべてこのようである。言うなれば臨床の場で日々起きていること、すなわち語られることと決して語りえないことの内奥に、微かに羽根を震わせる魂の蠢き、その音を、如何にして私たちは感じ取ることができるのであろうか。

たとえ長年お会いしている方であろうと、そのとき限りの出会いがすべてとなる方であろうと、都度の面接には、まっさらな身ひとつで入ってゆく感覚があり、それはどこか一度限りの風が吹く舞台芸術にも似た印象を持つ。そのときに拠り所と言えるものは、自分自身の五感と心がすべてなのだとしたら、臨床家は何らかの形で想像力と霊感の源泉を自らの内にもっておく必要があるのかも知れない。

思春期のある一時期、ただひたすらピアノを弾いて、舞踊を見続けていたことがあった。足しげく劇場に通い、家でも何時間もとりつかれたように同じ曲を弾き、飽きずに心酔したダンサーの映像を見続けた。まったくときを忘れて没頭していたが、まるで深海の水底にいるような心地だった。あの頃の自分には、到底、感じている世界を、言葉にして人に伝えることなど想像することも出来なかったろうと思う。いまも、自ずと言葉になること、決して言葉には置き換えられないこと。常にその両方の世界を往来している感覚がある。そして臨床では、この往来の感覚こそが大事な手がかりになると感じることがある。

心理療法家として数年を経過したある頃、そのような体験が生々しく鋭敏な感覚としては、やや薄れかけていた時期があった。この頃は、尊敬してやまない振付家やダンサーが相次いで亡くなったり、引退することが続いた。あるとき、振付家ピナ・バウシュとその舞台作品を題材にしたヴィム・ヴェンダースの映画を観た。衝撃だった。失われたと感じていた十代の頃の鮮明な感覚に襲われ、それらが再び生き生きとしたものとして蘇り、私の中に何かが着火したのだった。同映画のトレイラーで使用されている「踊りなさい。自らを見失わないように」(Dance, dance... otherwise we are lost.) というピナの言葉が、強烈に身体に入ってきた。その通りだと直観した。私たちは、太古の昔から、歌い、踊ってきたのではないだろうか。おそらくは、言葉が成立するずっと前から。いまでも、私の心をもっとも震わすもののひとつは、踊りである。踊りは、私の身体の奥底に眠る感覚を揺さぶる。大切なことはいつでも言葉にはならない。しかし同時に、であるからこそ、繰り返し試みる必要があるのだろう。寄せては返す波打ち際に静かに立ち、言葉になりそうな欠片を貝殻のように拾い集める密やかな行為が、死の床に侍る者としての仕事のひとつなのではないかと、ふと感じることがある。

3　言葉以外の道、踊り出す地点について

私たちは、決して起こってはならなかったはずの出来事が、すでに起きてしまった後の世界を生きている。果たしてこの事態に直面し、心は何かを語りうるのだろうか。あらためてここでは言葉を失くした地点からの呼びかけとして、非言語の芸術である舞踊の試みを紹介しつつ、死に

臨むという本来の意味での臨床に触れるための橋渡しとしてみたい。

ピナ・バウシュ――愛について、なにか話して

戦後の舞踊芸術を語る上で、最も重要な一人にピナ・バウシュがいることに異論はないだろう。彼女は他ならぬドイツの人である。一九四〇年七月二十七日生まれのダンサー、振付家であるピナ・バウシュは、ゾーリンゲンで生まれた。両親はレストラン付きの小さなホテルを経営していた。後年、代表作のひとつとなる『カフェ・ミュラー』は、このレストランでテーブルの下に隠れて、男女の諍いや内緒話など大人たちの世界を垣間見した子ども時代の思い出を題材にしている。私たち観客にとっては、舞台でピナ自身の踊りを見ることのできる貴重な作品であった。

二〇〇七年十一月、第二十三回京都賞の受賞を記念した講演『私を突き動かすもの』において、まず一番に語られたのは、戦争の記憶である。生まれ故郷のゾーリンゲンは、爆撃で激しく破壊された。人形が顔を覗かせた小さなリュックを用意して、空襲警報が鳴ると防空壕へ向かった思い出。ピナはまだ小さな女の子だった。そして五歳で敗戦を迎えた後は、東西に分断された祖国で育つ。飛んだり跳ねたりの遊びが大好きで、生まれながらにして人並み外れた身体能力を備えた少女は、ダンスを習い始め、十四歳のときに自然な巡り合わせでエッセンのフォルクバンク芸術大学舞踊科に入学する。そして、クルト・ヨースとの運命的な出会いを果たした。

ここで少し、ピナ登場以前のドイツのダンスシーンについて概略的に振り返ることとしよ

う。一九三〇年代には、ドイツ表現主義の流れを汲んで、舞踊の理論を精巧で知的なレベルに構築したルドルフ・ラバンや、伝説的な女性舞踊家であるマリー・ヴィグマンが活躍していた。一九二七年には、ラバンの弟子であったクルト・ヨースが主宰したフォルクヴァング・シューレがすでにあったのだが、ナチスが政権を掌握する一九三三年にヨースはカンパニー全員を引き連れて国外へ逃れている。ドイツのダンス界で亡命した最初の一人であった。戦前に花開いたドイツ表現主義は、ナチズムの台頭により、一九三〇年代の後半には退廃芸術とみなされ一旦は歴史から姿を消したかに見えた。

　ヨースは戦後の一九四九年、亡命先の英国から帰国したエッセンで教職に戻り、ピナという類まれな才能をもった少女に出会うことになる。回想によると、ピナにとってのクルト・ヨースもまた「特別な存在」であった。心の温かさとユーモアがあり、あらゆる分野の知識を持ち、二人目の父というべき存在だったようだ。生まれ持った才能に自身の努力でさらに磨きをかけたピナは、十八歳で奨学金を獲得し、ジュリアード音楽院舞踊科に留学してアントニー・チューダーらの下に学ぶ。英語もろくに話せなかった少女は、師や親許を離れて一人船旅で辿り着いたニューヨークで数々の冒険と挑戦を重ね、メトロポリタン・オペラなどでダンサーとして活躍した。そして師クルト・ヨースの求めに応じて一九六二年にはドイツに帰国し、フォルクヴァング・バレエに所属した。一九六八年頃からは、ダンサーとして舞台に立つのみに飽き足らず、自身で振付を始める。一九七三年にヴッパダール舞踊団の芸術監督に就任してからの目覚ましい活躍は、世界の知るところである。クルト・ヨースの愛弟子であったピナは、戦禍によって一度はその火が消えてしまったかに思われたドイツ表現主義舞踊の直系の継承者、もしくは再興者であると見なされる向きもある。ともあれ、次々と革新的な作品を生み出した功績は彼女自身の才能と、文字通り生涯を舞台に捧げた献身によるところである。

ピナの出身地、ゾーリンゲンは、ホロコーストにおいて、ユダヤ人輸送計画の最高責任者であったアドルフ・アイヒマンの故郷でもあった。彼女はとても寡黙で、あまり自らの作品について語らない人だった。先に紹介した京都賞受賞での講演は、ピナが六十七年の生涯でただ一度だけ引き受けたものであり、それ自体が非常に貴重な語りである。したがって自身が、直接にナチスやホロコーストに言及した作品があるわけではないが、時代の空気として、それらは暗黙の前提であったことは容易に想像される。

一九七五年に制作された『春の祭典』は、ピナの初期の傑作とみなされている。ストラヴィンスキー作曲の革新的な音楽に、バレエ・リュスの天才舞踊家ニジンスキーが振り付けたこの演目は、一九一三年のパリにおける初演以来、舞踊史に刻まれる伝説となった。以来この作品は、二十世紀バレエ団のモーリス・ベジャールによる新解釈をはじめ、数々の傑出した作品を生み出している。この曲に挑むことは振付家の才能を示す試金石でもあり、また恐ろしい試練でもある。この作品でピナは、最初の世界的な名声を獲得したといってよいだろう。

本物の土が敷き詰められた舞台の上で、裸体も露わな薄いドレスを纏った女性たち、上半身裸の男性たちが、音楽が鳴りやむまで素足で縦横無尽に、眼差し、駆け抜け、跳躍する。飛び散る汗、吐息。髪の一本一本までが踊っているのだ。一度幕が上がったら最後、息もつけない時間を観客も最後まで共にすることになる。女たちが赤い布を次々に投げ渡していく身振りは、遊びのようでありながら、同時に非常に切迫していて、ストラヴィンスキーの音楽と相まって緊張はいよいよ高まり極まってゆく。曲の終わりに最後に赤い布を手にすることになった女性は、恐怖を通りこして呆然とした表情を浮かべて立ち尽くす。途端に荒々しく激しく転調する音とともに、私たちはある選定がなされたことを知り、愕然とする。赤い布は、生贄のための装束であった。血色の衣装を着せられた女性の生贄のソロは圧巻である。死ぬまで踊り続ける運命。死を与えられた彼女の踊りを、私たちは見逃さずにいることしかできない。圧倒的な強度で迫るこの舞台は、犠牲の本質を問うているのではないだろうか。もともと初演の時点から、厳しい死をもたらす寒冷の大地を生き延び、春の訪れを祝うシャーマニズムの儀礼から着想された舞台である。ピナは、大地が張り裂け、割れるような圧倒的な自然の力と、その最中で揺れ動く人間集団の力動、恐怖や不安や焦燥といったありとあらゆる感情、そして儀式において召命されること、すなわち大いなるものに生贄として生命を捧げるということがどのようなことなのかを、私たちに示して見せたように思う。

この『春の祭典』を含む初期の作品は、圧倒されるような暴力性や残酷さ、救われなさ、決して成立せずにすれ違い続けるコミュニケーションなどの印象が顕わであり、目撃した者を根底的に揺さぶらずにはおかない。これらの痛みは、私たちに戦争の残滓を連想させるだけでなく、こうした悲惨をすでに経験してしまった人間存在を問うているように思う。人間そのものに本来的に備わる哀しみと苦しみがここでは露わである。ピナはあるトーク・イヴェントで、「私がもっとも怖いと思うもの、それは暴力です」と答えている。「たとえば誰かに激しく怒鳴りつけられれば、私は自分の殻に閉じこもってしまって出る気をなくしてしまいます。ただし、それは具体的な暴力と限らない。極めて抽象的なものでもありうるのです[5]」。

ピナは一九七八年頃から、新作を振りつける際に独自の手法を採用するようになる。作品のテーマに関連する無数の質問をダンサーたちに投げかけ、その答えを元に、即興的に言葉や身振り、音楽をコラージュしてシーンを重ねていく独特の創作手法である。こうして「タンツテアター」と呼ばれる舞台は生み出された。フランクフルトバレエ団を率いて、従来のクラシックバレエの脱構築を目論み、ピナと同時期にドイツおよび世界のダンスシーンを牽引した奇才ウィリアム・フォーサイスはこのように述べている。「要するに彼女は、ダンスを再び初めてつくりだしたのです。事実、ダンスシアターは、彼女がそれを初めて作り出すまで存在しなかったのです[6]」。

この制作過程について、先に紹介した講演におけるピナ自身の言葉ではこのように語られている。「私は、いわゆる「質問」、つまり、私が常に自分自身に対して問いかけていることを彼らに投げかけました。この制作方法は、土壇場から生まれてきたものです。これらの「質問」は、テーマに手探りで注意深く近づくための手段です。非常にオープンな作業であると同時に、非常に正確な方法でもあります。質問は、私が自分一人では全く考えもつかなかったような多くの事柄へ案内してくれるのです」。

一九八六年にローマ市と共同で『ヴィクトール』が制作されたことを皮切りに、世界中のさまざまな国の都市とコラボレートして、異文化や新しい言語との出会いから、新作が生み出されていくスタイルがとられるようになっていった。バレエの修練をその基礎としており、踊ること自体を決しておろそかにしてはいないながらも、前述のようにタンツテアターでは、語りかけやジェスチャー、短い芝居なども、ふんだんに持ち込まれる。その意味では、ピナは決して言葉を捨てなかった。必ず、その国の言葉で観客に語りかけるのだ。たとえば日本の観客には日本語で。単なる丸暗記ではなく、舞台制作のためにダンサーたちにその国を実体験として知るための事前研修や語学教室が開かれるような徹底ぶりだった。情報として言葉の「意味」のみを伝えたいのならば、よくなされるように字幕でもよいだろうに、ピナは決してそうはしなかった。ダンサーたちが、母国語で伝えようと舞台から語りかける身振りに観客は何かを感じたのではなかっただろうか。ピナが私たち観客を連れていきたかったのは、意味の向こう側、あるいはその奥というべきか、意味が生まれてくるその源泉ともいうべき何かなのだろうと想像する。

シチリアを題材とした『パレルモパレルモ』では、壁が壊れるシーンがある。一九八九年初演の作品である。したがって、もちろんベルリンの壁崩壊に結び付ける人も多くいたようだが、舞踊団でピナと一緒に仕事をしたダンサーのジャン・ロラン・サスポータスは、インタビューに答えてこう述べている。「倒壊した壁は、パレルモにはとても多いのです。ある地域ではこわれた壁を展示し公開しています。おそらくその影響もあるでしょう。壁の崩壊場面には多くの解釈があります。ピナはベルリンの壁ではない、関係ないといっている。でも可能性はないわけではない。そういう批評家もいますね」と[7]。

また別な例を紹介してみよう。『カーネーション』という作品には、「小さなバケツを持った男女が舞台に出てきて、バケツに入っていた土を、シャベルですくって自分の頭にかけ続けるという場面」がある。たいていは、どこの国でも「何かちょっとおかしいことをやってる」という風にユーモアのニュアンスで受け取られるはずのシーンだが、何故かロシアでこの作品を上演した時、観客たちは一斉に号泣し始めたのだという。なぜならこのツアーの直前に大地震が起きていて、ロシアの人々は地震に埋もれた同胞たちを連想して泣いたのだと。このような観客の反応は振り付けたバウシュにとっても、ダンサーたちにとってまったく想定外のことであった。しかし、「自分の作品が、自分とは全く関係のないところで、予想していなかったリアクション、あるいは世界をいわば創発的に生み出してくる、そのことが望ましいとピナは感じていたようだ」と舞踊評論家の貫成人は対談の中で述べている。[8]

このようにして、「私の」体験は、あくまでも個人的な体験や、あるひとつの事象であることを超えて、「私たちの」体験となりうる。ピナはダンサーたちに無数の質問を問いかけて、ごく主観的な体験や思いなど、それぞれの個別性から出発して、自ずとある普遍性へと至る舞台それ自体を創出した。舞台上の壁の崩壊は、実際のドイツや世界の状況と関係があるのかもしれない。しかし、ないのかも知れない。それは、ベルリンの壁でもよいし、九・一一のニューヨークや、パレスチナでの状況、シリアで起きていること、世界のありとあらゆる壁でありうるし、あるいは外側のどこにもない私たち自身の内なる壁と見なしてもいいだろう。ピナは決して言葉で答えを指し示すわけではない。私たちの内側にしか、答えはないのだろう。

先にも触れたが、一九八二年初演の『カーネーション』は、ヴッパダール舞踊団が世界の至るところで公演した傑作のひとつである。この舞台も同様にコラージュ的にシーンを重ねてゆく手法で制作された。公演時のパンフレットによると、ピナ自身がダンサー一人ひとりについて愛にまつわるたくさんの問いを投げかけたそうだ。「あなたの初恋について」、「愛（恋）にどんなイメージをもっていますか」、「誰かに愛（恋）を強制されたら、どうしますか？」など。実際の舞台には、何千本もの花がいっぱいに敷き詰められたカーネーション畑が出現する。しかし、この花園で繰り広げられるさまざまなシーンの内には、確かに暴力の気配や残酷さが含まれている。舞台前方には、国境警備塔か監視塔のように見える重々しい鉄の足場が組まれていて、重要な役割を果たす。花畑の中では子ども時代の懐かしい遊びが再現されているかのようでいて、それは単なる遊戯に留まらず、次第に命令と支配の残酷なゲームの様相を呈してゆく。あの『春の祭典』で、まるでハンカチ落としのような布の戯れが突然の死の宣告を意味するように、遊戯と暴力はいつもすれすれのところにあるのだと私たちに知らしめる。突然のパスポート・チェックの場面では、旅人役のダンサーたちは、通行を許可されるまで、卑屈な態度を取り続けなければならない。そしてダンサーたちが一人ずつ舞台端に登場し、どうしてダンサーになったのかについて、公演地の地元の母国語で観客に語りかけるシーンでは、「そして私はダンサーになった、なぜなら……」というフレーズが幾度も繰り返される。たとえば「ある女性ダンサーに恋をしてしまったから、私はダンサーになりました」、「幼稚園から踊っていたから」など。最後のダンサーは「兵隊になりたくなかったから！」と言い放って立ち去るのだ。

この舞台で最も印象的なシーンのひとつは、手話のダンスだろう。一人の黒いスーツ姿の男性が一面花畑の真ん中にすっと立ち、ガーシュウィンの『私の愛する男』という歌に合わせて、その歌詞を手話で披露してみせる。ここでの手話は、言葉であると同時に踊りである。やがてこの手話によるダンスは、春、夏、秋、冬と巡る四季の身振りとなり、ダンサーたち全員が一列になり観客に向かって微笑みながら踊るラインダンスへと展開してゆく。この舞台を目撃した者は、もはや観客として席に座り続けて「鑑賞」していることはできない。ダンサーの誘いに応じて、一人ずつおずおずと立ち上がり、この手話を元にした愛のダンスを見様見真似で踊ることになり、最後にはダンサーも観客も見つめ合い、劇場が一体となって同じ身振りをすることになる。このラインダンスは、長年の友人であったヴィム・ヴェンダースがピナの逝去後に完成させた映画『ピナ　踊り続ける命』でも、非常に印象的に使用されている。繰り返され巡る四季のダンスは、循環する命そのものを感じさせ、ただひたすらに美しい。終演後、人の気配がなくなった後の舞台には、踏みしだかれた花がライトに照らされたままにある。もちろん、花々を踏み荒らしながら踊ったダンサーの手足は傷だらけだ。「それでも愛は可能なのか」と問いかけるように、折れた花々は私たちの心に突き刺さる。ドイツではカーネーションは死者に捧げる花でもあるのだという。

私は愛のために戦っています。またも愛のために戦っているんです。自分が何をいいたいのかわかっている、心の底からそれがわかっている。でも私はまだそれを全然見つけていない気がする。時には〈そうなの、私が本当にいいたかったのはそれなのよ〉なんて気がしたり、思ったりすることもあります。でもそんなことはほんとうに少ないのです[9]。

ピナの晩年の作品であり、先に紹介したヴェンダースの映画でも取り上げられた四作品のひとつ『フルムーン』(二〇〇六年)では、初期の苛烈さはどこかへ消え失せ、少なくとも前景には現れていないように見える。一九九八年のあるインタビューにおいて、彼女の作品のトーンが「近年、明るく、人生を肯定するようなトーンになった」のではないかという問いに対して、ピナ

2017年3月のヴッパダール舞踊団来日公演時の写真。舞台いっぱいに咲いたカーネーション(終演後、3点とも筆者撮影)

は「私の作品はいつも両方です。明るいし、悲しいのです。作品は対照的な感情に依拠しています。たしかに、明るさはいつも何かに起因しています。もしかすると、今は明るさが必要なのかもしれませんね」と答えたという。[10]『フルムーン』は、その名のように、月満ちて瑞々しく、静けさや穏やかさとともに伝わってくるのは、優しさや慈愛ともいうべき何かである。互いにかけあうバケツの水、天上から降りしきる水を浴びて、ダンサーたちはずぶ濡れになりながら、音楽を途切れさせることなく次々に現われては踊り続ける。水たまりの中に倒れ、這い回り、時に泳ぐように浸かりながら、降りしきる水を浴び、生き生きとした力強い動きに身を投じてゆくダンサーたちは、歓喜に堪えないように感じられる。水しぶきをあげて、ひときわ美しいソロを披露している白いドレス姿のダンサーは、日本人の瀬山亜津紗である。彼女は、ピナの質問をダンサーとして受ける側の心境、そして問いに答え続けての変化について、ヴェンダースの映画のパンフレットの中で次のように述べている。「例えば、悲しみや愛について、百個以上もの質問をするのですが、最初はほとんど答えられませんでした。これまでは、自分がどんな人間なのかなんて考えたこともなかったのです。(略)ピナは私の知らない私を発見し、私は私でいいんだと教えてくれて、さらにそんな私をとても愛してくれました。私だけではなく、ピナは個性のまったく違うダンサー一人ひとりを愛し、信頼し、必要としてくれたのです」。

ピナは亡くなる十日前まで新作の舞台に立ち、カンパニーと仕事をし続けて、ガンの告知を受けた五日後の二〇〇九年六月三十日に急逝した。実は、亡くなる四、五年前から自分がガンであるということを知っていて、ピナ自身はリアルに死と向き合っていたのだという。創作の種火は、いつも本当に「本当に些細なこと」なのだとピナは至るところで繰り返し述べている。

たとえばすでに紹介した『春の祭典』では、幕が開けて、大地の上で眠っていた人々が徐々に目覚め、起き上がるところから始まる。女性が生贄の印である赤い布を枕に大地に伏し、まどろむ姿から踊りが始まるのだ。終幕、生け贄の女性が踊り尽し果てた先、力を失って崩れ落ちてゆく姿は、同時に大地に受け取られ、抱きしめられるようにも見える。生贄を選ぶ司祭役の男性も少し離れたところで大地に寝ころび、女性が倒れるのと同時に、空で抱きしめる身振りをしている。春の訪れは決してやさしいものではなく、大地が轟き、生命を殺し呑み込むような愛であるかもしれない。たとえどんなに剝き出しの暴力に曝される恐怖や孤独を極限にまで推し進めた舞台のように思われても、まぎれもなくピナ・バウシュが探求していたのは日常にひそむささやかな愛なのだろうと得心がいく。ピナは、何より舞台を愛し、ダンサーや観客を愛し、私たちに愛についていまも問いを投げかけているのだ。

大野一雄　――死者と踊る

一方、私たちの国、日本について振り返ってみると、唯一無二の舞踏家、大野一雄がいることを忘れることはできない。それでは『大野一雄　百年の舞踏』に沿いながらその半生を紹介しよう。[11]大野は、一九〇六年、北海道は函館に生まれた。自身によって語られる人生は、壮絶な死のエピソードに満ちている。函館の街に電車が開通した日、妹が花電車に轢かれて死んだ。お手伝いさんが駆け込んできたそのとき、台所仕事をしていた母は、仏様が行列していく白昼夢を見ていたという。八歳の頃の出来事である。その三年後には生後間もない弟を亡くしている。その後、健康な身体に恵まれて成人した大野は体操教師となり、あくまでも教育の一環、自身の研鑽としてダンスを習い始めたのは二十七歳のときだった。初期の大野は、戦前のドイツに留学してマリー・ヴィグマンの舞踊学校で学び、ドイツ表現主義舞踊の流れをくむ師の下でモダンダンスを習っていた。このようなエピソードには、ピナ・バウシュの源流と近しいところも感じられて興味深い。しかし、そのまま舞踊の道を追求することは叶わなかった。まもなく召集を受けた大野は、三十代の貴重な九年間を戦争に費やすことを余儀なくされる。そして、パラオやニューギニアといった死地を転戦し、「生きているのが奇跡」という戦況の中を幾度も生き延び、一九四六年に生還を果たしたときには四十歳になっていた。戦地からの引き上げ船では航海の最中、大勢の人が亡くなり、水葬されていった。「日本に帰ったらクラゲの踊りを踊ろうと思った」のだという。クラゲは、水死体、すなわち波間に漂う戦没者の姿である。実際の大野の言葉は以下である。

> 次から次へと人が死んでいく。すると、国旗に包んで水葬をやるわけです。ブーッと汽笛を鳴らして、二回か三回か船を回すのです。本当にそれはね、悲しいですよ。日本に帰ったときにこのままじゃ申し訳ない、安全に帰って来たのだから。水母にはたくさん種類があって、それが次から次に動くというようなことを見て、日本に帰ったときに「水母の踊り」を

すっと演ったわけです。ニューギニアの帰り、生者と死者たちの体験。多くの人が船中で死んだ。水葬をして帰って来た。だから私は「水母」の踊りを演らざるを得なかった。[12]

大野の踊りの出発点には、間違いなく死者たち、すれすれのところで生死を分かった仲間たちの累々たる死があったのだ。その言葉の通り、戦後の大野は精力的に踊り始める。初期には暗中模索しながら、モダンダンスをベースとした身体表現をさまざまに試みたのち、一九五〇年代の終わりに土方巽との決定的な出会いを通じて舞踏家として大成するに至る。

大野一雄を世界的に有名な舞踏家にしたのは間違いなく『ラ・アルヘンチーナ頌』であろう。この作品の誕生には、多くの逸話が存在する。一九二九年、二十三歳の青年であった大野は友人に誘われ、帝国劇場で舞姫ラ・アルヘンチーナの来日公演を観た。本名はアントニア・メルセ。アルゼンチン生まれのスペインの女性舞踊家だった。三階の天井桟敷から舞台の彼女を一目見て強い衝撃を受け、魅了された大野は、言葉にならない強烈な感動を味わったという。そして大戦を経て五十年弱の時が過ぎて、大野が七十歳になったあるとき、画家、中西夏之の展覧会を訪れて、再びあのときの感動が蘇り燃えさかる。ある一枚の絵がまるであのアルヘンチーナその人を描いたように見えて、思わず「アルヘンチーナだ！」と心の中で叫び声を上げたのだ。「四十八年の歳月を経て、私たちは再会したのでした」。その日、感動に震えて帰宅すると、海外からの知人の手紙の中に、アルヘンチーナの写真が載った公演のちらしが同封されていた。あまりの偶然に言葉を失っていると、「大野さん、私も踊るから一緒に踊りましょう」と彼女が語りかけてきたというのだ。「それなら俺でも出来るんじゃないか。ありがとうというような気持ちだったんですね[13]」。

そして、彼女に捧げるオマージュとして『ラ・アルヘンチーナ頌』は一九七七年、大野が七十一歳のときに完成した。引き続き『舞踏譜』にある大野自身の言葉を紹介しながら、さらに進めよう。「或る意味で彼女は死んでいるし、私は生きてるし、死と生の境を超えたあたりでいつも出会っている。そして何となく公演してる時に、その時に立ってるわけですよ。アルヘンチーナがこうしてね。すると手を出すとぶつかるんですよ」。このような語りは、いわゆる詩的想像力を超えているように思われる。それは疑いなく「アルヘンチーナがこうして在るっていう実感」なのであり、二人は確かに共に舞台に立ち、踊っているのだ。大野一雄には幾つもの傑出した舞台があるが、いずれも通底するのは死者へのはかり知れない愛、死者との交歓といえるのではないかと思われる。

あるとき、イスラエルの死海を訪れた大野は、「死者も生者もとりかこんでいる中でふるえるような想い」がしたのだという。「最初、立ちつくしている中でウィンナーワルツが微かに聞こえてきました。溢れるばかりの幽霊が花の美しさを競い合うように残された牙城の内から外へとこぼれ落ちるのです。尋常でない幽鬼が私をじいっとみつめていた様に思われましたが。美しさ華やかさが無残の中で一時に咲き出たような想いでした。死者の歓声のような響きでした」。そして、この体験をもとに、『死海――ウィンナーワルツと幽霊』（一九八五年）が創作された。あるとき、稽古場でウィンナーワルツを踊っていたときに何かが舞台の袖に座っている感じがしたという。「次元の異なる世界との出会いでなければ踊りが成立しない。私が踊っている時、誰かが一緒に踊っているような、誰かと一緒に見ているような、死者達がともに一緒になって見ているんだ」。この作品の制作にあたって残された大野自身の言葉には次のようにある。

どんな幽霊でもいい、とにかく出会うことが第一だ。
生きている幽霊
死んでいる幽霊
永遠に死につづける幽霊

大野一雄は、絶えず、生命について考えていた人である。実の息子であり、後継でもある舞踏家、大野慶人氏の言葉によると、大野一雄はつねづね、「いくつまで踊るんですか」と聞かれたりすると、「死んでからもだよ」と答えていたそうである。残された数々の言葉も、生命や死にまつわる語りに満ちていて、私たちの心を揺さぶる。たとえば、『稽古の言葉』には次のようにある。

あるところにくると死と生はひとつになる。いま生きていたかと思うと、今度は死のところまでいく。いつも私が言うように、花を見て美しいと思う。そうすると、階段を降りていくんです。死の世界へと。花の世界は死の世界だ。花を見ている。魂が交感し、肉体がひとつになって、自分が生きていることを忘れる。死そのもののなかで踊っている。あるときは死の世界で、気がつくと生の世界。死、生、死、生。[14]

九十歳の誕生日を迎えた大野は一九九七年二月、あるインタビューに答えて「宇宙意識の分霊」について考えるに至ったと語っている。「人間を含むあらゆる生物、そして無生物、極端に言えばごみさえも、それから山や川、海や空さらには地球もすべては宇宙から分け与えられた命によって成立している、との認識です」。「宇宙から分け与えられた命は愛によってつながっているのではないかと」。同一九九七年三月、大野一雄がイタリア・ドイツ公演を行った際のことである。ドイツはヴッパダール舞踊団行きつけのカフェで、大野一雄の九十歳の誕生パーティーが開かれた。主催はピナ・バウシュである。この席でも大野は、同様の内容を語っていたらしい。「自分の身体、自分の骨には親や兄弟、先祖、人類の過去が沈殿し、堆積している。それをたどっていくと宇宙の全体に及ぶ。それが私のエネルギーであり、また、踊りの源だ」。大野の語りのドイツ語訳を頼み、感に堪えたように聞き入っていたピナは「質問はない」と言ったそうである。「頭の中であまりにもいろいろなことが渦巻いて、今は何も言葉にならない」と答えたという。[15]

大野一雄が世界各地で公演をするようになって以来、二人には交流があった。一九八〇年、フランス・ナンシー演劇フェスティバルに大野一雄が出演したとき、ピナも出演者で知り合いになった。まだピナが来日公演することになる前のことで、以来、この二人は、互いに尊敬しあい深い信頼関係で結ばれていたようである。ドイツと日本、共に敗戦国という立場で戦争の悲惨を体験し、まったく独自の創作活動を展開していた二人の舞踊家が、宇宙から分け与えられた命とつながりあう愛について、何やら分かちあっていたらしいことには心が震える。ピナ・バウシュや大野一雄が踊り、観客をも踊らせようとしたのは、その魂をこそなのであろう。少なくとも、傑出した踊り手であった両者は、言葉を超えた地点から、魂の結びつきで響き合っていたと感じられる。大野は歩けなくなってからも車椅子で踊り続けた。死の前年まで、片手を投げかけるだけでも最期まで踊った。そしてピナ逝去の翌年、二〇一〇年に百三歳で亡くなった。稽古場には、ラ・アルヘンチーナの肖像写真だけでなく、ピナが大野一雄にキスしている写真が飾られていた。

4　死者と共にある心理学　——死者との語らい、死者への愛

ここまで舞踊表現における愛への問いや、死者との交流をみてきた。それでは、今一度、はじまりの問いである心理学と死という主題に再び立ち返ろう。心理学の中でも、今日、ユング心理学あるいは分析心理学と呼ばれる諸体系の出発点には、創始者であるユング自身の極めて個人的な死者との交流体験があることをあらためて紹介したい。ユングは、スイスのバーゼルに一八七五年に生まれた。父は牧師、母は霊媒の血をひく神秘的な女性で、西洋キリスト教的な伝統と異教的で秘密めいた要素が共にユングの中で混じりあっていたことがうかがえる。心の世界の究明

を志したユングは精神科医となり、精神分析の父であるフロイトと一時期は意気投合した。のちにフロイトと袂を分かってからも、夢や描画をはじめとする独自のイメージの研究、また『赤の書』として知られる自身の体験の詳細な自己分析などを通じて、生涯、独自の探求を続けた心理学者として知られる。またユングは、西洋人ながらマンダラや易経の研究など、先駆けて東洋の心的世界にも注目している。そして集合的無意識という言葉で、今日知られるこころの深層にある普遍的な次元について仮定し著述した。

　このようなユングの自伝には、死にまつわる夢や語りがあまりに豊かに紹介されている。[16]もし仮に心理学になど関心がなくとも、『ユング自伝』は単に常人の理解を超えた世界を追体験させてくれる面白くユニークな読み物として手にとっても差し支えないほどである。この書では、ユングの友人知人たち、母親や、運命的な出会いに始まり生涯を共にした妻、たくさんの愛する人たちの死と、また死者となってからも続く交流とが実体験として生き生きと語られているのだ。

　ユングはその後半生を捧げた錬金術研究を、ごく私的な家系の祖霊とつながる行為と捉えていたようで、先祖との間の運命的な結びつきを密やかに実感していたらしい。さらには一九二二年以降、何年もの時間をかけてユングが自らの手で塔を築いたボーリンゲンは、もともと死体が埋まっていた土地である。母に似たのか霊媒的な才のある長女が地下の死骸について言い当てるエピソードが『自伝』には紹介されている。ユングはしばしば、この塔で家族と離れて独りきりで籠り、「創造と遊びとが一体」となった空間で過ごした。このボーリンゲンの塔では、電気も水道もひかず、暗くなるとランプを灯し、井戸の水や薪で調理する原始的でシンプルな暮らしを好んだ。この隠れ家はユングにとって「霊的集中の場」であったのだ。そしてここで一人寝起きしているとき、オーケストラのように響く不思議な音の奔流を聴いたり、夢とも現実ともつかぬ体験の中で、真夜中に死者たちがやかましく行き過ぎていく音を聴くなど、神秘的な体験を多く報告している。

しかしもちろんこれは、ユングの姿のすべてではない。ユングにはもうひとつ、日常を過ごすための拠点があった。妻と五人の子どもたちと暮らしたキュスナハトの家でのユングは、よき夫、よき父であった。実直に日々の仕事をこなし、患者に会い続けた。当たり前に納税をして義務にも従う、極めて勤勉で常識的な社会人ユングの姿がここにはある。ユング自身も「現実生活における普通の生活をすることは最も重要なこと」であると述べている。如何に強烈で不思議な体験をしようとも、ユングには根拠地となる現実の足場があり、自身にも「普通の生き方をしているという保証」が常にあったことは忘れてはならない。

ボーリンゲンでのユングは、日常の軛から解き放たれ、想像力の世界で泳ぎまわり、自由に遊び創造する子どものようであった。一方、キュスナハトのユングは、夢想からさめて現実に根差した大人として、自由な魚としての自分を水槽の外から観察し、記述しようと試みているように思われる。常に自分自身が第一の実験台となり、夢やヴィジョンを通じて自らにもたらされた体験を、心理学者として省察し、記述し、研究しようとした。こうしてみると、まるでユングの人生そのものが、ひとつの錬金術の実験のようにも思えてくる。自らがフラスコの中の内容物であり、変容していく生成物そのものであると同時に、観察者であり行為者であるというように、何重にも自分を交わらせていくユングの在り方は、ユングの生み出した心理学と相似形であるように思われて興味深い。生と死、この世とあの世との往復運動こそが、ユングをユングとして成り立たせている大切な要素なのだろう。昼か夜か、あれかこれかのどちらか一方になってしまっては、私たちにとってユング心理学の魅力はまったく失われてしまうことだろう。

　それでは、いま少し時間を遡ろう。フロイトとの決裂後、必死に孤独な自己探求を続けていたユングに、ある決定的な一夜が訪れる。一九一六年のあるとき、「空間が霊的な存在に満たされているような奇妙な感じ」がしたかと思うと、死者たちが群れなしてユングの家に押し寄せたのだという。こうして『自伝』にある「死者への七つの語らい」は、三晩のうちに奔流のように書き出された。ユングがペンをもつや否や霊たちは消え去ったのだという。「この経験は実際そうであったままに、あるいは、それがそのように思えたままに受け取らねばならない」。

　ユングは、魂の実在を少しも疑っていないどころか、死者との交流を生き生きと鮮明なリアリティとして実感し描き出している。『赤の書』や『自伝』にある「無意識との対決」の章にはさらに詳しいが、フロイトと決裂した後、これら一九一二年から始まる一連の夢やビジョン、強烈なイメージ体験は、その後、後半生のユングの創造的な仕事においてインスピレーションの源泉となり続けた。ユングはこの精神的な危機の時期を通じて、フィレモンやその他、さまざまな超越的な存在との出会いと対話によって、「私がつくりだすのではなくて、それらが自分自身をつくり出しそれ自身の生命をもつのだという決定的な洞察」を得る。「話をするのは私ではなく彼であることを私ははっきりと観察したからである」。ユングは、「自分の最奥部にある最も深い主観的なものは、もはや主観的ではないこと、そして、それがはるかに広いものに開けていくことを発見」している。すなわち最も深層にまで突き詰めた主観性というものは、決して個人的なものではないのだという洞察である。

　個人的な領域を超えて、より普遍的で客観的に開けた次元。死海に立ち、無数の生者死者に取りかこまれ感に堪えず震えた大野一雄の境地、またユングが慄きながらも家じゅうにあふれる死者たちを迎え入れて語り始める瞬間は、この認識に至って接点を持ち、結び合うのではないかと思われる。ユングに語りかけたフィレモンや、大野一雄に「一緒に踊りましょう」と呼びかけたアルヘンチーナはこの認識の地点において存在するのだろう。大野自身の密やかな思い出など知る由もない世界中の観客がうたれたのは、舞台の上での大野がすでに死者と共にあり、死者と一体の愛を踊り、もはや個人的な次元になどいなかったことを表している。

　ここで再び、ピナ・バウシュの語りを紹介したい。やはり京都賞受賞に際しての動画において語られている箇所である。若者へのメッセージを求められて、ピナはこのように語る。

> このような職業につく人は誰でも、本当に自分がしたいことは何かを心にじっくり聴く必要があります。人は学びたいだけ学べます。基礎を持つことは大切ですが、私の場合、その基礎も一旦忘れ、「今何が大事なのか」を自問しなければならないのです。それはひとりひとりが自分に問いかけることで、誰からも助言してもらえません。自分自身の心に耳を傾け、自分が発するものを聴き、ほかの人はどう考え、何を望んでいるかなど考えるべきではありま

せん。なぜなら自分に正直であれば私たちが共通して持つ「何か」に出会えるからです。共有する「何か」とは個人的なものではありません。それはあなたも私もみんな持っているものです。それは自分自身の中にしか見つけられないと思います。それが正しければ、いつかは分かるものだと思います。

この言葉は、創作や舞台芸術に携わる人へのみ向けたメッセージではないのだと思う。繰り返し、自らの心に問いかけ、その内なる声を聴こうとするすべての者たちにピナは語りかけてくれているのではないだろうか。始まりは、ごく個人的で密やかなことかもしれない。ほんの小さな思いつき。あるいは、人にはとても語り得ないし、伝わるまいと諦めてしまいたくなるような体験。どんなにその始まりは、些細なことだとしても、繰り返し問いかけ、この始まりの問いこそを大事に、それこそ凍った冷たい死者を自らの身体の熱であたためるように抱え続けていくこと。すると個人的な私の体験であったはずの何かが、いつしか私もあなたも、みんな共通のある次元につながりあってゆくことがあるのかもしれない。大野一雄は実に、ひとつの強烈な感動体験を五十年近くもあたためた。幾歳を過ぎて、アルヘンチーナに再会し、創造の情熱が着火してその生命が蘇る。このような奇跡的な瞬間が、ときに人生には訪れるものだが、しかしこれは、時計の時間、いわゆる線的な時間の問題ではないのだろう。魂の次元はある無時間性をもつのではないかと思われる。

ユングはおびただしい超越的な体験にもかかわらず、決して宗教家や神秘主義者になろうとはしなかった。むしろ、そのような危険は慎重に退けたといえる。前述のようにユングは、迷える小さな人間として生きることを決しておろそかにはしなかったし、今ここのささやかな日常を大事にしていたことはあらためて強調しておきたい。しかし、生涯にわたって表現と内省とを繰り返したそのユングが、『自伝』の最後に物語るのは、やはり愛についてなのである。

> ここにおいて、私は内省の領域の他に、それと同じくらい広い、あるいはそれ以上の広さをもった領域があるということに注意を向けざるを得ない。それは合理的な理解や、合理的な表現の方法によっては把握しうるものがほとんどない分野である。つまりそれはエロスの領域である。〔中略〕エロスは宇宙の生成者（kosmogonos）、すなわち、創造者であり、より高い意識の父であり、母である。パウロの言葉「たとえ、わたしが人間の異言、み使いの異言を話しても、愛がなければ……」は、神なるもののすべての認識と精髄の最初の条件ではないかと私は感ずるときがある。〔中略〕私は再々、愛の奇跡に直面させられ、愛とは何かについて決して説明することができなかった。ヨブと同じように、私は「ただ手を口に当てるのみです。わたしはすでに一度言いました。また言いません」（ヨブ記、四十章四節）と言わねばならない。〔中略〕愛は「すべてをこらえ」そして、「すべてを耐え忍ぶ」。これらの言葉が言うべきことをすべて言っており、そこに何ごとをもつけ加えることができない。つまり、われわれは最も深い意味において、宇宙生成の「愛」の犠牲であり、その方法であり道具なのである。ここに、愛という言葉をとくに括弧でつつんだのは、私がこの愛という言葉で欲情や好

意、厚情、望みなどを思い描いているのではなく、そうした個人を超える全体、統合されたもの、分離しえないものを思い浮かべていることを示すためである。全体の一部である人間は、全体を把握することはない。人間はこの全体の下方に置かれている。人間はそれに同意したり、反逆したりする。しかし、人間は常にそれによってとらえられ、その中に包み込まれる。人間は全体に依存し、支えられる。この愛は人間の光であり闇であり、決してその終わりを見晴らすことはない。「愛は、決して滅び去ることはない」[17]。

『自伝』の最後の章、「晩年の思想」のさらにその末尾に、愛について触れられていることは印象深い。死者との対話から始まり、死について思索するというだけではなく、死者との交流を重ね、愛する人々が次々と死者となり行き、さらには自らも死につつありながら、語られている言葉なのであろうと感じる。ここでの愛とは、「宇宙生成」の愛であり、個人を超えたある普遍的な次元の愛である。この視点から照らし出されたときに、人間は犠牲であり方法であり道具なのである。個人として分離した小さな私、この自我が沈黙する次元、いわば川の向こう岸の話なのであり、此岸の人間は本来、とらえられず見晴らすことのできない次元の愛について語ろうとしているのだろう。このように述べたユングも、そしてピナ・バウシュも大野一雄も、いまは死者たちである。死者と語り、死者と共に踊り、生者だけでなく死者に伝える愛を探求し続けた彼らの表現、残してくれた言葉、そして何よりその生きざまと死にざまが、心の内側から響き、いま、私たちを生かす。私たちは死者に生かされているのだ。結びとして最後に、これ以上はないものとしてユングが引用している新訳聖書の「コリント人への手紙」十三章の全文を紹介して、この小論を結びたい。

コリントの人々への第一の手紙　十三章　最高の道である愛[18]

たとえ、わたしが人間の異言、
み使いの異言を話しても、
愛がなければ、
わたしは鳴る銅鑼、響くシンバル。
たとえ、預言の賜物があり、
あらゆる神秘、あらゆる知識に通じていても、
たとえ、山を移すほどの完全な信仰があっても、
愛がなければ、
わたしは何ものでもない。
たとえ、全財産を貧しい人に分け与え、
たとえ、賞賛を受けるために
自分の身を引き渡しても、
愛がなければ、

わたしには何の益にもならない。

愛は寛容なもの、
慈悲深いものは愛。
愛は、妬まず、昂らず、誇らない。
見苦しい振舞いをせず、
自分の利益を求めず、怒らず、
人の悪事を数え立てない。
不正を喜ばないが、
人とともに真理を喜ぶ。
すべてをこらえ、すべてを信じ、
すべてを望み、すべてを耐え忍ぶ。

愛は、決して滅び去ることはない。
預言の賜物なら、廃れもしよう。
異言なら、やみもしよう。
知識なら、無用となりもしよう。
わたしたちが知るのは一部分、

また、預言するのも一部分である故に。
完全なものが到来するときには、部分的なものは廃れ去る。
わたしは幼い子供であったとき、
幼い子供のように語り、
幼い子供のように考え、
幼い子供のように思いを巡らした。
だが、一人前の者になったとき、
幼い子供のことはやめにした。
わたしたちが今、見ているのは、
ぼんやりと鏡に映ったもの。
「その時」に見るのは、顔と顔を合わせたもの。
わたしが今、見ているのは、一部分。
「その時」には、自分がすでに完全に知られているように、
わたしは完全に知るようになる。
だから、引き続き残るのは、
信仰、希望、愛、この三つ。
このうちもっとも優れているのは、
愛。

引用文献

1 C・A・マイヤー『夢の治癒力』秋山さと子訳、筑摩書房、一九八六年、五六、六〇頁

2 ジェームズ・ヒルマン、ソヌ・シャムダサーニ『ユング『赤の書』の心理学――死者の嘆き声を聴く』河合俊雄監訳、創元社、二〇一五年、二六、二七頁

3 グリム兄弟『完訳グリム童話集1』金田鬼一訳、一九七九年、岩波文庫、六二頁

4 ヴォルフガング・ギーゲリッヒ『神話と意識　ギーゲリッヒ論集3』河合俊雄監訳、日本評論社、二〇〇一年、四〇、四一頁

5 立木燁子「ダンスにおける戦争の記憶――「エイド・メモア」とピナ・バウシュを中心に」「シアターアーツ」四号、晩成書房、一九九六年、七二頁

6 ピナ・バウシュヴッパダール舞踊団『カーネーション――NELKEN』（二〇一七）来日公演パンフレットより

7 取材・文志賀信夫「ジャン・ロラン・サスポータスインタビュー」「Corpus（コルプス）身体表現批評」No.5、書苑新社、二〇〇八年、六頁

8 貫成人『対談　舞踊家の歓声とそのコンテンポラリテート　ピナ・バウシュと勅使河原三郎より』対談貫成人・関口浩、日独文化研究所「年報文明と哲学」第十一号、二〇一九年、三七頁

9 ピナ・バウシュインタビュー「私の作品は内から外へと発展する」インタヴュアーヨッヘン・シュミット、畠中裕代訳「ユリイカ」青土社、一九九五年、四六―五三頁

10 副島博彦「舞台空間の拡張――「フルムーン」をめぐって」「Corpus（コルプス）身体表現批評」No.5、書苑新社、二〇〇八年、一四頁

11 『大野一雄百年の舞踏』大野一雄舞踏研究所編、フィルムアート社、二〇〇七年

12 「追悼鼎談吉増剛造・大野慶人・樋口良澄」現代詩手帖特集版『大野一雄――詩魂、空に舞う。』思潮社、二〇一一年、一五頁

13 大野一雄『大野一雄舞踏譜——御殿、空を飛ぶ。』思潮社、一九九二年

14 大野一雄『大野一雄　稽古の言葉』大野一雄舞踏研究所編、フィルムアート社、一九九七年、一六八頁

15 貫成人、現代詩手帖特集版『大野一雄——詩魂、空に舞う。』思潮社、二〇一一年、一〇二—一〇五頁

16 カール・グスタフ・ユング『ユング自伝——思い出・夢・思想1、2』河合隼雄訳、みすず書房、一九七三年

17 前掲16『ユング自伝2』二〇九、二一〇頁。この箇所の引用については、一部、日本語訳を見直している。また新訳聖書の引用部分は、後の聖書の文言と統一した。

18 『新約聖書』（二〇一二）、フランシスコ会聖書研究所、四六五—四六六頁訳注

参考文献

中村真人『素顔のベルリン〔増補改訂版〕』ダイヤモンド社、二〇一四年

コラム　ヴォルフガング・ギーゲリッヒ

猪股　剛

本書の第七章に置かれている「抑圧された忘却」の著者ヴォルフガング・ギーゲリッヒについて少し紹介しておきたい。

彼は、ドイツに暮らすユング派の分析家であり、その国際的な論客の一人である。通例、ユングの思想は、臨床実践中心に理解されるか、神秘主義や宗教学に近いものとして理解されるかのいずれかである。あるいはオカルトに近いものとして誤解されることもある。だが、その本質は心というものを、外側から観察することと、内側から体験的に理解することを繰り返しながら、外的かつ内的な運動として生成しようとするものである。その心理学の思想性を引き継いだユング派の分析家は、残念ながら、世界的に見ても数えるほどしかいない。『魂のコード』で著名なアメリカのジェームス・ヒルマンはその一人に数えても良いだろうし、私たちの身近では『昔話と日本人のこころ』など多くの著作で知られる河合隼雄もそのうちの一人だろう。そして、ギーゲリッヒもその代表者の一人である。彼の著作はまだ日本語に翻訳されているものが数少ないが、『魂と歴史性』や『魂の論理的生命』などがすでに公刊され、近く『ユングの神経症概念』も予定されている。

また、多くの心理学の思想家がわかりやすくあろうとして、時には通俗的でさえあるのに比べると、ギーゲリッヒは難解であることをいとわず、心と関わることの複雑なプロセスをできる限りていねいに提示している思想家である。そして、本書の論考では特に記憶と忘却をめぐる心の円環運動を取り上げて、心理学という学問の本質的な動きを多角的に描き出している。

本書の中には彼の影響下にあって「魂」という言葉を使用している著者が何人かいるが、「魂とは何か」という問いが、心理学の根本的な問いであり、彼が取り組み続けている営みであるといっても良いだろう。ギーゲリッヒがこの言葉を使うとき、民俗学や宗教学で対象とされているものが示されているわけではない。神秘的な趣を呼び覚まそうとしているわけでもない。だが同時に、古代から中世まで存在していた魂に授けられた意味を排除しているわけでもない。二十世紀以降、「魂」という言葉は学術領域から消えて、それを現代の心理学で使用することはなくなってしまったが、「魂」という言葉が長い歴史の中で内包しているものは、おそらく心そのものの変遷を明らかにする重要な記録である。ギーゲリッヒは、魂のない心理学を営むのではなく、魂を崇める心理学を標榜するのでもなく、魂の歴史や物語をていねいに知り、それを内的に体験すると共に、それを引き受けて分析し、その上でこの二十一世紀の魂のあり方を、自分が関わる作業を通じて躍動的に明らかにしようとしている。心理学とは、誰かに答えを教えてもらえるような学問ではない。困難を抱えたり、感動を覚えたりしながら、ただみずからが忍耐強く関わることでしか現出することのない学問である。それはギーゲリッヒの論考を読むときに、クライアントの話を聞くときに、ホロコーストの声を聴くときに、私たちに要請される心との関わり方でもあるだろう。

第七章

抑圧された忘却

アウシュヴィッツといわゆる〈記憶の文化〉

ヴォルフガング・ギーゲリッヒ

記憶の強迫と義務[*1]

心理療法を実践していると、苦い失望や、予期しない不正や、自己愛の傷つきによって、病を乗り越えられず、繰り返し苦しみ続ける患者たちに出会うことがある。こうした体験は、長い時間をかけて定着し、〈永遠の〉現在となり、過去という泉に沈むことがない。過去の体験がトラウマ化されていくのは、このような定着のプロセスによる。一方で、神経症は、トラウマが原因ではない。神経症者は、〈トラウマ化〉されてはいない。もし神経症者がトラウマ的ならば、その病はもはやいわゆる神経症ではない。神経症が、トラウマ化していく体験によって引き起こされ、その体験を病の原因とするならば、それは自らの自己生成と自己展開のために、トラウマ的性質を作り出しているのである。失望が、無条件に――更には無条件的なものとして、また諦められないものとして――保持される。この失望は、血が流れ続ける開いた傷口でありつづけなくてはならず、その傷口は閉じられることはなく、閉じられてはならず、傷跡になることが許されない。[1] このような神経症は、無条件的なものという病であり、無条件性の病である。出来事が過ぎ去ったことは、とうに理解されているにもかかわらず、痛みに結びつけ、事実（完了形としての事実、完了して既に終わった事実）として痛ましい体験を受け入れ、更にはそうしたものに〈飲み込まれ〉続け、それが神経症的な魂にとって克服不可能な問題として設定されているため、それは原理的に克服できない底知れぬものである。そして、全く逆に、この過ぎ去った悲惨なことは、いまもなお開かれた現在であり、原理的に未決定な現在であるかのように、高められ絶対化され、言ってみれば〝聖なるもの〟にまで祭り上げられる。この神経症者が神経症者である限り、その者が求めることができず、また達成することができないのは、そこに終わりの線を引くことであり、背後から呼びかけてくる失望の経験や出来事をあとにすることであり、〝それを忘れ去ること〟である。

　だが、周知のように精神分析は、まさに記憶をある種の義務とした。『記憶、反復、完遂』が、フロイトの癒しへの道である。子どもの頃のある種の悲惨な状況が思い出せないからこそ、フロイトの理論では、反復強迫が生じる。反復強迫の理由は、別の場所に置かれている。つまり、患者が〝トラウマ的な〟体験を背負いながらも、それを明晰な意識の眼前に据えないことに原因があるという。こうした思考モデルが、集合的な水準にまで一般化され、アウシュヴィッツやナチスの凶行や戦争犯罪にまで適用される。すなわち、〈この歴史を記憶しない者は、それをもう一度繰り返す愚か者である〉と。人はアウシュヴィッツをいつも繰り返し新しく、この先もずっと、そして未来永劫、記憶に留めなくてはならず、それはこの歴史を繰り返さないためであり、〝二度と再び〟あのような惨い悪行が起きないようにするためであり、そうしなければ再びそれが起きるに違いないからである。これが、いわゆる〝記憶の文化〟のために、お百度参りのように繰り返される一般的な根拠付けであり、過去の惨事を記念祭や戒言の中に永続的に保持するための理由付けである。

もちろん、こうした教義を背景に備えて歴史的な記憶の政治を成り立たせる記憶と、フロイト的な記憶は、構造的には全く別のものである。フロイト的な記憶は、抑圧された体験に狙いが定められている。すなわち、この抑圧された体験とは、体験の時を越えて長く保持され、ある種の作用を実際にもたらし続け、その一方で、その具体性（内容的な明確さや特定の物語性）が体系的に隠されているものである。この〝特定のもの〟が神経症の中で〝抽象的なもの・一般的なもの〟という論理的状態に高められ、また非時間的なものという論理的状態に高められている。これが抑圧である。それは、それ自身において矛盾したものである。抑圧においては、意識は何かに固着しており、そこからいつも新たな毒を引き出す。そして同時に無意識的に、意識はそこにおいて自らを保ち続ける。つまり、毒が引きだされるのは意識自身からであり、意識はそのあり方に自らを保ち続ける。意識そのものが、この毒をみずから進んで引きだしてくるもの、そのものである。この毒（神経症的なメカニズム、罪悪感、劣等感、強迫、恐怖症等）は、無垢で疑うことを知らない意識の中に、素朴に存在する自然なる事実として現れ出て、それはまるで、身体の領域に細菌やウイルスが、理由はわからないままに発生して、悪事を働くかのようである。このような記憶が必要とされる状態から抜け出して、「あらゆるものの出所であるような記憶」という知から、「この全く恥ずべき一件をたくらんだのは私だったのだ」[2]という明確で理に適った知へ移行し、そうした知を獲得するC・G・ユングの在り方へと移行していくためには、記憶が再設定されなくてはならない。そのことが、いまおのずから明らかになる。もちろん、記憶することへの精神分析の要求は、決して忘却と敵対しているわけではない。一生涯、痛みや失望を記憶し続けなくてはならないと言っているのではない。

だが、工場で生産されたようなこの記憶を義務づける思考が、ホロコーストに関する記憶の〝文化〟を演出しているのは確かである。それは忘却を許さない。忘却は、強迫的な繰り返しにつながってしまうかもしれない。忘却は、抑圧と等価に違いない（、と私たちはこの教養を解釈できてしまう）。こうして、ナチス時代の恐怖を思い出すことは、儀式的に讃えられなければならなくなる。記念碑、式典、記念館が必要とされる。犠牲者に捧げられた記念館である。この（強制収容所と絶滅収容所という）犯罪の館を繰り返し新たに訪れ、非人間的な映像に直面しなくてはならない。そうして見ると、この回想において大切なことは、どうやら、否定や抑圧を防ぐことではなく、真実や知を得ることでもないようだ。もちろん、知や真実の表明に関しては、歴史家たちが充分に取り組んできた。それは歴史家たちの課題である。だがこの記憶の主題は、全く別のものである。そこで問題にされているのは、真に、讃えること、祝うこと、〝耽溺すること〟である。人間性に対する犯罪が、新たな黄金の仔牛なのである。たとえそれが全く黄金ではなくても、そうなのである。この〝記憶の文化〟は、歴史科学が生み出した成果ではなく、黄金の仔牛を取り囲む踊りであり、その礼拝の形式である。

忘却の賛美

自然の中では、たとえば、遺されたマヤ遺跡は原生林の中に植物が生えるままにおかれ、傷は多くの場合ひとりでに時間によって癒されていく。「自然は無の恐怖 *horror vacui* を携えています。自然は、欠片の堆積や腐敗を信じているのではありません。天から降り注ぐ雨は草花に届きますから、自然は、あらゆる廃墟を覆う草花を信じているのです[3]」。同様に、魂には痛みを乗り越えていくための自然なる潜勢力が備わっている。慣用表現では、ある事態を越えて「草は生える」という。「時間はあらゆる傷を癒す」。不当に扱われた経験と結びついた最初の痛みの鋭さは、徐々に解きほぐれて減少し、起きた出来事の鮮明な映像も色あせていく。悲惨な出来事は、そうして物語になり、それはただ歴史的になる。思い出し、そして忘れることで、到達するのはこうした場所であり、思い出すことも忘れることも、操作的に理解されない限りは、まず何よりも魂の生の自律的で自然な現象である。われわれが記憶しておきたいと思うものの多くが消え去って行くが、逆に、ながらく忘れていたものが突然何の前ぶれもなく思い出されることもある。記憶と忘却には、それ自身の生命がある。

夜と眠りは、文字通り、そして象徴的にも、魂が急性の痛みや苦悩から自らを解放する優れた時間であり方法である。（『月が沈んでいく』の）マティアス・クラウディウスの著名な『夜の詩』には次のような第二詩句がある。

世界は、あまりに静寂で、
そして、この薄明のとばり、
あまりに悲しく、あまりに愛らしい。
この静寂の小部屋で
あなたたちは昼間、泣き濡れて
眠り込み、忘れられていくでしょう。

昼間の嘆きは、眠り込み、そして忘れられていくと、クラウディウスは最古の自然知の響きを奏でながら教えてくれる。おのずから、こうなっていく！　とりわけ、魂の経済学における昼と夜の交代にはこうした意味がある。夜は、体験された痛みを眠りの中に置き去りにするように促し、人は次の朝には新たに身軽になって、昼へと出かけていく。悲惨なことは、夜の暗闇の中に沈んでいくのであり、沈んでいくことが可能なのである。そのために努力は必要なく、ただみずからを薄明の中に差し出し、夜の暗闇に落ちるままにすれば良い。嘆きは昼に属し、昼を越えて保持することはもはや美徳ではなく、求められてもいない。また、忘却ももちろん決意して行われるものではない。クラウディウスの詩歌に詠われた「忘れられていくでしょう」は、自我の行為を暗示してはいない。むしろ、この忘却によって、保持したいという思いをはっきりと諦めることができる。忘却は諦めることにつながる。そして、眠りの中に真に（余すところなく）沈んでいくことは、手放すことそのものであり、それは記憶と忘却とを共に手放すことであり、事象の自然な流れの中に身を任せることである。

　グレートヒェンの死に罪を感じるようになり、自分の罪に苛まれ取り乱すファウストが、自然の精霊たちがもたらす薄明の時に、芝生に深く身を横たえ、癒しの眠りに身を差し出すところからゲーテの『ファウスト第二部』が始まる。「きよらかなる人にせよ、邪なる人にせよ、幸なきものを彼らは哀れむなり」とアリエルは歌い、さらに歌い続ける。

お前たちはこの人の頭を廻って空中に漂っているが、
ひとつ、いつもの妖精《エルフ》の流儀でやってくれ。
この人の胸の恐ろしい苦悶をやわらげ、
灼けつくような厳しい非難の矢を抜きとり、
その体験した恐怖から心を救ってやってくれ。
夜にはおよそ四つの区切りがある。
さっそく、それを優しく満たしてやるがよい。
まずこの人の頭を冷たい枕の上に休ませ、

次に彼をレーテの河水の雫で浴みさせてやれ。
夜明けに近づくまで休んで力がつくと、
引き攣って硬くなった手足もじきに柔らかになる。
妖精《エルフ》のもっとも美しい義務を果たし、
彼を神聖な光の中へかえしてやるとよい。

クラウディウスの場合は日中の嘆きが主題であったが、ここでは罪が主題であり、麻痺をもたらす罪悪感を払拭することが主題である。罪を神経症的に罪悪感（そして罪悪感は神経症的であり、防衛である）として生み出し固定することは美徳ではなく、記憶することは道徳的義務ではない。こうした主題の違いはさておき、いずれの詩歌でも忘却性は、眠りがもたらす働きであり、痙攣的な記憶に対抗する転回であり、いずれも、苦しんでいる人を昼間とその光の中へと、新たなはじまりの純粋さへと、英気を蓄えさせ自由にして返すことの比喩である。クラウディウスの簡潔な表現に比べて、ゲーテは、癒しの眠りの自然な「働き」と作用に、ほとんど具象的なまでの姿を与え、それを妖精《エルフ》の生業として眼前に描き出した。エミール・シュタイガー[*2]はこの一節について次のように記している。「それに対して、ゲーテはこの決定的な瞬間に、忘却を自ら認めている。すなわち、ゲーテにとっては、冷徹で人間的な有罪判決が最上位にあるのではなく、自然の深遠なる生への意志が上位にある。あらゆる眠りは単なる意識の消失ではなく、同時に、恵み深く連綿と続き、生への配慮を携えている自然の意志と、同宿することなのである」[4]。こうした癒しの眠りの主題は、ゲーテには他にも多くの例が見受けられる（『イフィゲーニエ』第三幕第二場面のオレステス。それ以外にもエグモント、オッティーリエ、エピメニデスが挙げられる）[*3]。

この癒しは、人間の助力がなくとも、ただ自然の内的な働きを通じてもたらされる。しかし、単純に自然から人間へと送り届けられることのない忘却もある。そうした忘却は人間が自ら生み出すことができるものであり、生み出さねばならない倫理的な行いである。さまざまな点から、歴史的な悪行や重大犯罪に対する忘却は、実際的な癒しとしてだけではなく、倫理的に目指される価値のあるものとも考えられてきた。周知の通り、ネルソン・マンデラは大統領に就任したとき、アパルトヘイト体制という目の前に立ちふさがるものを、すぐさま撤廃すると宣言した。また、南アフリカのジャーナリストの第一人者であったスタンレイ・ウイスの、「国家的健忘以上に国家的融和を進めるものは何もいない。……長く生きるのは短い記憶である[5]」という言葉を引いておこう。スペインもフランコ時代の後、何も記憶しない道をたどっていった。

今日のドイツにおいて適用されている定言命法は、ナチスの悪行はどんなことがあっても常に現前に置き続けなくてはならず、社会的な記憶や歴史の中へと沈んでいくことは許されない、というものである。この定言命法と直接関わるものに、ニコライ・ポルトゥガロフの次のような記述がある。

> ……頼むから、何も〝歴史化しない〟でほしい、すなわち戦争を、（ナチスの）千年王国を、そしてもちろんアウシュヴィッツを。歴史になることを許さないならば、どうやって歴史から

学んだらよいのかと言われるかも知れない。ホロコーストを〝一回限りの〟〝比類のない〟犯罪だと宣言することは、この独特な歴史に対する合理的な分析を止めてしまうことである。

心配はいらない。すなわち、ロシア人がスターリンの作った強制収容所 *Gulag* を忘れることがないように、ドイツ人がアウシュヴィッツを忘れることはない。一つ一つの世代が自ら、この事柄と対決して行かなくてはならない。そうすれば、苦しむ良心と罪悪感が傍らにあり続け、力の政治が生みだされることはない。もし、ひとつの国の劣等感コンプレックスが政治の道具として使用されるならば、もはや決して力の政治が生まれることはない。

ドイツが、徹頭徹尾この出来事に腰を据えて、本当に肩の力が抜けた国になるのが早ければ早いほど、より良く……[6]。

また、ウィーンの哲学者ルドルフ・ブルガーは「記念碑政治の過ち」を分析し、「忘却の擁護者」という説得力のある議論を展開している[7]。悪の繰り返しを防ぐためには悪を記憶することが欠かせないというテーゼは、「ア・プリオリな証拠にも、理論的な根拠にも、歴史的経験や（中略）いかなる真実にも」拠り所が定められることはないと、ブルガーははっきりと述べる。そしてギリシア人は「恩赦 Amnestie」という単語に、そもそも単に「記憶しない」という意味をあてていたと紹介する。この言葉は「個人の免罪」を意味するのではなく、「襲われた苦難をこれ以上記憶し続けてはならないという集団的な責務」を指しているのだとブルガーは提示してみせる。ブルガーがクリスチャン・マイヤーに触れて言及しているように、過去の歴史を見てわかるのは、戦争や内戦が終結すると、暴行や殺害や虐殺や排斥に対する責任を過剰に背負い、そのためもはや明確な記憶を保持することできなくなる、という事態である。なぜなら、そうして憎悪を和らげ、平和を確保するしかないからである。ここでは、記憶するという現代の社会的義務が完全に反転し、忘却するという社会的義務が生じている。もちろん、ここでいう忘却とは、出来事が自然に記憶から消え去ることではなく、一つの文化事業であり、ある国における自制という倫理的な行為であり、つまり目指されているのは二度とそれを思考しないことであり、もう一度そこに入り込むこと自体を放逐することである。

レーテとムネモジューネ

ここまでは一方で、忘却に対する一般的で個人的な対策や考え方を確認してきた。またもう一方で、忘却という文化的・社会的・歴史的伝統を、戦争や内戦において出会う忌むべき事柄に対して、それを文明化し沈静化する応答として取り上げて、理解してきた。だが、より広大な魂と元型の深層からは、儀礼と神話の領域にある報告が、われわれに届けられている。女神ムネモジューネについて論じたカール・ケレニィは次のように述べている。「光を当てられることも、消えるままにされることも、ムネモジューネも、その対極のレスモジューネも、両者ともその圏域の実体面から名前を授けられて、はじめて、この女神の本質全てが構成されることになる。この実体的なものの支配下における対立項の統一が、古代ギリシアの宗教性を明示していたのである」[8]。女神ムネモジューネは、女神自身とその対立するものとの女神自身の内における統一であり、更に正確に表現するなら、記憶と忘却の統一と差異とを統一することである。これはどのように理解されるのか、実際の儀礼の様子を眼前に思い浮かべながら考察してみよう。

ギリシアでは、冥界に属すレーテの川の流れの傍に、大地から湧き出るレーテの泉があり、それは忘却（レスモジューネ。ヘシオドス[9]によれば同じレーテという源から現れたムネモジューネに正確に対比されるイメージ）と自己浄化に寄与している。パウサニアス（IX39, 6ff）によれば、この領域でわれわれは驚くべきものを発見する。それはレーテの泉とムネモジューネの泉のそばに並び置かれているレバデイア Lebadeia のトロフォニアス Trophonios の神託の場に見つけられる。司祭による儀礼的な長大な準備作業ののち、つまり良き願いであろうと悪しき願いであろうと、トロフォニアスに願い出て犠牲獣の聖別を行う際、まず神託を求める者に対して、扉は閉じられたままでなくてはならない。そして、その犠牲の供儀のあとで、神託を求める者は、神託をいただく穴の中へ降りていくのだが、その前に、この二つの泉の水を共に飲まなくてはならなかった。われわれにとっては、忘却と記憶は二つに分かたれていて、忘却するのか、記憶するのか、いずれかしかない。つまり、この二つの泉から水を飲むことは、われわれにとっては、＋1－1＝0と同じようなものである。それに対して、神話的・儀式的思考にとっては、この両者をゼロへと止揚せずとも、二つが一つであり、互いに補い合うことが公然と可能であった。

これが可能なのは、忘却と記憶とが、それぞれのあり方で妥当し通用するときだけである。ギリシアの人々は、差異を知らねばならず、区別を行わねばならず、それを経験的に知り、いつも新たに定立しなくてはならなかったが、われわれはもはやそれを行っていない。そのため、何を忘却し何を記憶するのかという問いが生じてくる（同時に、そこにはどのような差異があるのかが問われる）。またパウサニアスは、更なる準備作業のあとで、神託の場に降りていくことについて次のように述べている。「司祭によってすぐに神託の場に導かれるのではなく、すぐ傍にある泉へと導かれる。そこで、いままでに考えていたことを全て忘れるために、忘却の水を飲まなくてはならない。その後、記憶の水を飲む。そして、神託の場へと降りていったときに、自分が見てきたものを思い出すのである」[10]。つまり、まず忘却があり、その後に記憶がある。忘却は記憶の前提条件なのである。そして、パウサニアスは続ける。神託を受けて地上に戻ってきたとき、司祭が再びその者を迎え、記憶の王座、すなわちこの上なく聖なるものであるムネモジューネの女王の座に据えて、そこでその者が見たもの・知ったものを問うのである（IX39, 13）、と。

　この儀式とここに表現されている忘却と記憶の区分を、私がどのように理解しようとしているのかを述べてみよう。これは、同じ水平の時間軸に並んでいる存在として、過ぎ去ったものの忘却と、それに対立する未来的なものに対する開かれ、つまり全く新しく存在する〈情報〉の受容であるかのように、表面上は見えるかもしれない。だが、実際にはそのような素朴なものではない。そうではなく、レーテの水を飲むことは本質的に一つの水準あるいは次元が閉じることであり、ムネモジューネの水を飲むことはそれとは全く別の水準あるいは次元が開くことであり、あるいはそれが開かれ続けていくことであり、この二つの行為によって、ある次元から別の次元への移行が行われている。問題となっているのは、経験的な事実や時間性の次元全体をそもそも越え出て、神の言葉や神の姿の次元へと移行することである。レーテの水を飲むことは、経験的時間的なものや終わりあるものの〈水平的な〉水準をあとにするためであり、実践的技術的な要求と、生命の安全と立身出世を按ずることに縛られている意識を、日常世界に固着している意識を、根本的に一新するためである。その一方で、ムネモジューネの水を飲むことは、完全な〈垂直方向の〉次元に対して開かれることであり、（ユングの言う）「超現世性 Extramundanen」や神秘の次元、形而上学や神の次元に対して開かれることである。

つまり、このように意識をその日常的なまとまりを越えて新しい次元へと高めることが、ここで準備された儀式によって得られるのであり、それがレーテとムネモジューネの共同によって〈営まれる〉のである。そのためこの両者はゼロへと止揚されるのではない。両者は共に補い合う。両者ともに欠かせない。レーテは、いままでの水準の否定に到達するために、新たなものへ向かう道を開くために、必要である。ムネモジューネは、単純な否定や、剥き出しの無や空虚の傍らに立つためのものではない。ムネモジューネによって、否定がより高い水準の移行へと具体的に転じられるのである。つまり、レーテとはムネモジューネの内的な前提条件なのである。

このことを了解してマティアス・クラウディウスに立ち返ってみると、その〈眠りと忘却〉への立ち入りは、たとえ表現されていなくとも、深層において動機づけられ承認されていることがわかる。なぜならクラウディウスの場合も、純粋に否定的に剥き出しの空虚を定立することが問題なのではなく、具体的に上方へと向かう道を開くことが肝要であり、それは特に同じ詩の第五詩句に明示されている。

神よ、私たちに救いをお示しください、
願わくは、過ぎゆくものを信ぜず、
むなしいものを喜ばず！

〈過ぎゆくもの〉の領域には日々の嘆きがあり、そのため人は眠りに落ちて、それを忘れることになる。もちろん、それがつかの間の喜びの日々でも同様である。ギリシアにおけるレーテとムネモジューネが表していた二つの次元の区別という原初的な（決定的に形而上学的な）伝統と、忘却と記憶の間に成立する条件的連関とは、言葉にされることのないまま、ここに息づいている。『ファウスト第二部』から引用した箇所もこれに該当する。ファウストに起因する悲惨な出来事の記憶を浄化することは、ファウストを〈神聖な光〉の中に立ち返らせることに寄与している。この〈忘却〉と関連して、「赦免 Absolution」と呼ばれるカトリックの悔悛の秘跡に見られる要素も、思い起こされるだろう。罪からの放免である赦免 Absolution は、その本来の意味に従えば、良心の呵責を鎮め穏やかに慰めることに寄与しているわけではない。むしろ、その本来の目的は、ギリシアでレーテの泉の水を飲むことにきわめて類似していて、絶対的なもの Absoluten に対する人間の関係を自由にすることである（あるいは逆に、神の言葉や神の真理が人間の元に届く道を開くことである）。ここではあらゆる面においてこの世的で有限なものを引き剥がし後にすることが肝心なのである。真に絶対的なもの、永遠なるもの、神、現代的にいえば、理想、倫理的規律に向けた魂の向上が大切なのである。罪と苦悩は、レーテに引き渡されなくてはならない。なぜなら、その本性に従えば罪と苦悩は、われわれの情動を掻き立て、われわれを所有する力を持ち、体験された痛みや担われた罪に絶対的な意味を与えるからである。しかし、むしろこの痛みと罪に〈過ぎゆくもの〉や〈むなしいもの〉が固着し、それによって魂は、魂にとって真に絶対的なものであり、魂の関心の本来の対象であるものから引き離される。

　パウサニアスによって記述された儀礼の手続で、われわれにとっても肝心なことは、特に罪や苦悩にまつわるものではない。神託の獲得こそが重要である。同様に、トロフォニアスの神託の儀式の完遂において描き出された一側面から、われわれは重要な洞察を得ることができる。すなわち、記憶に値するものと記憶すべきもの、そしてそれとは対照的に、忘却に伏されるものと忘却すべきものを問うことが重要である。

　注釈として次のことも指摘しておいた方が良いだろう。レーテとムネモジューネに関するこのような解説を経て、一見全くかけ離れた主題に、すなわち心理療法の技法にも、光が投げかけられる。つまり、それは、夢分析において、ユングが夢の内容の周りを拡充的に円環して巡ることを推奨し、〈自由連想〉を決定的に否定したこと（「私は自由連想をそもそも使用しない」[11]）に光を当ててくれる。自由連想ではなく拡充法を選択することは、単なる解釈学的で方法論的な問題ではない。むしろ、ここで事態を左右するものは目標設定であり、夢に取り組むとはどういったことなのか、そして、個性化過程において本来記憶されていくべきものとは何なのか、それを問うているのである。自由連想と円環的拡充は、同一平面上に並んだ二者択一の選択肢のようなものではない。むしろ、自由連想は、言ってみれば、水平的に並べられるものであり、他方の拡充されていく円環の動きは、それと直交するものであり、垂直的に配置されていくものである。自由連想は、ユングに従えば、コンプレックスの領域の心を捕らえるものであり、個人の意識と無意識の世界、みずからの情動と記憶の世界の心を捕らえるものである。こうしたものは全て、ユングによれば、われわれの背景に広がる日常世界に属している。真に記憶されるべきものは、ユングのいう〈超現世性 Extramundane〉であり、元型的なもの、永遠のものである。忘却がなければ、（すなわち個人的なものの〈忘却〉がなければ）、この真に記憶されるべきものに到達することはない。

レーテに従った〈忘却〉は、結局、まずはみずからと衝突し、そもそも水平性から垂直性へと移り、だがそこで初めて真の記憶に際して、つまりムネモジューネにおいて、その内容的な充実を見いだすのである。この垂直性は、単純に初めから存在するものではなく、素朴にそこにあるものではない。そうではなく、この垂直性は、そもそも水平的な水準の（あるいは水平的水準にみずからを委ねる存在の）否定を通じて初めて成立し、水平的なものの犠牲を通じて成立し、そしてまさにそのために、犠牲の形式としての〈忘却〉が不可欠なのである。ユングの心理学は、それが〈無意識の心理学〉（すなわちいわゆる〈集合的無意識の心理学〉）であり、最終的にはユングが〈個性化〉と名付けたものを目指すものである限り——もちろんユングの心理学にはもっと別の要素や目的もあるが——フロイトの精神分析とは異なり、終わりあるものと終わりなきものの垂直的な区別を構成する古い形而上学的伝統を越えて活動しようとする。この水平性と垂直性の革新的な差異という対立の形式は、（ユング全集四巻に収録されている一九二九年の著作にユングが付したタイトル）『フロイトとユングの対立』を補完するものかも知れない。

パンドラの箱の閉鎖　――真実の抑圧としての記憶の文化

善良なニコライ・ポルトゥガロフが、「心配はいらない。すなわち、ロシア人がスターリンの強制収容所 Gulag を忘れることがないように、ドイツ人がアウシュヴィッツを忘れることはない」と発言するのをわれわれは先ほど聞いた。つまり、前節で称賛された忘却は、文字通りの健忘を指しているわけではない。事実そのものはあくまでも意識に保たれる。起きたこと、その内容は忘れられない。真理は遮蔽され抑圧されることはない。忘却は、それとは別の二つのものを示す。まず一つは、体験した苦悩や自分の罪にみずからを縛り付け、自分をその虜にしてきた情動の力からの解放であり、浄化や清めである。二つ目は、倫理的な面であるが、やはり起きたことをみずから手放すことである。すなわち、みずから真実の存在であることをやめることである。諦念である。[12]生じた災いは放免され、災い自体に委ねられ、われわれが災いに奉仕することや災いを自我の思うままにすることから解き放たれる。そうであっていい。どのようなことであったとしても、あるがままにあっていい。魂の家の暮らしの中で、それ自身のあり方を全うしても良いのだ。

そのためこの忘却は、抑圧とはちょうど正反対のものであり、むしろパンドラの箱を開けること同じである。パンドラがゼウスから送られた箱を開けたとき、それまで閉じ込められ制御されていた害悪がすべて流れだし、地上に広がっていった。害悪は、封印され安全に蓋の下にしまわれたままではない。それは自由を得て、それ自身の生を送り始めたのである。二度と箱の中にしまわれ閉じ込められることはない。パンドラの神話にはそうした魂の力が表現されているのであり、恐ろしいことが実際に存在することを許され、光の下に出ることを許され、原理的には使用不可能なものだが、潜在的には周囲を取り囲んでいるものとして、意識にさらされるのである。

　これは、もしパンドラがこの箱を開かなければ、人間は災いから遠く離れていられたのかも知れない（パンドラがこの箱を開ける者であり、唯一の存在の根拠であるのだから、そんなことはそもそも問題にさえならなかったのかも知れないが）、といったことではない。災いはもちろんはるか以前から世界に存在し、単に箱の中に閉じ込められ、見えないようにされ、人間にとって無意識だっただけである。そして、その箱が開かれ、災いが解放され世に放たれることは、過ちでも事故でもなく、それがパンドラの箱そのものの意味であり目的である。この（非神経症的な）魂は、ともかく災いであるものを意識の光の下に置くことを優先する。この魂は、災いに対して無感覚であることよりも、開かれた在り方へと災いが解放されることを優先し、災いを鍵の掛かるところに閉じ込めておくことよりも、災いを災いそのものの真実へと解き放つことを優先する。

　周知のように、パンドラが恐怖に駆られて急いで箱の蓋を閉めたとき、その中に残された災いが一つだけある。すなわち、希望である。希望は箱の中に残されなくてはならなかった。なぜならそれが希望の本質に関わっているからである。希望とは、まさしく開かれたところへと解き放たれないものである。希望は外側からわれわれに襲いかかってくることはなく、意識の前に置かれていることもなく、そのため希望は災いとして認識されることもない。希望はいつも閉じた箱の中から作用し、われわれの意識の側から作用し、そのため絶対的に自我親和的なままに留まる。他のあらゆる災いに対するように、希望から上手に距離を取ることはできない。魂にはそれができない。もし距離を取ることができたならば、そのときには、希望はもはや存在しないだろう。箱の中に希望が残されていることが、あらためて明らかにしてくれるのは、中に留まることと外に解き放たれるという差異があるからといって、現実が変化し、世界への災いの作用が変化するわけではないということである。この差異はもっぱら、抑圧されたままあるか、開放的であるかを問うているのであり、人間主体に関しては、災いを前にして、平静であるのか、引き攣って硬くなるのかを問うているのである。

　さてここで、祈念祭や記念碑のある〈記憶の文化〉に立ち戻ってみると、ホロコーストがその真実の在り方に解放されていないことが、よくわかる。逆説的に、ホロコーストはその祭典を通じてまさしく抑圧されている。この祈念の目的は、結局、新たなアウシュヴィッツのようなものを防ぐことにある。「二度と繰り返さない」といつも新たにはっきりと明言される。それが不遜な表現であり、この決まり文句で未来に先んじ、あらゆる未来をあらかじめ意のままにしようとしている。そのことは別としても、当然ながらこの「二度と繰り返さない」は、とうの昔に実際に起きたことを、それでも起きていなかったことにしようとする未来へと投げかけられた願望である。アウシュヴィッツは存在してはならない。アウシュヴィッツが何だったのか、そしてそれがどのようなものだったのかさえ、単純には認めることはできない。いわば、あとづけでそれを禁止したいのである。このようにして、事後的に、考えがたい災いをパンドラの箱に閉じ込め、その蓋を引き攣りながら押さえ込んでいる。災いは解き放たれてはならない。それはいつも鍵を掛けて保管し制御されなくてはならない。災いは漏れ出してはならず、自由にその独自の活動を展開してはならない。

　こうした理由から、ホロコーストの一回生、唯一性、比肩不可能性が主張されなくてはならないのである。これもまた、うまくいけば、心的に蓋をする方法であり、ホロコーストは、神聖な禁忌になる。それはア・プリオリに著作権を与えられるのである。ホロコーストの真理を解放すること、ホロコーストを解き放ち自由にすることは、それを歴史的にすることを意味するのだろう。だが、ホロコーストを自我の支配から解放することは、来るべき歴史をその方向へと解放することになるかもしれない。つまり、ホロコーストがとりわけ独裁下に置かれることがないとしても、ホロコーストがみずからを展開しようとして、あるいは展開せざるを得なくなることを許すかも知れない。しかし、人は二度と再び同じようなことが起こらないことを保証しようとする。潜在的なあらたな罪はア・プリオリに除外されるべきだとされる。だが、もし新たな罪のリスク、新たに罪人になるリスクが完全に排除されるならば、その人生は、凍結されたまがいものの見せかけの人生だろう。もちろん歴史は決して繰り返さない。なぜなら一つ一つの状況はいつも新しく、いつも別のものだからである。しかし当然ながら、歴史に対するわれわれの倫理的態度は、歴史を解放するものでなくてはならないだろう。すなわち、それが再び繰り返される可能性も根本的には許されなくてはならない[13]。そのときはじめて、アウシュヴィッツもその真の在り方を解放するだろう。そして、そのときはじめてわれわれ自身もみずから開かれて自分の責任であらゆるリスクを負って、現実に生きていくのだろう。もしわれわれの人生と行為からいつも結果として何かが――それがその欲するままに――現れてくるならば、そのときはじめて、われわれが単に規定の役割をこなすのではなく、われわれが実際に何者であり、どういった者であるのかが露わになる。「ドイツから二度と再び戦争が始められてはならない」。そうであってはならないのか？　歴史はわれわれの指揮下にあるのか？　未来を意のままにする権利がわれわれにあるのか？　新しい歴史的な状況に何が必要で何が正しいのかを、われわれの現代から決定することができるのか？「だから、明日のことを思いわずらうな。明日のことは、明日自身が思いわずらうであろう。一日の苦労は、その日一日だけで十分である」（マタイによる福音書6:34）。課題はいつも今日という日の中でその真価が問われる。われわれが来るべき世代の問題を解決する必要はない。ここがロードスだ、ここで飛べ *Hic Rhodus, hic salta*。

そしてそのためには、防衛（「早めに手を打つべきだ」）だけでは十分でなく、単に否定的で警告的な悪の記憶だけでも十分ではない。具体的で歴史的な状況において仮釈放が行われるには、目に見える尺度が必要である。それは真の記憶に左右される。つまり、義務的に真実と善に方向づけられた存在に左右されるのではなく、抽象的で一般的な真実と善に方向づけられた存在に左右されるのでもない。その都度、具体的な状況において、善であり公正であると見なされなくてはならないものを、いつも新しく獲得していくのだ。そういう認識へと方向づけられた存在に左右されるのである。ホロコーストの記憶を介助するには、いつもこうした配慮を携えて、悪と結びつくこと、犯罪に準拠することでもある。こうした源泉から支えとなる道徳的な力が成長してくるのだろうか？「警告と広告の境界はきわめて薄い」とルドルフ・バーガーが警告するように、それは逆に悪霊を呼び覚ましてしまうことにならないのだろうか？

歴史的な真実になったものとして、ホロコーストは自我の管理から抜けだし、自分自身を放任したのかもしれない。だが、ホロコーストがみずからを放任することで、われわれは、魂や心に対するホロコーストからの気ままな作用に曝されるだろう。いつ、どこから、どのようにホロコーストがわれわれの心に襲いかかり降りかかってくるのか、それはわれわれには知る由もないだろう。それはまさしく蔓延していく危険なウイルスに対して、われわれが全く無防備なのと同様であろう。そうであるからこそ、〈記憶の文化〉が必要だとされるのである。なぜなら、恐ろしいものは自我の支配下にあり、それが思いがけずわれわれの心の内奥を襲うことなどないと、この〈記憶の文化〉が保証してくれるからである。この国家的に処方された強迫的記憶は、和解／贖罪に役立つ。それは、自律的に活動している真理に思いがけず襲われることを避け、いつかどこかでその真理とぴったりと合致してしまうことを避け続け、それに〈先んじようとする〉記憶であり、身勝手な先取りである。そして、それはそうしたわがままな行いとして、われわれの自分語りとして、〈記憶〉そのものの組織的な譲渡として存在する。それは内化としての記憶とは逆のものであり、内奥において気づくという知覚の逆転であり、内奥において揺れ動かされる驚愕の逆転であり、魂の静寂とは全く逆のものである。

いつも新たに繰り返される恥知らずの公式の罪の告白（「われわれは自分たちの歴史を認めます」）も、これと同様である。あたかもわれわれの告白が肝要であり、逆に、真理に有罪判決を述べてもらうことは重要ではないかのようである。あたかも、この歴史をみずから認めることが、自我人格としての語り手に可能であり、それが率直であるかのようだ。誰が、真にそして正当に、この罪をみずから認めることができるほど、充分に偉大なのだろうか。あるいは、それに相応しく怪物的なのだろうか？　こうした罪の告白は、自我人格と全く釣り合わないものであり、それは違法なマントラであり、根本的にあらゆる一般大衆を越え出た次元を目指し、その上でしかも、それに到達し損ない、それでいて、罪深い存在とされることや、罪を（受動的に）自分に帰せられることから、もう一度逃れることに寄与する。〈不幸な人〉の罪からの健忘的な浄化や清めや赦免の代わりに、自分勝手に独断的に善人という身の証を立てることになり、それが逆説的に、その人があらかじめ自分勝手にあらゆる罪を引き受けることを通じて行われる唯一の目的となり、その人が間違いなく善の側に立ち、善良な側に立っていることを、その告白において証明するのである。

　こうして、この罪の告白は、悲惨な事柄をパンドラの箱の中に詰め込む方法であり、開かれた方向へ逃れ出ることを妨げるもう一つの方法であることが容易に理解される。罪を認めることで、人は告白した事柄を自分の下に敷いて、自分がその一番上に登る。人は論理的に罪の上に君臨する者へと昇格し、罪を単なる内容へと貶めるのである。

ここで旧約聖書のファリサイ人と徴税人のたとえ話（ルカによる福音書18:9）を思い起こしてみても良いだろう。[*4]この徴税人は、本当に自分を罪の下に置いている。なぜならその人は無条件に自分を罪へと差し出しているからである。ちょうどこの差し出されることと真理の下にあることが、今日では、横領された罪の告白と警告と善人の記念碑によって妨げられ、あるいは余計なものとされる。真理の下に立ち、この真理の下でこそ初めて正しくある者は、大口をたたくことはなく、口をつぐむのである。

真実の記憶

アウシュヴィッツを前にして、真実の記憶とは何だろうか。女神ムネモジューネがレスモジューネを極端に締め出し禁止することなく、みずからの内に携えるような記憶とは何だろうか？　そうした記憶はわれわれの思考ではない。われわれは、決して記憶を行使する主体ではなく、ここで問題となっている出来事をそもそも記憶することができる者ではなく、その出来事を記憶した者でもない。われわれはホロコーストのとてつもない恐ろしさに全く到達していない。われわれが自分のことを、このとてつもない恐ろしさを記憶する主体であると考えているならば、それは思い上がりであり、自我のインフレーションであろう。われわれはアウシュヴィッツを前にして、むしろ記憶する主体としては、退き黙するしかない。こうして退くことが、本来の〈忘却〉であり、レーテの水を飲むことである。われわれには記憶する権限はない。客観的で歴史的な研究が問題となり、一つ一つ現実に起こったことを確定することが問題である限り、主体としてのわれわれも考慮するには値する。しかし、この種の研究は、われわれがここで取り組んでいる記憶とは関わりのないものである。

では、誰が記憶する権限を持つのだろうか？　それは〈魂〉である。しかし、人がよく口にする私の魂や君の魂といったものではなく、非自我的な他性に、〈客体性〉に、深層にある〈この魂〉である。この魂は真実の器官である。しかし〈この魂〉は、記憶をみずからの催事として執り行うのではない。魂は、その都度の真理によって実際に襲われるときに、単にみずからを真理に襲われるままにしているだけである。魂はアウシュヴィッツをみずからの内に内化し、それが記憶されるに任せ、アウシュビッツの真理の内へとみずからが内化されるに委ねている。そして、このアウシュヴィッツの真理へと魂みずからが内化していくことは、この真理が〈魂〉の内性へと内化し記憶されていく経過なのである。〈魂〉がアウシュヴィッツを忘却してしまうことを心配をする必要など全くない。しかし、魂が今日すでにアウシュヴィッツを本当に記憶できていると期待してもいけない。このような惨事の全容を前にして、時間を掛けて魂がその真実に本当に持ちこたえることができる状態に達するまでに、数百年の時が必要とされる。アウシュヴィッツは、〈魂〉にとって、その歴史的な大いなる作業 *opus magnum* へのイニシエーションの性質を持っている。そして、これはただ示唆的に言葉になりえるだけなのだが、このイニシエーションが導こうとする先にあるもの、それは愛である。

この点から見ると、忘却の禁止は、記憶を思うままにできなくなることへの拒絶であり、《心の頑なさ》(*pôrôsis, induratio*)[*5]という聖書の表現に最も良く表されている態度であることがわかる。

否定よりも、むしろ無を好み[*6]

ケレニィがわれわれに示したように、古代のギリシアの宗教性は、具体性の極致を統治して、そこで対立項を統一することによって表現されており、女神ムネモジューネも、自分自身と、自分と対立するものであるレスモジューネとの統一であり、それはムネモジューネ自身の統治下において成立していた。だが、忘却が絶対的に禁止されている今日の状況をわれわれがしっかりと見るならば、対立項の統一において、いまや突然、否定性の極致が記憶と関わるものを凌駕したことがわかる。なぜなら、忘却の追放と、一面的な記憶の義務は、レーテ自身がレーテに溺れることと以外の何ものでもないからである。レーテがそれ自身の内で純粋に否定的なものである限り、レーテが具体的に統治権を得て、忘却の純粋な祭礼を興して、対立項との共演において主導権を握ることはできない。そうではなく、レーテは記憶と忘却という対立項の上位の統治権を得るために、まさしく自分自身を忘れなくてはならず、この一組の役畜の地位からみずからを追い出さなくてはならなくなる。そうしてレーテは一人で真にこの対立項全体を統治する。記憶の明らかな単独統治は、記憶が、つまりムネモジューネ自身がむしろ忘却の支配下にあることを示している。内的な対立を奪われた記憶は、実証主義的なものになる。この記憶は、自分らしさを忘れ、本当の記憶の品位を忘れ、論理的に否定的なものを完全に《忘却している》。古代的な神話であろうと、宗教的神学的な神であろうと、形而上学的な真と善であろうと、忘却している。

これを確かめるためには、逆転させてみればよい。クラウディウスやゲーテまでは古い関係性がなお支配的で、その関係性において忘却は、真の記憶を可能にするために欠かせない前提条件であった。忘却が健忘へと落ちぶれ、記憶と忘却というひとまとまりの対立そのものが、いまやレーテに支配されているからといって、それがどうしたというのか？　具体的に言えば、よりによって、人間性に対するこの恐ろしい犯罪とその犯罪の犠牲者が、卓越したもの、つまり結局は唯一の本当に記憶すべきものになり、それがいままではまさしく《眠り込み忘れ》られてきたからといって、それがどうしたというのか？　イエスは「死者に死者を埋葬させよ」と言わなかったか？　そして、いまや生きているものはその犠牲の上に国を築き、ナチスの犯罪はまさしくドイツ連邦共和国の《国生み神話》へと昇格させられた！　いまや社会は黄金の仔牛の周りで踊るように、アウシュヴィッツの周りで踊り、社会はその罪を祝い、ホロコーストを絶対的なもの（比肩しえないもの、唯一のもの）[14]へと高めたのである。それがどうやってこの悪と恐るべきものへの体系的な固執となるのか。さらには、それはどうやって永久に忘却を奪われ、文書に書き記し固定されることになるのか？　これには説明が必要である。

現代に至ること、つまり、西洋という日の沈む国の形而上学が終焉することによって特殊な精神的世界関係に至り、産業革命によって特殊な経済的社会的世界関係に至り、古く威厳を備えたコプラ*7の論理を更迭することによって特殊な論理的世界関係に至り、機能[15]という新しい論理によって推論的世界関係に至り、こうして先ほど述べたような垂直性は人間の環境世界から消え去った。新しい世界関係はただ水平性しか知らない。垂直性という意味において、地上的なものや人間的あまりに人間的なものに対する根本的な他性や、果てしなく永遠で絶対的なものや、圧倒的な月の領域や、神々や神は、《カテゴリー》あるいは次元として、除外される。「鋳造された硬貨がなくなった後で硬貨について語るように、人はまだ魂について語っている」とかつてリヒテンベルクは言った。同様のことは今日では、神について言えるかも知れない。神はもはや魂の現実であることも、われわれの存在の根拠であることも止めてしまったのだが。

今日われわれにはもはや良心も善意も語ることはできない。

神よ、私たちに救いをお示しください、
願わくは、過ぎゆくものを信ぜず、
むなしいものを喜ばず！

ファウストが返還されることになった「神聖なる光」についても、もはや真剣に語ることはできない。もしわれわれが、その中にかつての世界状態の歴史的な証を認めることに満足しないならば、われわれはせいぜいそうしたものを真似て装うことができるだけである。われわれは、心理学的現実において、そこから意識が立ち上がることが可能で、意識が立ち上がるべきだとされる（形而上学的な意味の）存在の基盤をもはや知らない。われわれは経験的な原因を知っているだけである。たとえば人間はもはや――垂直方向で考えられた――神の被造物ではなく、――水平方向で考えられた――自然の進化の所産である。被造物や創造について語ることはできても、それはただ都合の良い信心ぶった言葉や代替の舞台道具にすぎない。教会はなお存在してはいても、それはもはやかつてのように真理の管理者ではなく、（精神的な）消費財として感情的価値や心のこもった精神安定剤を提供する業者であり、現代風のサービス業者でしかない。たとえ教会が、まさしく心情を安定させるために、こうしたものを真理そのものとして販売しているとしても、意味探索の市場にいる他のあらゆる提供業者と同様に、教会もそうした業者の一つでしかない（そして、そもそも消費社会の論理において、一つ一つの製品広告は、それぞれが真に究極的なものだと偽称している）。もはや、こうしたことをこれ以上詳しく述べる必要もないだろう。

だがこうした背景を知ると、なぜホロコーストに対して身を強ばらせることになるのかが理解されるだろう。垂直方向の次元の喪失を文字通り受け取れば、それは実際に恐るべき喪失であり、不足・欠如・切除であり、穴があいて耐え難く引き裂かれた状態である。だが、垂直性への回帰が歴史的に不可能である限り、水平性において代替物が見つけられなくてはならない。絶対的なものの代理として機能することができる経験的で事実的なものが見つけられなくてはならない。経験的なものの列から抜きんでて、絶対的なものとして妥当するような、崇高で模範的で、具体的事実的なものなどない。絶対的に忌まわしいものだけが残る。それに相応しい、実際に納得のいく候補者が見つけられることになる。しかし、多くのものが横並びであっては、絶対性がもはや存在しなくなるだろう。何か特別に恐ろしいものを捕らえて選り分けなくてはならず、それは絶対的で比肩不可能なもので、一回限りのものであると偽称され、その一回性は粘り強く守られなくてはならない。この〈決して繰り返さない〉は、経験的な出来事の列から完全に転がり出て、そもそも原理的に歴史から解放されるべき経験的な出来事へとそのあり方を上昇させる。アウシュビッツの周りを円環する〈記憶の文化〉は、魂の原理主義、道徳の原理主義なのである。

　もし神がいないならば、せめて黄金の仔牛が存在すべきだとされるわけだ。そして、もしこの仔牛が金色であることができないならば、それは〈神聖なる光〉がもはや光を放たないからであり、そのとき、まるで底知れぬ闇と忌まわしさとが〈唯一のもの〉であると偽称され得るように、一つに保たれていなくてはならない。「人間は何も求めないよりも、むしろ無を好んで求める」とニーチェは言った。[16] そこで重要なのは、実体性への徹底した固執であり、たとえその実体が穴の空いた空虚な形態であり、ゼロ水準であっても、変わらずそうなのである。さらには、（あらかじめ経験されているために無かったことにはできず、避けることもできない）否定を対象化し具象化することが重要なのであり、それに従って、否定されるという行為を表す動詞の使用を徹底して許さず遠ざけることになる。[17] われわれの議論との関連で、もしニーチェの文章から「求める」という動詞を取り去り、それを「得る」や「崇拝する」に置き換えるならば、それはホロコーストへの無条件の固執を解明するひな型になるだろう。

　ここで好まれるのは、無条件的なものを何も持たないことより、無条件的な記憶である。好まれるのは、何も崇拝せず何も聖なるものを所持できないことよりは、何も儀式的に敬愛できず、あるいは何も弾劾もできないことよりは、全く崇拝価値のない経験的な穴隙を、無条件的記憶の方法に則って、崇拝することである。好まれるのは、恐ろしい罪の下で「引き攣って硬くなる」(ファウスト)魂と共に暮らすことであり、その罪に固執することであり、《実証主義的に》理解された(具体的事実的な)確固とした基盤 *fundamentum inconcussum* に固執しないことではなく、存在が失った形而上学的《基盤》の代わりになる(形而上学的で言うまでもなく論理的に否定的な)ものを何も持たずにいることではない。[18] 好まれるのは、聖なる忌避の念を伴う(内容的に絶対的な忌まわしさのある)具体性に縛られて、その周りを廻ることであり、単純な《無》[19]——絶対的な否定性そのもの——に定住することではない。

この論考で示された思考は、まず一九九五年九月にスイスで講義され、さまざまなオリエンテーションを持つ分析家たちの集まりにおいて発表された。

(訳者：猪股剛)

原注

1 参照：ジェームス・ヒルマン「プエルの傷とオデュッセウスの傷跡」『プエル論』一〇〇－一二八頁、アーヴィング、テキサス（Hillman, James, "Puer Wounds and Ulysses' Scar", Spring Publications）、一九七九年

2 ドイツ語版『ユング自伝』アニエラ・ヤッフェ編、三八頁。参照拙著『ユングの神経症概念』フランクフルト、ペーター・ラング出版、一九九九年（創元社より近刊）

3 C・G・ユング、ドイツ語版『ユング書簡集第三巻』アニエラ・ヤッフェ編、三三六頁、ハーバート・リード宛書簡、一九六〇年九月二日付（Brife III）

4 エミール・シュタイガー「ファウストの癒しの眠り」ハンブルク学術誌第二巻、一九四七／四八年刊行、二五一－二五七頁を参照。引用は『ゲーテ論』第三巻（ハンブルク出版）、ハンブルク（クリスチャン・ヴェグナー）、一九六〇年刊行、五三二頁から（Emil, Staiger, "Fausts Heilschlaf"）。

5 「健忘症を生きる」という記事からの引用、南ドイツ新聞一六七号、一九九五年七月二十二、二十三日、四頁。

6 ニコライ・ポルトゥガロフ「ドイツとロシアの歴史検証」『シュトゥットガルト新聞』一九九五年四月十日第八四号第五頁（Portugalow, Nikolaj, "Deutsche und Russen vor dem Geschichtsexamen," *Stuttgarter Zeitung*, Nr. 84, 10.4.1995, S. 5.）

7 ルドルフ・ブルガー「記念碑政治の過ち、忘却の擁護者」「ヨーロッパ・レビュー」二〇〇一年第二号（Rudolf Burger, "Die Irrtümer der Gedenkpolitik", *Europäische Rundschau*, Heft 2/2001.）

8 カール・ケレニィ『ムネモジューネとレスモジューネ、記憶と忘却の泉について』（Kerenyi, Karl, "Mnemosyne - Lesmosyne. Über die Quellen «Erinnerung» und «Vergessenheit", in: ders., *Humanistische Seelenforschung, Werkausgabe I*, Munchen, Wien (Langen Müller) 1966, S. 311-22, hier S. 321.）

9 ヘシオドス（Hesiod, Theogonie, Vers 55.）すでにヘシオドスの時代でさえも忘却を「この呪わしきも

の」としている！

10　パウサニアス『ギリシア案内記』第九巻七頁以降、エルンスト・マイヤー訳、二巻本第二巻、一九五二年版四七三頁、チューリッヒ、アルテミス出版（Pausanias, *Beschreibung Griechenlands*, IX 39, 7f. in zwei Bänden, Bd. 2, Zürich [Artemis] 1952, S. 473.）

11　C・G・ユング、ドイツ語版『ユング書簡集第三巻』アニエラ・ヤッフェ編、一九頁、ヨランデ・ヤコービ宛、一九五六年三月十三日強調は原文のまま（Brife III）。

12　この《諦念》は、《許し》の可能性の生まれる条件である。

13　ここで、ニーチェが「同一のものの永劫回帰」という思想で示した教育者的な作用を思い描いてはならない。

14　ヘルダーリンは二百年以上前に、全く別のものを念頭に置いた詩に「唯一のもの」という表題を付けている。それは対照的なものとして思い起こされた方が良いだろう。

15　これは、ゴットロープ・フレーゲ『概念記法』（Gottlob Frege, *Begriffsschrift*, 1879）によって初めてはっきりと定式化されたものであるが、明言されない形ならば、既にショーペンハウアーやフォイエルバッハの著作にも記載がある。

16　フリードリッヒ・ニーチェ（Nietzsche Friedrich）『道徳の系譜』、本書籍の最後の文章（第三章第二十八節）。

17　これを精神分析的に表現することもできるだろう。すなわち、この否定は、それを記憶／内化しないための行動化である。対象と内容が入れ替えられ、否定は逸れてみずからに対して向けられる。この希望の中に、意識の（論理的構成の）古い形態は変わらず保持され、変容がそこから逃れ出てくることがかなわない。

18　か弱い若年者への性的な虐待によって罪と犠牲のファンタジーにはまり込む現代に流行する固着、生まれることのなかった生命を守ろうという広範に行き渡った狂信的な擁護活動、部分的にフェミニズム的で、部分的に悪の前で青ざめた表情で、環境や感情や女性性や身体性の抑制や搾取に原因が帰せられる父性社会、そして同様に、罪悪感と責任転嫁とに動き乗じる思考、そういったものはすべて、おそらく（他にもいろいろあるが特に）一つの非常に似通った魂の目的を持っている。つまり、聖なるものに対する実証主義的な代替物を見つけることである。先ほど述べたように、これはちょうど正反対のもの――信仰心の無さ、疑い、不愉快な事件――に非難の言葉を浴びせることではじめて成立することになる。しかしもちろん、ここに挙げた例はすべて、歴史上現実にホロコーストの名の下に生じた圧倒的な悲惨のほのかな反照でしかない。こうしたものは、単にいま記載した原理主義を追加的に補強しているに過ぎず、それを基礎づけているわけではない。今日では、それと類似した魂の機能が、やはり多くの集合的で非合理的な不安を、あるいは少なくとも非合理的に背負わされた不安を抱えている。すなわち、携帯電話の電波放射線や遺伝子組み換え食品に不安を感じ、過ぎし日にはＮＡＴＯ二重決定*に不安を感じ、核廃棄物輸送に不安を感じ、さまざまな不安を抱えている。そこで、人はより具体的なことに携わり、こうしたことに情熱的に反対し、実際的に抗議をして、デモを行うことができる。魂の持つ力は、こうして非合理的に背負わされたものへと束ねられ結びつけられる。すなわち、いまや一つの使命を担っているのである。人生は少なくともその時々で一つの指針を持ち、人生には意義があり、失業してしまったとはいえ神に対する畏敬や、恐れられながらも漸く気づかれることになった時代の真理に対する小さな代用品を手にしなくてはならないのである。〔*訳注「ＮＡＴＯ二重決定」とは、ワルシャワ条約機構に軍縮を呼びかける一方で、お互いの軍縮圧力を高めるために、西ヨーロッパに核兵器を搭載した中距離弾道ミサイルと準中距離弾道ミサイルを多数配備するとした決定のこと。一九七九年十二月十二日にＮＡＴＯが決定している〕。

19　参照：「否」については、拙著「再度、〈石ではない石〉「否」に関する更なる洞察『デービット・L・ミラー記念エッセイ集「領域の混乱」』所収（Giegerich, W., "Once more, The Stone Which is Not a Stone:

Further Reflections on «Not»," in: *Disturbances in the Field. Essays in Honor of David L. Miller*, hg. Christine Downing, New Orleans (Spring Journal Books) 2006, S. 127-141.)

訳注

＊1 本論全体を通じてドイツ語 Erinnerung の訳語には「記憶」をあてた。このドイツ語には、「回想」「想起」といった訳語も選択可能であり、文脈によってはそれらの訳語の方が相応しい文章もある。しかし、Erinnerung に込められた心理学的な機能が、内側に入ること、内化されることであることを鑑みると、「回想」の廻るという動きも、「想起」の起き上がるという動きも、それに相応しいとは言えない。ここでは中立的な言葉としてあえて「記憶」という訳語をあてて、一部「内化」という言葉を補っている。

＊2 スイス・チューリッヒ大学のドイツ文学の教授であり、著名なゲーテ研究者（一九〇八―一九八七）。

＊3 それぞれゲーテの著作の登場人物であり、エグモントは『エグモント』の主人公、オッティーリエは『親和力』の四人の主人公の内の一人、エピメニデスは『エピメニデスの目覚め』の主人公。

＊4 新約聖書「ルカによる福音書」18:9-14には、自分は正しい人間だとうぬぼれて、他人を見下している人々に対して、イエスが言ったたとえ話がある。神殿に上って祈る際、一人のファリサイ派の人が「神様、わたしはほかの人たちのように、奪い取る者、不正な者、姦通を犯す者でなく、また、この徴税人のような者でもないことを感謝します。わたしは週に二度断食し、全収入の十分の一を献げています」と言ったという。そして徴税人は遠くに立って、目を上げようともせず、胸を打ちながら「神様、罪人のわたしを憐れんでください」と言ったという。義とされて家に帰ったのは、この徴税人であり、ファリサイ派の人ではない。だれでも高ぶる者は低くされ、へりくだる者は高められるという。

*5 新約聖書「エフェソの信徒への手紙」4:18.

*6 「人間は何も欲しないよりは、いっそむしろ虚無を欲する」というニーチェ『道徳の系譜』の最終文からの引用。ここでは、直前にある「愛 Liebe」という言葉と、この文章の冒頭にある「むしろ好む Lieber」が近似していて、かつ異なることが示唆されていると考えられる。

*7 コプラ Copula とは、カップルの語源ともなった言葉であり、言語学的には繋辞とも呼ばれるものである。それは、「AはBである」という文章において、「は」と「である」を表すものであり、AとBを分離したままで同格に結びつけるものである。二つのものを分離したまま結びつけて同列に置く機能のことを「コプラ」と呼ぶ。これはユング心理学における対立物の結合において働いている作用であり、心理学の根本動因の一つである。

おわりに

愚かな人間の一人として

山本民恵

私は心理臨床を生業としている。このたび、本書にも論文を寄稿しているユング派分析家であるヴォルフガング・ギーゲリッヒ氏のセミナーに伴ってドイツで「ホロコースト・リサーチ・プロジェクト」が企画されていると聞き、「どうしても参加しなくてはならない」という自分の内側からの声につき動かされ参加した。本書の論考、コラムの執筆者らと一緒にホロコーストに関わる施設を訪ね歩き、我ながら驚くほど見事なまでに自分の根幹が揺さぶられるような体験をした。強制収容所を訪れ、資料に触れ、記念碑を巡るという行為の中で、自分の存在が裏返り、打ちのめされたのだ。その体験はいまもってうまく言葉にできずにいる。そのプロジェクトの体験をもとに書かれた論考が出版されることになり、論考の合評会や出版についての話し合いを含め、本書を作り上げていくプロセスを共にした私がこうして「おわりに」を書くことになった。

私たち心理臨床家にとっては、目の前のクライエントの声にひたすら耳を澄ませることが最も大切な仕事である。「生きるのが虚しい」「毎日が暗闇の中にいるようで苦しい」「死にたい」などの言葉を聞き、その言葉のさらにその奥に潜む声にも耳を澄ませる。そして声が聞こえたならばその声と関わっていく。すなわち「死にたい」という言葉を私のこころに招き入れ、一緒に過ごす。その方の歴史に思いをはせ、その方がご家族としたという会話を思い出し、私との対話を思い出し、いろんな角度からその言葉を反芻するのである。そして感じたものを材料にしてはまた耳を澄ます。そういう作業を繰り返しながらその方のこころの道のりを共に歩くのである。

　本書では、ホロコーストへと近づく道のりが模索されている。こころの道のりをクライエントと共に歩むように、ホロコーストと共に歩むためのその道のりを求め、夢や遊び、劇、アート、舞踊、音楽、物語などの次元から丁寧に繊細に近付かれている。その試みが幾重にも織られた織物として紡がれているのがこの一書である。

　第一章は、小杉氏が精神科医として感じられた「かなしみ」で始まる。氏が真摯に目の前の患者さんの語りに心を開かれるとき、「かなしみ」の感情が心の底から湧いてくるという。その「かなしみ」と、レーヴィが強制収容所で経験した「純粋状態のかなしみ」とがつながってくる。それは、宮沢賢治の作品の中に現れる「過透明なかなしみ」、河合隼雄の言う「非情のかなしみ」にもつながる。心のとてつもなく深いところにある、個人的な領域を超えた「かなしみ」。だからこそ読んでいる私も共感、共振するのだろう。その「かなしみ」が小杉氏によって深められていく。ホロコーストを半身として抱えているレーヴィが、内側のその深い断絶の中に持つ「回教徒たちの屍が累々と積み重なった死の世界を深く下って行った底にあるような、かなしみ」。小杉氏が患者さんの言葉を繰り返し、繰り返し聞き続ける営みの中で、感じ続けておられる深層意識のかなしみが同時に響いてくる。その重なり合うこころの最奥のかなしみに裏打ちされて、ホロコーストの声を聞き続けることをやめない小杉氏の姿勢がくっきりと浮かびあがってくる。

第二章では「隣のミカちゃんどこ行っちゃったんだろう？」と近所の女の子を心配するかのように『きけわだつみのこえ』に出て来る中国人の女の子のことを案じ、猪股少年が繰り返し途方にくれるところから始まる。その映像が浮かび、このお話はどこにつながるのかと思って読むと、出来事を身近なこととして感じられない現実感覚の薄さの問題につながっていた。現代の私たちは「うすあかるい孤独」「現実の薄さ」の中にいるという。確かに。ホロコーストに真に向き合うには、私たちの薄い現実感覚では不可能だろう。そこでベンヤミンのいう遊戯的に関わることによって「いまここでのアクチュアルな関係を生み出す」ことが必要とされるのだ。遠くの川岸にいて見ているのではない。距離はあるが遊んでいるうちに、役割交代が起きるようだ。そう言えば遊びは常に役割交代が前提だった。鬼の役は固定されない。どちらの役割にもなるとき、私たちはホロコーストで死んだものとなり、またホロコーストを実行したものにもなる。そのとき私たちは何を感じるだろうか。遊びを繰り返すことで、遊びの空間は広がっていくだろう。悪の居場所もできそうだ。そして確かに、現実としてのホロコーストへの認識の空間も、遊びの空間とともに広がっていくに違いない。

第三章では植田氏によって、普段身近にある立ち話や風や戸や車などの音に、私たちは感覚的に開かれる。音の色や体の振動などなど。植田氏の音楽性ある文章が行間で響く音として聞こえるようで、こんなにも周りに音が広がっているとハッと目を開かせてくれる。そして今この音とは一回きりの出逢い。その一回しかない音をあるがままにし、営みに注意を向けるために、スピーチメロディという手法があることが紹介される。その手法を使ったディファレント・トレインズという音楽作品はホロコースト・サバイバーの語りを素材としていて、その声や抑揚がメロディやリズムとなっている。個人の語りでありながらその要素のみを残したメロディとなることで、さらにそれが個人的な次元を超えて展開し、非個人的な次元でホロコーストの声を響かせている。その音楽を聞く私たちは、体ごと積極的に音に関わることになる。リアリティのあるものとしてホロコーストの音と戯れる。音は凄い。歴史的な広がりも、空間的広がりも、情緒的広がりも持っていると感嘆する。そしてホロコーストの続きの存在としての私たちに、音を介し、固定した意味を超えてあるがままのホロコーストのその奥にあるものを聞き取る可能性を開いてくれる。その響きに、揺らぎに、振動に、自分を委ねてみよう。

第四章で鹿野氏は、遊びを通して子どものこころと関わるプレイセラピーの中で、暴力の謎と出会ったことから始める。人が人を虐げるということの謎。この謎からホロコーストの謎に近づいていく。そのための素材としてフランクルの『ビルケンヴァルトの共時空間』という戯曲が紹介される。ソクラテスやカント、黒天使や、強制収容所のフランツが出てくると、あまりにも異なる時間が同時に存在している設定に私は戸惑う。さらに、哲学者が客観的に人間世界を観察しているようでもあり、黒天使が影響を与えられる現実世界でもあり、はたまたフランツが書いている戯曲でもあるという、時間的にも空間的にも役割的にも常に動くせいで、私は考える視点を常に動かし、頭とこころを総動員していることに気づく。こういった観客としての関与が起こると、舞台上の出来事を自分に起きたことのように体験することとなり、自分のものとして新たなリアリティを作り出すようだ。その舞台上ではさまざまな生が本気で繰り広げられる。暴力を振るわれたり、振るったりを本気でやり抜く。プレイセラピーと同じだ。一つの視点だけで理解できるものでは到底ない。幾人もの登場人物がいること。劇自体の効果によって虚構でありながらリアリティを感じられること。そうしたことによって、それぞれの役を演じているかのように自分の内側でホロコーストに自分を関わらせ、その都度リアリティを更新できるのだ。それがホロコーストの異界性と対話することになっていく。その対話を続けながら、ホロコーストが引き起こした断絶の隙間から何かが生まれるのをじっくり待つことが必要だと鹿野氏は伝えてくれる。

　第五章では、宮澤氏がホロコーストの資料から「生の意味」と「死の意味」を同時に問われたところから始まる。そして、レーヴィが強制収容所でみた夢に入り込んでいく。宮澤氏によれば、レーヴィの著作自体も夢と同様に、次元の異なる現実として扱い、そこに入り込んでいくことで、レーヴィのこころの展開に、さらにはホロコーストそのものの展開に寄り添うことになる。そしてそれらの夢の内側に包摂されることによって宮澤氏の内側でも同じ展開が起こっていく。氏は本当に誠実にその作業に自分を投入しているからこそ、レーヴィに起きたことと同じことが起こるのだろう。そこで発見されたものは、回教徒と呼ばれる破壊された人のような尊厳を剝ぎ取られた人間としての自分なのだ。宗教や意味を失った現代の人間としての私も、そのような姿になっているのだということに気づかされる。その現実に無自覚であることは、尊厳を保つために迫害される側を作り出し、再び強制収容所を作ることになるという。だからこそ唯一残されたできることは、ここで発見され新たに生まれた尊厳を剝ぎ取られた人間として、ホロコーストが語りかけること、死者の語りかけることに関わっていくことなのだ。

　第六章で古川氏は、「躓きの石」との出会いから、至る所で常に、私たちの足元に多くの人の死があると気づかせてくれる。そしてホロコーストという非人間的な夥しい死に向き合うとき、心理臨床家として何を語ることができるのかという問いが立てられる。まずはわからないものに対して自分の内側で「死体をあたためる」ように時間をかけて関わる。古川氏がそのようにするとき、言葉を超えたものとしての舞踊芸術が足がかりとなる。氏の実感のこもったこころ震える体験が導いてくれる。私の中にもある踊り。太古の昔から人類は踊ってきたという事実があるのだ。卓越した舞踊家の舞台では、すべての命が踊り、死者も踊っている。そして生者と死者との境がない個人を超えた領域では、抗えない暴力のそばにもそっと愛が存在することを教えてくれる。その生者と死者のあらわれる普遍的な領域に心理臨床も臨んでいる。そこにいてこそホロコーストの暴力性やそこで失われた声を聞けるのだ。そして死者の声を聞く試みの先に、すべての命がつながっている愛が、みえてくる。

　新約聖書ヨハネの福音書には「はじめにロゴスがあった」とある。古代ギリシャ語のロゴスの解釈についてはさまざまあるだろうが、言葉、知性で作られる人間の論理と解釈するならば、私たち人間がロゴスを追求していく中で、ホロコーストという魔物が生み出されたと言ってもいいだろう。ナチスが清潔な環境を整え、動物愛護やエコロジーを目指していたことからも、人間のさらなる発展の際に産み落とされたのがホロコーストという魔物であると言っても差し支えないと思える。だからこそ人間が単線的に発展させてきた言葉や知性をもってしても、このホロコーストという出来事のもつ全体像を描くことは困難なのであり、理解を寄せつけないのではないだろうか。

本書の論考はどれも、一つの意味に回収されるような理解では終わらない。それは人のこころに取り組んできた心理臨床家だからこそ、人の闇の深さを自分ももつ闇として捉えること、またそれを理解すること、否、関わることですらいかに困難な事業であるか、切実に身をもって知っているからである。小杉氏の「かなしみ」や猪股氏の「遊び」、植田氏の「音」、鹿野氏の「劇」、宮澤氏の「夢」、古川氏の「踊り」といういくつもの視点を通して、ホロコーストで起こったこと、人が非人間的に死なねばならないような暴力が起こったこと、あるいはそういう暴力を人が起こしたことにアプローチしている。そのアプローチのどれもが、頭だけでなく、つまりロゴスを追求するだけでなく、身体も心も含めて強度をもった現実感覚での関わりを追求しているのである。そしてその現実強度のある関わりを続けていくことの重要性が述べられている。

ナチスは、ドイツ国民が不安と恐怖に打ちのめされ不全感を抱いていたところに、一つの解答としてあらわれた。その状況は、人の抱く不安や恐怖、不全感のありようにおいて、新型コロナウィルスが猛威を振るっている現在の状況と似ている。第一次大戦後ドイツは敗戦国として他国に否定されており、現在は人類がこのコロナ禍で人間らしさを否定されているからだろう。寄る辺ない人間の姿があらわになっている。今、何かそれに対する一つの解答がきら星の如くあらわれたなら、全世界の人がその解答に向かって邁進してしまうに違いない。大きなパワーとしてその動きは起こるだろう。しかし、単線的なロゴスの解答には警戒しなければならない。そこに見落とされている生き生きとした人のありようがないだろうかと。

　愚かな人間である私は一つの解答にすがりたくなるだろう。不安や恐怖からはすぐにでも遠ざかりたい。そうした時、この本は、その不安や恐怖を抱えながら、それとじっくり、または繰り返し付き合ってみることを勧めてくれてもいるのである。それは「夢」を介してもいいし、「踊り」を介してもいい。「遊び」でもいいし、「劇」でもいい。「音楽」でも、ひときわ深い「かなしみ」でもいい。ホロコーストという魔物と関わるのと同じように、不安や恐怖と関わってみると、つまり何かを介して、不安や恐怖のありのままの姿をみようとすると、不安や恐怖に対して新しい感じ方に気付き、その不安や恐怖が本当は何を言いたいのかを理解できるようになる可能性があると教えてくれている。生き生きとした人間のままで。

　この本を出版するにあたり、ヴォルフガング・ギーゲリッヒ氏に論考を寄稿していただいたことで本書はさらに豊かなものとなった。第七章の「抑圧された忘却――アウシュヴィッツと、いわゆる〈記憶の文化〉」と題された論考で、氏は、現在のアウシュヴィッツの記憶のあり方は、二度と繰り返さないという目的のため、逆に出来事への固執を生み出していると指摘する。何が起こったかを繰り返し思い出したとしても、罪の意識や痛みを繰り返すのみで、ホロコーストの真実の姿には近づけない。引き起こされた情動から解放されること、固執することを手放し、諦めること、すなわち「忘却」することによってこそ、新たな次元が開き、真理を獲得「記憶」することができるという。もちろんこの忘却は、歴史を無にするものではなく、いわゆる水に流すことでもない。一度「忘却」を経ることによって、つまり情動を手放し諦めることで、むしろいま新たに、その出来事に出会い、それを思い出すというのである。そうすれば私たちは自分の責任でリスクを持ったあり方で現実を生きられる。現代の私たちは心の拠り所となるものが何もないために、たとえそれが無意味なものでも何か具体的な拠り所となるものを必要としてしまう、とも氏は指摘する。これはこのコロナ禍にある不安定な私たちの心のありようを指摘されているようにも思う。しかし、氏は何もないところにいてこそ、「無」を否定せず、何もないところにとどまり「無」の周りをめぐることからこそ、ありのままの真理が解放される可能性があると述べている。このことは重要な指摘であり、ホロコーストと真に関わろうとして、何もないところから足がかりを見つけ、ホロコーストの考察を進めていった他の論考にもつながるものである。これまで氏の心理学に多くを学んだことや、氏の人間に対する姿勢と魂の真理を探究する姿勢を間近で見続けたことが、本書の論考やコラムに結実している。氏がいてこその本書と言えるだろう。心より深く感謝申し上げたい。

また、ホロコーストという歴史と現代の心のあり方を見つめ直し、それを心理臨床家が考察するという一風変わった書物を成立させるために、多くの意見を寄せてくださり、原稿の完成を見守ってくださった左右社の東辻浩太郎氏に、深く感謝申し上げたい。東辻氏の援助なくしては、本書が日の目を見ることはなかっただろう。

最後に、本書の背景に存在する多くのクライエントたちや、共に心について話し合い、刺激を与えてくれた心理臨床家たちに心より感謝の意を表すると共に、本書を手にとり共に考えてくださる読者のみなさんに、深く感謝申し上げたい。

猪股 剛（いのまた つよし）

一九六九年生まれ。ユング派分析家、臨床心理士／公認心理師。帝塚山学院大学准教授。精神科や学校臨床において実践に携わるとともに、表現やパフォーマンスの精神性や、現代人の心理の深層を思索することを専門としている。著書に『心理学の時間』（単著、日本評論社）、『遠野物語、遭遇と鎮魂』（共著、岩波書店）、訳書に『近代心理学の歴史』『分析心理学セミナー１９２５ ユング心理学のはじまり』（いずれもＣ・Ｇ・ユング著、創元社）などがある。

植田 静（うえだ しずか）

一九七一年生まれ。臨床心理士／公認心理師。獨協医科大学病院小児科・とちぎ子ども医療センター在。山王教育研究所スタッフ。難病サバイバーの心理療法をはじめ、さまざまな小児臨床に携わる。音楽家としても作詞・作曲を行い、現在ファースト・アルバム製作中。

鹿野友章（かの ともあき）

一九八五年生まれ。臨床心理士／公認心理師。横浜西口カウンセリングルーム在籍。文京学院大学非常勤講師。子どもとのプレイセラピー、大人との心理療法を専門とし、描画療法である風景構成法の実践・研究も行う。訳書に『近代心理学の歴史』『分析心理学セミナー１９２５ ユング心理学のはじまり』（いずれもＣ・Ｇ・ユング著、創元社、共訳）などがある。

小杉哲平（こすぎ てっぺい）

一九八三年生まれ。精神科医。特定医療法人群馬会群馬病院精神科、慶應義塾大学大学院医学研究科博士課程在籍。精神科病院において、心理療法的アプローチに軸足を置いた臨床を実践している。訳書に『組織と個人を同時に助けるコンサルテーション 企業や学校、対人援助サービスで使えるシステムズセンタード・アプローチ』（共訳、金剛出版）がある。

古川真由美（ふるかわ まゆみ）

一九七九年生まれ。臨床心理士／公認心理師。現在、東京大学相談支援研究開発センター及び開業施設などにおいて臨床実践を行っている。夢やイメージ、表現にあらわれる心の深層を探求することに関心がある。著書に『発達の非定型化と心理療法』（創元社、共著）などがある。

宮澤淳滋（みやざわ じゅんじ）

一九七八年生まれ。臨床心理士／公認心理師。カウンセリングオフィスクローバーリーフ在籍、相模女子大学非常勤講師。主に精神科領域において夢を主体とした心理療法を実践し、心を通して開けてくる世界を探究している。訳書に『近代心理学の歴史』『分析心理学セミナー1925　ユング心理学のはじまり』（いずれもC・G・ユング著、創元社、共訳）などがある。

ヴォルフガング・ギーゲリッヒ（Wolfgang Giegerich）

一九四二年生まれ。ニュージャージー州立大学ドイツ文学の教授職を辞して心理学へ転じ、一九七六年よりユング派分析家。→本文二六八頁コラム参照

西山葉子（にしやま　ようこ）

一九七一年生まれ。臨床心理士／公認心理師。現在、医療法人社団碧水会長谷川病院心理療法科にて心理臨床に携わっている。夢や箱庭、描画、遊び、身体を通したイメージとその表現と心の変容について探求している。神田久男編『心理援助アプローチのエッセンス』（樹村房）第一部第四章「子どもの心理援助　箱庭療法の効果的な適応」を担当。

清水めぐみ（しみず　めぐみ）

一九六五年生まれ。臨床心理士／公認心理師。東北福祉大学総合福祉学部福祉心理学科准教授。遊びや夢を媒介にした心理臨床に携わっている。共訳書にP・ペリー『まんがサイコセラピーのお話』（金剛出版）、M・カーン『ベイシック・フロイト』（岩崎学術出版社）がある。

山本民恵（やまもと　たみえ）

一九七一年生まれ。臨床心理士／公認心理師。目白大学心理カウンセリングセンター、天王町心理臨床オフィスにて勤務。人の生と死の本質に興味を持っており、現代における個の心のありよう、感情という機能の理《ことわり》や暴力の本性を探究しつつ臨床を実践している。

ホロコーストから届く声

非常事態と人のこころ

二〇二〇年一一月二〇日　初　版

編著者　猪股　剛

著　者　植田静、鹿野友章、小杉哲平、古川真由美、宮澤淳滋、W・ギーゲリッヒ、西山葉子、清水めぐみ、山本民惠

発行者　小柳　学

発行所　株式会社　左右社
〒一五〇-〇〇〇二
東京都渋谷区渋谷二-七-六　金王アジアマンション
TEL　〇三-三四八六-六五八三
FAX　〇三-三四八六-六五八四

装　丁　細野綾子

帯写真　© Travelinho, travelinho.com, License CC-BY-SA

印刷所　中央精版印刷株式会社

ISBN 978-4-86528-002-9　Printed in Japan

http://www.sayusha.com